本书为武汉大学人文社会科学青年学者学术发展计划学术团队项目"智能营销传播研究"（项目编号：413100035）的阶段性成果

智能营销传播前沿研究

Frontier Research of
Intelligent Marketing
Communication

廖秉宜 等■著

中国社会科学出版社

图书在版编目（CIP）数据

智能营销传播前沿研究／廖秉宜等著 . —北京：中国社会科学出版社，
2022. 10

ISBN 978 – 7 – 5227 – 0785 – 3

Ⅰ. ①智…　Ⅱ. ①廖…　Ⅲ. ①网络营销—研究　Ⅳ. ①F713. 36

中国版本图书馆 CIP 数据核字（2022）第 154855 号

出 版 人	赵剑英	
责任编辑	杨晓芳	
责任校对	刘利召	
责任印制	王　超	

出　　　版	中国社会科学出版社	
社　　　址	北京鼓楼西大街甲 158 号	
邮　　　编	100720	
网　　　址	http://www.csspw.cn	
发 行 部	010 – 84083685	
门 市 部	010 – 84029450	
经　　　销	新华书店及其他书店	

印　　　刷	北京明恒达印务有限公司	
装　　　订	廊坊市广阳区广增装订厂	
版　　　次	2022 年 10 月第 1 版	
印　　　次	2022 年 10 月第 1 次印刷	

开　　　本	710×1000　1/16	
印　　　张	22.75	
字　　　数	342 千字	
定　　　价	119.00 元	

凡购买中国社会科学出版社图书，如有质量问题请与本社营销中心联系调换
电话：010 – 84083683

前　言

　　人工智能技术的发展与应用，正在深刻改变全球经济格局，各国政府已经充分认识到人工智能技术引领新一轮产业变革的重大意义，纷纷出台鼓励性政策，抢滩布局人工智能创新生态。习近平总书记高度重视我国新一代人工智能发展，多次对人工智能的重要性和发展前景作出重要论述。他指出，要把握数字化、网络化、智能化融合发展的契机，以信息化、智能化为杠杆培育新动能，优先培育和大力发展一批战略性新兴产业集群，推进互联网、大数据、人工智能同实体经济深度融合，推动制造业产业模式和企业形态根本性转变，促进我国产业迈向全球价值链中高端。2017 年，人工智能被首次写入国务院《政府工作报告》，提出要加快培育壮大新兴产业，加快新材料、人工智能、集成电路、生物制药、第五代移动通信等技术研发和转化，做大做强产业集群。这是在中央政府顶层设计文件中首次强调人工智能作为战略性新兴产业的地位，其在历年的政府工作报告中多次深化表述。同年，国务院发布《新一代人工智能发展规划》。2022 年《政府工作报告》明确提出，要促进数字经济发展，加快发展工业互联网，培育壮大集成电路、人工智能等数字产业，提升关键软硬件技术创新和供给能力。完善数字经济治理，培育数据要素市场，释放数据要素潜力，提高应用能力，更好赋能经济发展、丰富人民生活。随着人工智能技术的发展与应用，政府工作报告从关注作为战略性新兴产业的人工智能产业本身转变为同时强调人工智能技术对制造业、服务业等传统产业的赋能升级和"智能 +"理念引导下人工智能产业的融合应用。此外，《中华人民共和国国民经济和社会发展第十四个五年规划和 2035 年远景目标纲要》全文共十九篇六十五章，"智能""智慧"相关表述达 57 处，这表明在当前我国经济从高速增长向高质量发展的重要阶段中，以人工智能为代表的新一代信息技术，将成为我国"十四五"期间推动经济高质量发展和建设创新型国家的重要技术驱动力。

人工智能技术正在推动全产业领域的变革和发展，尤其在广告和营销传播领域的广泛应用更是深刻改变了广告和营销传播产业的生态与格局，并催生了智能营销传播新业态。智能营销传播是一种基于大数据、人工智能、云计算，利用机器学习和深度学习技术进行精准化广告和商业信息推送的营销传播新形态。人工智能技术颠覆了原有的营销传播生态版图，新的智能营销传播体系正在形成。用户洞察、创意生成、媒介投放、效果测定等的智能化转向，使得营销传播效率大大提升。新技术背景下困扰广告主的营销模式和投放效果等问题，可以借助人工智能技术，研发出具备智能化、自动化的数字营销工具及平台，为数字营销提供服务，实现智能匹配、智能标签化、智能获取和智能执行。人工智能技术在营销传播领域的应用能释放出全平台、全行业的巨大能量。目前，人工智能技术正在颠覆原有的营销市场生态版图，新的智能营销传播体系正在形成。消费者数据洞察、传播媒介、传播内容、传播策略、传播效果等的智能化转向，使得营销传播效率大大提升。但随着人工智能与营销传播的进一步融合，收益与风险共生。"精准"与"隐私"的悖论，"人性"与"个性"的冲突，"千人千面"与"一人千面"的博弈，如何在此之间找到平衡，是学界亟待研究的问题。

本书是智能营销传播领域的学术著作，诸多朋友和同事为本书的出版做了大量工作，在此致以诚挚的谢意！特别感谢各位合著者，他们贡献了前沿深入的研究成果，本书的合著者为（以作者姓氏拼音为序，排名不分先后）：蔡立媛（江西师范大学）、陈美汐（信阳师范学院）、陈永东（上海戏剧学院）、郭晓丽（山东理工大学）、李名亮（上海师范大学）、刘友芝（武汉大学）、王松茂（武汉大学）、杨嫚（武汉大学）、张津（中国传媒大学）等；本书为武汉大学人文社会科学青年学者学术发展计划学术团队项目"智能营销传播研究"（项目编号：413100035）的阶段性成果，感谢武汉大学人文社会科学研究院、武汉大学新闻与传播学院对本书的资助；感谢中国社会科学出版社责任编辑杨晓芳老师和本书编辑团队，他们为本书的编辑与出版提供了诸多专业建议。本书不足之处，敬请各位专家读者批评指正！

廖秉宜

2022 年 7 月于珞珈山

目　录

传 播 篇

广 告 篇

通论篇

中国智能营销传播发展研究报告

廖秉宜　李智佳　张浩哲　许心枚　张慧慧　鲍泽文[*]

人工智能作为新一轮科技与产业革命的重要驱动力，近年来极大地促进了中国智能营销传播的发展，给商业领域带来颠覆式变革的同时也为市场的持续繁荣与稳定发展注入了新的力量。智能营销传播是以 AI、大数据、算法算力等一系列营销智能技术为基础，深度洞察消费者的现实需求和潜在需求，将用户、场景和内容进行精准、高效、智能化匹配的新型营销方式。从传统营销、数字营销再到智能营销，技术领域的深度变革一步步推动着营销企业组织形态与运营模式的更新迭代，为营销市场开疆拓土，深刻影响着营销生态的格局与发展。中国智能营销传播发展研究报告面对这种新的营销传播环境，在深入调研、梳理、分析、总结和反思的基础之上，从技术应用篇、组织运营篇、市场发展篇、生态布局篇、政策规制篇五个维度展现中国智能营销传播的最新动态与未来趋向，以期为智能营销传播的进一步发展提供理论支撑与路径指导。

一　智能营销传播技术应用

从传递品牌广告与内容的技术手段 Adtech，到实现企业营销目标、深入企业营销传播全流程的技术集合 Martech，技术始终是赋能

* 廖秉宜，武汉大学媒体发展研究中心研究员，武汉大学新闻与传播学院教授、博士生导师；李智佳，武汉大学新闻与传播学院硕士研究生；张浩哲，武汉大学新闻与传播学院硕士研究生；许心枚，武汉大学新闻与传播学院硕士研究生；张慧慧，武汉大学新闻与传播学院硕士研究生；鲍泽文，武汉大学新闻与传播学院硕士研究生。

营销传播的关键要素。在移动互联网的快速更迭与互联网巨头的强势布局下，中国智能营销传播领域的技术运用日渐成熟，目前已形成较为完善的技术体系，贯穿营销全流程，全面助力营销精准化、智能化。

（一）智能技术应用情况

根据非凡产研发布的《2020 年中国营销科技行业研究报告》显示，2020 年中国市场的广告主采用的营销技术主要是数据中台（50.6%）、营销自动化（41.8%）、数据收集技术（39.6%）、营销人工智能（35.2%）、大数据的治理及合规（34.1%）、程序化购买（31.9%）、线下智慧门店（24.2%）、已有技术私有化（18.7%）、营销区块链（17.6%）。[①] 这些技术主要覆盖客户数据洞察、内容创意管理、营销智能投放、客户互动管理和营销效果分析五大模块，重点解决营销效率、投资预算分析、消费者运营数据分析、营销归因分析、精品投放分析、投放透明度以及品牌安全等问题，帮助广告主实现降本增效。

（二）被广泛应用的营销技术

本报告根据 Martech 概念提出者 Scott Brinker 等人对营销技术的分类，结合中国营销现状总结出了以下被广泛运用于智能营销领域的技术。

1. SCRM

随着社交媒体的普及与消费模式的转型升级，人们花在社交媒体上的时间明显增多，社交软件逐渐成为企业的获客工具和客服工具。由 CRM（客户关系管理）衍生而成的 SCRM（社会化客户关系管理）能通过多方数据的整合和打通，为企业提供贯通获客、转化、运营、资源保护等全链路营销环节，系统化解决企业私域流量运营难题，帮助企业评估营销效果，面对全生命周期客户进行细致洞察，从而进行更精准的业务决策。例如企业微信在与个人微信互联互通之后，完成

---

① 非凡产研：《2020 年中国营销科技行业研究报告》，https：//mp. weixin. qq. com/s/sOe5SV10MZ – zyqllEyQ_ uw，2021 年 1 月 18 日。

了升级 CRM 系统的跨越，逐渐增加了客户群、客户连接、客户朋友圈等多项功能，直接触达微信 12 亿用户，为基于企业微信的 SCRM 系统发展打下了基础。受新冠肺炎疫情的影响，人们的生活线上化程度大大加强，越来越多的企业通过企业微信等方式重点打造自己的 SCRM。

2. 营销云

营销云是一套面向营销的、基于 SaaS 的解决方案，其中包含资源整合、数据管理、数据应用等多种营销技术能力，简单来说就是基于云计算和 Martech 技术的中台系统，是由营销人员可以使用到的技术和产品集合而成的中台系统，其集合了营销自动化技术和智能化数据分析以及营销策略推荐等功能。中国营销云市场从广告技术发展起家，逐步向营销技术升级，其中经历了多个时代更替，目前国内营销云厂商大多处在起步阶段，营销云产品功能有局限性，更多解决的是单点问题，扩展空间和多渠道协同的能力仍有极大提升空间。

3. 用户画像和用户标签

用户画像是一种勾画目标用户、联系用户诉求与设计方向的有效工具，在实际操作过程中往往会以最为浅显和贴近生活的话语将用户的属性、行为与期待的数据转化联结起来。用户画像可以帮助营销人员更加清晰地认识了解用户，是基于用户潜在需求进行个性化营销的基础。而人群标签则是基于用户画像给用户进行属性判定的附属值，通常是人为规定的、高度精练的特征标识。它根据用户在互联网留下的种种数据，主动或被动地收集，尽可能全面细致地抽出一个用户的信息全貌，从而帮助企业解决如何把数据转化为商业价值的问题。随着互联网平台竞争日益激烈，目前电商、短视频等领域的企业广泛运用人群标签来精准吸引目标受众，提升竞争力。

4. 数据技术

（1）数据监测分析

数据监测分析技术主要用于跟踪广告投放的真实效果，从而有针对性地优化营销策略。移动互联网时代，广告公司积极利用大数据舆情监控、网民数据调研等方式对广告的投放效果作出有效评估。以艾媒咨询旗下的艾媒移动广告监测系统为代表的第三方移动广告监测为例，其通过对国内主流无线媒体、无线客户端的广告投放情况进行实时监测，并动态提供广告主在无线媒体上的广告投放形式、访问量情况、投放费用等统计指标，对广告效果给予准确及时的反馈，为无线广告客户提供最专业的监测解决方案，使广告主能全面了解自身及竞争对手媒体投放情况。

（2）数据中台

数据由业务系统产生，同时业务系统也需要数据分析的结果，因此将业务系统的数据存储和计算能力抽离形成单独的数据处理平台以简化业务系统的复杂性，便形成了数据中台。数据中台作为一个用技术连接大数据计算存储能力，用业务连接数据应用场景的平台，通过数据技术对海量数据进行采集、计算、存储、加工，形成统一口径的标准数据，最终形成大数据资产层，进而为客户提供高效服务，这些服务跟企业的业务具有较强关联，是企业独有且可以复用的，目前众多企业正加速布局数据中台来为数据洞察和精细化运营助力。

（3）数据管理 DMP/CDP

国内各营销企业还在积极推动 DMP（数据管理平台）和 CDP（客户数据平台）的建设。DMP 主要是利用来自各种客户和媒体的第三方数据（如营销分析、CRM、广告服务器、POS 等），旨在启用 cookie 重新定位来提供广告服务。CDP 则专注第一方数据，通过采集、组织、整合客户数据，识别和分类客户行为、行动和属性，并通过各种个性化机制或营销技术建立并管理客户档案以供高级执行，在可实现的应用程序数量上比 DMP 更加灵活。

5. 内容体验技术

以 AR/VR、可穿戴设备、个性化引擎、AI 语音机器人为代表的内容体验技术近年来也在智能营销领域得到了广泛运用，广告公司和营销企业借助这些智能化的设备开发出了各种新的营销模式，以期提升消费体验，增强用户黏性。例如 2021 年华为就在除夕当晚为旗下智能手表用户安插了一个新年烟花特效的彩蛋，将现代的科技与传统节日结合起来，成为一次经典的营销案例。

6. 营销自动化

营销自动化指的是通过软件和技术，简化、自动化销售任务与流程，提升销售线索全生命周期管理的智能化水平，并使营销 ROI 易于衡量，最终推动企业营销工作加速的软件系统。这种技术能够帮助营销人员配置所有的数字化、智能化营销场景，实现营销内容的集中管理与自动触发，同时可以收集全渠道市场互动数据，形成统一的用户数据中心用于数据分析和洞察，最终根据市场策略和数据模型进行用户互动的自动化配置。

除了上述正在被广泛运用的营销技术之外，DSP、ADX、SSP以及程序化创意、程序化购买等广告技术的运用也是智能营销传播不可或缺的环节。

（三）智能营销技术的未来发展

目前在全球范围内 Martech 公司的数量和量级都在高速增长，智能营销也将会变得越来越依赖相关营销技术，因此企业除了需要构建必要的营销技术能力，还应该站在更高的维度考虑如何将技术渗透进营销的每一个环节。一直以来，营销领域对技术的使用始终秉持着降本增效的核心诉求，随着软件设计与生产成本的降低以及云技术的深化，未来营销领域中的软件会越来越多，同时，对于营销人员来说，与其使用一个个相互独立的营销软件，更高效的方式是在一个开放的平台上构建不同的应用，将这些供应商的软件整合起来并充分释放协同能力，进一步降低技术门槛。可以确定的是，基于 Martech 的发展，未来品牌与消费者的交互一定会越来越频繁地在综合性的营销技术平台上进行，软件和服务业务的融合以及开放式平台的崛起将成为智能营销技术发展的重要方向。

二 智能营销传播组织运营

智能营销传播企业主要包括以下三种类型：一是互联网企业下属的智能营销传播公司，例如字节跳动旗下的巨量引擎、阿里巴巴旗下的阿里妈妈、腾讯旗下的腾讯广告、百度旗下的百度营销等；二是独立型的智能营销技术公司，例如品友互动、悠易互通、聚胜万合 MediaV 和秒针系统等；三是向智能化转型的传统广告公司。[1] 近年来，

---

[1] 廖秉宜：《优化与重构：中国智能广告产业发展研究》，《当代传播》2017 年第 4 期。

智能技术的飞速发展给不同类型智能营销传播企业的组织运营均带来了不同程度的影响，并且持续驱动企业的组织架构和业务流程优化与升级。

（一）智能营销传播企业的组织架构

1. 组织结构扁平化

智能传播时代的营销需要深入到产品构想、研发、生产及销售的各个环节，为提高管理效率，快速应对客户多种多样的需求，企业组织内部需要打破层级限制，在统一框架下相互配合，在策略、执行、反馈等层面全方位打通，其中最明显的是将市场部和销售部合并，从而统一整个营销职能。目前这种扁平化的组织结构越来越受到广大智能营销企业的青睐，不仅打破了原来企业内部的上下级关系，大大压缩了管理层级，避免了部门和部门之间存在沟通困难、互相掣肘以及缺乏协作配合等问题，更重要的是能更好地适应综合营销管理平台的需要，有效提高企业内部沟通的效率和反应速度，实现快速高效决策，不断提升企业在智能营销市场的竞争力。

2. 组织成立综合团队

为适应市场快速反应的需要，一些企业内部会根据项目与职能打造多个精干的个性化营销团队，包含客服人员、策划人员、创意人员以及媒介人员等，这种团队具有相对的稳定性，内部即可具备策划、创意、投放、管理、效果评估等多个功能，单独执行完整的营销服务。这种组织构成相对灵活，针对新热点和传播趋势可以更敏捷地进行把握和运用，更容易适应市场的变化。由于团队取代客户部直接对接客户，减少了沟通环节，对于客户的需求也可以随时响应、实现贴身服务，有效消除了传统的各职能部门之间的壁垒和障碍，极大地提升了公司业务的沟通效率和质量。例如近年来快速兴起的创意热店，在组织架构上没有根据客户部、创意部、媒介部等传统广告公司的部门设置进行划分，而是以团队式结构，将创意、策划、数字和公关等集合在一起，采用扁平化管理，以创意为核心为客户提供个性化的全链路服务。创意热店的人员分工明确，通过简化运作流程，实现即时沟通，快速响应，提高执行力和工作效率。具有代表性的创意热店包括国际性的 Wieden + Kennedy、BBH、Leagas Delaney 和 FRED & FAR-

ID 以及国内的天与空、意类广告、有门互动和生米组成等。

3. 组织成为创业孵化平台

创业孵化平台以企业作为平台，为创业团队提供资金、技术、法律、管理咨询等一系列的服务支持，营造良好的创业环境和条件，从而降低创业成本，提升创业团队的抗风险能力，进一步提高创新创业的成功率。企业依托平台和资源优势进行内部创业孵化，形成平台培育项目，项目反哺平台，驱动平台发展的良性循环。例如省广股份早在 2015 年 1 月 22 日就启动并发布了"平台战略"，由"省广股份GDAD"升级为"省广股份 GIMC"，积极构建开放的平台生态系统。省广鼓励员工内部自主创业，员工可以寻找合伙人，自由组建工作室。[①] 省广还通过平台公司股权众筹的形式，建立员工激励制度。此外，自 2015 年起，每年 12 月 12 日，省广股份都会举办 GIMC 创业节，为员工搭建创新创业平台，激发员工的热情和创造力。目前，包括百度、阿里巴巴、腾讯等在内的众多互联网企业都已经建立了内部的创新孵化器，吸引聚合了丰富的产业资源和优秀的人才。

4. 数据中台赋能企业管理

随着智能经济的快速发展，面对海量且零散的数据，如何激活数据的商业价值，驱动业务创新发展成为企业关注的重点。目前的智能营销公司普遍经历着在既有营销体系之上搭建数字部门，构建大数据管理平台，建立数据中台的过程。数据中台不仅仅是技术概念，更是企业管理概念，它将企业全域海量、多源、异构的数据整合资产化，为业务前台提供数据资源和能力支撑，实现数据驱动的精细化运营，是一系列数据组件或模块的集合。企业从战略上构建这一统一的协同基础，优化组织结构，以协调和支持各业务部门，用技术拓展商业边界，为新业务、新部门提供成长空间。以巨量云图为例，作为巨量引擎旗下的一站式数据中台，它不仅聚合了各平台的产品数据，还和巨量引擎 AD 平台、ADx 平台以及星图内容管理平台等实现对接，构建了"O－5A－GROW"营销策略模型，帮助企业实现完整营销闭环。此外，云图还整合了策略分析、DMP 定向、价值评估和用户经营四大

---

① 陈刚、石晨旭：《数字化时代广告公司形态研究》，《湖北大学学报》（哲学社会科学版）2016 年第 2 期。

模块，并融合了包括今日头条、抖音、FaceU 激萌和轻颜相机等在内的巨量引擎各平台的数据，以技术和数据作为核心驱动力，推动品牌发展。

5. 企业自建内容型组织

互联网的高速发展造就了海量的碎片化信息，同时也带来了优质内容与用户注意力的双重稀缺，随着大数据应用的加速以及 DSP 程序化购买技术的普及，内容需求更是出现重大空缺。广告和内容之间的界限日渐模糊，但内容营销依然是主流的营销模式，甚至能与技术充分融合达到更好的营销效果，具体表现为越来越多的企业开始建立自己的内容型组织，强化内容供应能力，为客户提供更加优质的内容服务。尤其是一些企业在向智能化转型的过程中，以消费者的需求为导向，更加注重以内容为纽带与消费者进行深度沟通和互动，实现与消费者的双向连接。例如"广告界的故事大王"SG 胜加传媒集团在 2019 年推出的全新创意机构"创意冷店"——技能冷却（COOLDOWN），曾打造了联想《你好，世界》、bilibili《喜相逢》、百度地图《准没问题》和王者荣耀《武馆的诱惑》等一系列具有较大影响力的代表作品，致力于优质内容创作，为品牌提供策略、创意和内容服务。

6. 人力资本结构优化升级

人工智能和大数据技术在营销传播产业中的广泛应用，对于企业人力资本结构产生了前所未有的影响，绝大多数的体力劳动和简单重复性的脑力劳动被营销自动化取代，人力资本结构也朝着更为合理的方向发展。一方面对技术和创新能力要求较低的岗位需求大幅减少，如客户专员、策略策划助理、初级文案、媒介执行等，创新型、异质型人力资本价值显著增强，如资深客户经理、策略总监、资深创意总监、资深文案等。另一方面，技术的发展带动了广告业务的智能化升级，传统的岗位设置已经无法满足企业发展的需要，技术研发人才受到重视，包括 AI 工程师、Java 大数据研发工程师、产品经理、前端开发等在内的新兴岗位不断涌现。此外，为适应基于技术驱动的智能广告产业发展的需要，企业增设技术部门吸引了大量包括统计学、数学、计算机科技、运筹学等不同专业领域的人才进入广告行业，完善并优化了人才资源配置格局。

（二）业务流程的转型升级

1. 业务环节的全面智能化

智能技术在广告营销领域的广泛应用首先体现为业务流程由全面数字化走向了全面智能化，并驱动着包括消费者洞察、广告策划与创意、广告设计制作、广告媒体投放和广告效果分析等在内的广告业务环节实现数字化转型与智能化升级。

在消费者洞察方面，基于数据挖掘技术，企业能够更全面、更实时、更精准地采集消费者的个人行为数据，并通过自然语言处理技术对数据信息进行结构化分析，建立并完善用户画像，从而准确把握消费者的个性化需求，帮助企业更好地进行营销决策。

在广告策划与创意方面，智能化极大地推动了传统广告创意模式的创新与变革，以大数据为基础的消费者洞察逐渐取代创意人员的经验判断和创造性思维，成为广告策划与创意的主要来源。同时，在智能技术的推动下，企业以消费者为中心，进行个性化、定制化创意，实现了从千人一面到千人千面，再到一人千面的升级。

在广告设计制作方面，依赖人工智能和大数据技术的支持，通过机器学习算法，机器可以根据用户的需求与消费者偏好，按照设计规则对文字、图形等创意元素进行组合搭配，自动完成包括广告海报、广告文案等在内的广告内容创作，实现广告设计的快速和批量化生产。智能化广告设计能够有效提升广告设计的工作效率，降低人力和生产成本，为企业创造了巨大的经济效益。

在广告媒体投放方面，借助自动化系统和大数据技术，可以自动化进行媒体购买、优化和投放，即程序化购买。同时，以消费者洞察为基础，利用标签细分消费市场，可以按照用户属性、用户行为、用户价值、营销场景和用户偏好等维度进行划分，帮助企业锁定目标消费者，为消费者推荐个性化的内容，开展精准营销。在有效提升广告转化效率的同时，降低广告投放的成本，助力企业实现广告投放效果的最大化。

在广告效果分析方面，依托大数据技术，企业运用广告效果监测工具全方位采集广告数据，对广告的传播效果和销售效果进行实时、精准监测。同时，企业还可以根据即时的反馈数据对广告内容和营销策略进行动态调整，持续优化广告效果。此外，在广告效果监测的过程中采集到的所有广告数据都会存储在企业的数据管理平台，为今后广告策略的制定和企业战略的规划提供有效的参考依据和数据支持。[①]

2. 业务流程的优化重组

随着智能技术的快速发展，营销传播环境、企业组织架构也发生了巨大的变化，因此不少企业在业务流程全面智能化的基础上采取了进一步的优化重组策略。一方面，由于人工智能、大数据和云计算等技术受到企业越来越多的重视，技术部门作为企业内部的重要部门，通过技术串联起广告业务的各个环节，为各业务部门提供支持和服务，已逐渐成为推动企业实现智能化转型升级的强大引擎。另一方面，广告业务的多环节线性运作流程向平台化转变，即可以"群组"为单位，与客户直接沟通对接，破除部门之间的壁垒，打通广告业务的各个流程，合理配置内部资源，以客户为中心，为客户提供一种一体化的整合营销解决方案。以世界最大的营销传播机构奥美为例，为了应对市场营销环境变化，在 2017 年，奥美全球主席兼首席执行官 John Seifert 推出了名为"One Ogilvy"的内部改革计划，将奥美集团旗下包括奥美互动（Ogilvy One）、奥美公关（Ogilvy PR）、奥美广告（Ogilvy & Mather）和奥美世纪（Neo @ Ogilvy）等在内的众多子品牌集合归并为单一品牌"Ogilvy"。由全新综合单元"Ogilvy Delivery"作为"主脑"负责项目管理，有效提高了服务效率，并以"组"的结构形式负责具体业务模块。此外，奥美将公司划分成客户群，客户群横跨不同业务职能，可以打通集团内部资源，集合策略、创意和公关等各个业务领域的人才，满足客户的需求，为客户提供全方位传播服务。

3. 整合多种资源提供一站式服务

当前市场环境不断变化，企业之间的竞争也变得愈加激烈，单一的广告业务已经很难适应客户的多样化需求，因此作为企业战略发展的重要组成部分，整合广告业务的横向资源，优化资源配置，为企业提供由战略、创意到用户体验、移动营销、电商和数据分析的全案营

---

① 王淼：《数据驱动的互联网广告效果监测研究》，《广告大观》（理论版）2017 年第 4 期。

销成为各大广告及营销公司市场竞争的重点。例如，2018年全球最大的传播集团WPP为顺应新时期广告行业数字化转型升级的发展趋势，分别将旗下的扬罗必凯（Y&R）和数字代理品牌VML合并成品牌体验代理商VMLY&R，传统广告公司智威汤逊（J. Walter Thompson）和数字营销公司伟门（Wunderman）合并为了新公司伟门·汤普森（Wunderman Thompson），推进发展数字业务，布局数字广告市场。此外，企业在扩展业务的同时，通过一系列的资源整合举措，全面完善业务体系，为客户提供一站式全方位的服务，满足多样化的业务需求。在此背景下，利欧数字作为行业领先的数字传播集团，其集团分为四大板块，分别是整合营销事业群、媒介代理事业群、孵化平台和战略投资。近年来，利欧数字还通过外延式并购的方式，积极整合上下游产业链，目前已经构建起了完善的数字营销服务生态，为客户提供包括数字策略和数据、数字创意、数字媒体、社会化媒体和娱乐内容营销等在内的一站式数字驱动的整合营销服务。

4. 集中优势资源转向精耕细作

智能营销市场的蓬勃发展和智能技术的加速应用持续推动着智能营销产业链的完善，同时催生出多样化的产业形态，仅智能广告运作环节就涉及大数据挖掘与分析、大数据管理、智能广告策划与创意、智能广告投放技术、智能广告媒体、智能广告效果测定等。随着新兴企业的争相涌入，一些智能营销公司开始集中于某个环节或某几个环节，构建专门领域的差异化优势，以便在激烈的市场竞争中占领高地。例如悠易互通发力OTT营销服务，整合了大批智能电视厂商资源，而成立于2009年的萃弈（The Trade Desk™）作为一家全球性的广告技术公司，着眼于自身优势，在程序化广告业务领域精耕细作，通过将程序化的广告购买能力打包集成，为买方提供全渠道程序化广告购买服务。

三　智能营销传播市场发展

近年来人工智能技术逐步且深入地运用于营销传播领域的各个环节，使得数字营销传播纵深发展为如今的智能营销传播，多元主体进入新的市场后，逐步建立起新的组织架构与运营模式，彼此之间展开了一系列竞争、交流与合作，形成了规模空前的智能营销传播市场并打开了新的市场格局，而资本的青睐也将激发新一轮的市场活力。

（一）智能营销市场基本状况

1. 智能营销市场主体

事实上无论是在广告还是营销领域，对于市场主体的研究与界定一直存在边界模糊的问题，但毋庸置疑的是，从传统广告营销、数字营销再到智能营销，营销技术的每一次突破都使更多的企业参与到营销组织的行列。传统意义上的广告主、媒体方、代理商纷纷投身智能化改造，在智能营销市场中重新定位。独立型或依托大型互联网企业、营销传播集团、媒介集团、广告主建立的智能营销传播公司成为市场主体的核心，尤其是一系列具备技术优势的新锐企业逐渐在市场上崭露头角，包括智能营销传播技术公司、智能营销传播监测公司、智能营销传播数据管理公司、智能营销传播交易平台等。进入智能营销传播时代，处在市场中的任何一方，其行为和角色都将随着技术发展发生相应的变化，不断借助新的营销平台、新的营销手段与用户进行深入沟通与互动，这些参与主体的媒体化、技术化、专业化、平台化也充分体现出智能营销传播市场的高度包容与吸纳能力。

2. 智能营销市场规模

2020 年，中国互联网营销市场总规模突破万亿大关，达到 10457 亿元，其中非广告的互联网营销服务呈现多元化增长，收入达到 5494 亿元[①]，互联网营销逐渐从广告延伸至营销服务的全流程，为智能营销的发展创造了广阔的空间。截至 2021 年 6 月 30 日，泛营销 78 家上市公司市值合计达 4840.14 亿元[②]，与此同时，近年来中国数字营销行业市场规模持续扩大，从 2014 年的 1458.6 亿元增长至 2018 年的 3906.3 亿元，年均增速始终稳定在 20% 以上，而当前我国智能营销市场规模已达到 623.5 亿元，伴随着中国数字经济市场的成熟以及

---

① 中关村互动营销实验室：《2020 中国互联网广告数据报告》，http：//www. 199it. com/archives/1191386. html，2021 年 1 月 12 日。

② 非凡产研：《2020 年中国营销科技行业研究报告》，https：//mp. weixin. qq. com/s/ sOe5SV10MZ - zyqllEyQ_ uw，2021 年 1 月 8 日。

未来智能化的发展方向，在新兴技术的赋能下数字化营销将逐步向智能化营销过渡，整体规模会进一步扩大。此外，据国家工商信息及工信部中小企业发展中心发布的数据报表，目前全国有超过 4500 万家中小企业、2.5 亿从业人员均有获客需求，智能获客营销需求总额预计超过 3000 亿元，可以说未来智能营销的增长空间潜力巨大，智能营销或将成为中国企业在服务领域竞跑的一条最重要赛道。

3. 智能营销市场结构

由于行业自身发展迅速且缺乏一定的限制性准入政策，目前智能营销传播市场整体企业数量较多，大量创新型企业的加入使得市场化竞争程度远远高于传统营销方式，不过基于行业显著的先发优势，国内领先企业的核心竞争优势已基本确立，行业整体排名近几年逐渐趋于稳定，市场集中度也有所提高。百度、阿里、腾讯以及字节跳动以绝对的优势占据智能营销的第一梯队，企业之间的综合实力差距被拉大，对于市场新进企业而言，若没有独特的技术优势、客户资源、媒介资源、数据资源以及资金支持，很难实现对领先企业的地位赶超。

除了头部互联网企业在智能营销领域的布局与深耕，A 股上市的广告、营销、公关公司也是智能营销行业的主要竞争者，包括向营销集团迈进的科达股份、数字营销领军企业华扬联众、涵盖小米产业链与营销 SaaS 标的的麦达数字、专注生活媒体的龙头企业分众传媒、营销科技集团蓝色光标、大数据营销企业浙江富润以及人工智能与大数据相结合的营销公司梅泰诺等。尽管领先企业的服务规模不断扩张，技术优势也在持续加强，但是来自中小企业不断攀升的营销需求依然是一个庞大的市场，大量的中小型营销服务提供商凭借在垂直细分领域的技术优势，以专业化、个性化、差异化的营销服务赢得了生存空间。

（二）智能营销服务领域及细分市场

1. 主流营销领域强化市场力度

秒针系统特联合 AdMaster、GDMS 共同发布的《2020 中国数字营销趋势》报告显示，在移动端，广告主对社交平台和视频平台的投放意愿更加强烈，社交/社会化营销成为绝大多数企业营销战略中不可或缺的重要部分。随着 5G 商用以及智能算法的技术深化，面对海量平台内容及用户数据的产生，AI 主导的智能投放模式得到了更加全面的应用。在媒介渠道多元的今天，在社会化营销的带动下，主流营销领域逐步形成了 KOL 营销、短视频营销、电商直播营销、内容营销的组合拳，营销传播矩阵效应显著。例如独立型社会化营销服务商的代表微播易就是以数据驱动的短视频 KOL 交易平台，依托大数据、AI 识别分析技术及 IT 化投放系统，提供营销策略、投放组合、内容玩法等一站式社媒营销服务，在爆款产品打造、新品上市、品牌推广、电商带货等多场景需求中充分发挥资源优势与整合能力，推动了市场行业规则与服务质量的标准化。

2. 垂直营销领域探索市场深度

在主流营销领域之外，智能营销市场的全面发展还有赖于大批深耕垂直领域的营销服务商。例如垂直于美妆行业的丽人丽妆、垂直于奢侈品市场的艾德韦宣、垂直于游戏市场的铠甲网络、垂直于汽车行业的车讯互联、垂直于户外广告的彼诚传媒、垂直于旅游行业的景典传媒、垂直于会议业态的中青博联、垂直于影视行业的自在传媒、垂直于房地产行业的恒益股份、垂直于医疗互联网行业的诺信创联，以及以女性消费市场为主的榕智股份等。这些智能营销传播企业凭借高质量服务与强大服务能力，在垂直领域的专业度与信誉度方面得到累积，逐步形成了独特的品牌和客户资源以及人才和行业壁垒。从长期的营销潜力来看，随着 AR/VR、智能语音、智慧识别、户外智能屏、智能机器人等智能化技术应用的成熟落地，垂直领域营销将激发出新的活力。

3. 新型营销领域拓宽市场广度

由于市场主体的全面扩张，广告监测、营销洞察和决策、CDP、程序化购买、中台领域的智能营销传播公司迅速崛起，其中以悠易互通、秒针系统、德勤数字为典型代表。营销技术公司不断涌现，企业也萌生了整合众多 MarTech 产品功能的一站式管理平台的需求，基于 SaaS（Software‐as‐a‐service）模式的营销云平台应运而生，通过整合资源并根据企业需求对营销云进行功能定位，简化客户流程，提升企业在管理、营销、设计、研发等方面的运作效率，虽然目前营销云对于企业要求较高，却也为市场发展带来更多可能。

此外，近年来移动出海也成为一大趋势，无论是出海企业数量、所涉行业，还是出海地区范围都呈现出爆发式增长态势。在 2019 年蓝色光标整体营收中，出海广告收入占比高达 61.49%，除了代理业务，目标市场深度调研、品牌传播策略、内容本地化创意、海外广告投放、海外舆情数据分析、KOL 营销活动和海外 PR 传播也成为海外营销业务的主要方向。而较早专注于出海营销的飞书深诺多年来也沉淀了数千亿广告投放累积的效果数据，创新性地融合大数据、SaaS 服务，以深度学习、图像识别、自然语言处理技术等 AI 技术持续赋能营销服务。

（三）开放式、网络化的智能营销合作市场

1. 同互联网平台合作

腾讯广告、阿里妈妈、百度营销、巨量引擎分别是头部互联网平台腾讯、阿里、百度、今日头条旗下的官方营销服务平台，它们不仅掌握着集团核心的商业数据，覆盖最广泛的用户群体，拥有众多的媒体资源与客户资源，同时也占据了营销传播绝大部分的市场份额。无论是对于经验丰富的营销传播企业还是新纳入营销阵营的 MCN 机构、公关公司、创意机构等新形态服务商，这些互联网平台都是绝佳的合作对象，而平台在帮助营销服务商应对新变化的同时也构建起了自己稳固的合作伙伴生态圈。

2. 同科技类公司合作

目前技术能力对于智能营销传播领域的企业来说至关重要，一些传统或数字营销公司为加快智能化转型纷纷寻求与科技类公司的合作以弥补技术短板，也有一些企业借此实现了技术突破并提升了竞争力，进而深入到更广阔的市场当中。例如以成长型企业数字营销云、数据中台为核心的云徙科技与全球领先的私有云技术公司 Zstack 达成战略合作，以期为企业级市场打造一个集公有云、私有云、混合云于一体的企业云计算解决方案，丰富云生态链的服务能力；主攻数字营销领域的麦达数字也先后战略入股了奇异果互动、六度人和、赢销通、富数科技、舜飞科技等多家科技公司，从而提升了自己的技术实力。

3. 智能营销企业间合作

智能营销企业之间也存在不同程度的交流合作。一般而言，合作双方实力相当，能够互相取长补短，实现业务优势互补，实现互利共赢。例如国内领先的一站式数据增长引擎整体方案服务商 GrowingIO 与蓝色光标旗下专注智能营销和新型数字广告战略业务板块的蓝色传媒达成合作，一方善于数据智能分析与管理，而另一方善于提供整合的智能营销解决方案，营销模式与智能技术的优势互补无疑加速着彼此的发展。

（四）积极向好的智能营销资本市场

1. 投资机构持续加码智能营销传播赛道

2020 年，中国智能营销行业投融资规模总额达到 129.9 亿元，同比增长 4.3%，融资次数共计 130 次，同比增长 16.2%，并且呈现出连续增长的态势。从融资规模来看，B 轮及以后轮次（含战略投资）融资规模占比已达到 76.6%，这意味着智能营销企业商业模式已经被充分验证，并且公司业务在迅速扩张，其中腾讯自首次投资智能营销企业以来累计参投规模最大，约为 64.9 亿元，IDG 资本累计参投次数最多，达 73 起。[①] 在疫情后经济复苏和产业数字化、智能化发展升级等多种因素影响下，MarTech（营销技术）概念股十分火热，在今年年初整个行业都有不同程度的发展和上升。在沪深市场，利欧股份、南极电商等稳中有增，在港股市场，中国有赞、微盟、移卡等表现强势。融资规模的稳定发展一定程度上表明资方对于行业未来发展前景持乐观态度，尤其在疫情后资本市场趋于理性的情况下，营销科技的稳定发展和投资机构的持续加持将为企业破局提供更多可能性。

2. 大量营销公司通过兼并收购实现上市转型

近年来大量利用数字新技术的营销公司弯道超车，实现了快速增长，为了进一步发展壮大，不少企业纷纷通过整合、兼并、收购的形式登陆资本市场，组建了一批大型上市公司。例如省广股份自筹 5.28 亿元收购上海拓畅（畅思广告）80% 的股份；华扬联众陆续收购了派择网络、博大网联、上海用宏和口碑互联等与互联网广告相关的技术公司；Adjust 于 2019 年 1 月收购了科技初创公司 Unbotify，与之建立

---

① 非凡产研：《2020 年中国营销科技行业研究报告》，https://mp.weixin.qq.com/s/sOe5SV10MZ–zyqllEyQ_uw，2021 年 1 月 8 日。

技术合作并在欺诈和网络安全产品上进行大量投资；此外科达股份、中昌数据、利欧股份、联建光电、数知科技也通过收购等形式纷纷转型成数字营销上市公司。大批资本进入市场参与兼并与收购加速了行业整合，同时资本市场的强势介入也昭示着行业广阔的发展前景。

3. 营销云与数据技术成为中长期投资风向

从目前国内营销技术行业投融资情况来看，主要活跃的公司以两大类为主：一是以营销云或销售云为主导的企业，能够在短期实现客户量快速增长；二是初步具有并购实力的企业，已经完成一定客户量和业务基础的积累，目标是扩大业务布局和整体营收。非凡产研提供的数据报告显示，2020年在营销云、销售云以及数据技术领域的融资规模合计占比达60%，其中包括数据中台、全渠道数据监测评估等在内的数据技术占比最高，达31%，这在一定程度上表明了数据技术与云技术领域未来的发展空间和重要价值，因此在未来，投资机构仍将进一步加强对这些领域智能营销市场的布局。

四 智能营销传播生态布局

过去两年里，智能营销传播的宏观产业价值链在不断演进和完善，除了背靠各大商业巨头的超级平台以外，整个产业链中负责核心运转的齿轮包含：向上承接广告主需求的程序化广告采购方，整合协同投放活动的采购交易平台及技术，负责具体内容输出的程序化创意平台。向下承接媒体资源的程序化广告供应方，透过媒体获取消费者数据的数据提供及管理平台，以及在投放中提供品牌安全和监测服务的广告验证平台、监测分析平台。而在此之外，随着疫情后的线下流量反弹及中国线上流量红利渐消，短视频、OTT、OOH等领域将是智能营销传播未来的增长空间，由此崛起的程序化电视广告（Programmatic TV）、程序化户外广告（Programmatic DOOH）将是整个产业链中带动增长的新星。

（一）稳中求进：头部超级平台构建全域体系

总体来看，BAT历时多年在智能营销领域全产业链进行布局，深耕各细分领域，以绝对的优势领衔智能营销第一梯队。此外，凭借短视频形式在泛娱乐领域最先强势突进到头部的字节系、快手系也包含在超级平台的阵营中。这些企业主要包括：由国内企业创建的百度营销、360智慧商业、磁力引擎、阿里妈妈、巨量引擎、腾讯广告、京准通，以及具有海外背景的 Google Marketing Platform，Facebook，Amazon Advertising。

近年来，头部企业的广告业务健康增长，数字化营销费用逐年递增。一方面，产业链内各角色围绕自身数据与技术优势争先构建全链路数字化营销闭环体系；另一方面，当前在智能营销传播整体产业链中占据头部资源优势的各个大型综合投放平台，正在逐渐转化为潜在的超级公共营销平台，主动寻找自己在产业价值链中应该扮演的社会角色。

1. 构建智能化营销闭环体系

流量碎片化、信息孤岛化是长期以来限制商家企业发展的重要因素之一，短视频、直播、新社交媒体不断涌现，更加重了流量从碎片到失控的状态，因此建立深度的商业闭环是主流互联网企业一直都在努力的方向。早在2016年，阿里巴巴就提出全域营销概念，希望借此帮助品牌建立营销闭环，在阿里的全域营销体系中，阿里妈妈串联起品牌与销售，搭建了由上至下涵盖内容、产品、数据在内的营销矩阵。在此基础上，2021年，阿里妈妈提出布局"全域智能营销"，核心依托新升级的营销工具 UniDesk 实现可回流的全网精准投放。该产品当前已覆盖包括品牌和品效在内的两类广告平台，并已开放介入字节跳动，在未来有望与快手、腾讯合作，进一步打通信息壁垒，实现全网快速投放与数据回流。

百度曾是PC时代的中转站，通过精准分发让用户"用完就走"，但如今不同平台间的跳转增加了用户使用成本，也使得流量分散、营销难度加大。对此，百度提出了"闭环经营"与"AI智能营销"战略：通过企业百家号、智能小程序、托管页三个核心产品搭建自身闭环经营生态；通过智能场景、数据洞察、智能投放、智能服务及智能沟通，挖掘更多用户使用场景、描绘预测用户需求、加大企业获客机会、提升品牌与用户的双方体验。由此可见，平台自身作为一个生态系统固然需要与其所处的环境进行各种动态交流，但从产品或服务的上下游供应到技术和系统的战略性协同互补，打造一个相对完整、封闭、可控的生态自主策略是平台和企业资本的自然选择，尤其是在面对高度不确定的生存环境时。

2. 向超级公共营销平台发展

北京大学教授陈刚曾提出"超级公共营销平台"的概念，是指数字时代能够帮助所有参与者更便捷、快捷、智能地获取可靠信息，并享受丰富营销和服务的数字平台。"公共"将不仅体现在体量与实力上，扮演着基础设施角色且集多重身份于一身的头部企业发挥自身价值带动整个行业增长也是其需要具备的一份职责。

（1）带动国内中小企业疫情后恢复

在构建国内国际双循环的格局下，强化内循环成为必然，这需要扩大内需、促进整体产业链升级。各企业不仅对内加速建立商业闭环实现自身优化升级，对外也在寻求更具社会价值的双赢模式。百度集团副总裁袁佛玉在 2020 百度商业大会上宣布百度营销作为陪伴企业成长的"成长力引擎"。360 聚焦于如何在后疫情时代帮助中小企业加速恢复，通过易托管、360 小程序平台等全新"工具箱"帮助企业建立自有营销阵地、在数字化进程中提速，同时，通过实施"原产地计划"和"中小企业加速计划"帮助众多企业抓住国货新机遇的同时实现自身垂直行业的深耕。巨量引擎与抖音、飞书共同发起了"中小企业护航计划"，借力直播、内容电商等技术与营销手段，帮助中小企业快速获取线上经营的能力。

（2）承揽大型国际赛事营销活动

如果说疫情尤其为带有短视频基因的营销平台带来了成长机遇，那么迟来的奥运会则是各大平台 2021 年中期的一个重要发力点。阿里妈妈于 2021 年 5 月 14 日公布启动奥运营销"加油联盟"计划，通过天猫、聚划算和淘宝直播助力品牌奥运营销。不仅如此，奥运 + 短视频的首次结合在实现从大屏观赛到小屏互动的同时，推动着整个智能营销传播产业向下一个增长点迈进。作为官方持权转播商，快手携磁力引擎打造奥运全民互动盛事，助力品牌尽享奥运流量红利，其中，快手磁力聚星与快手粉条推出流量助推服务功能，从而实现商业短视频自选流量采购，为企业客户在快手内容营销领域挖掘更多流量洼池，发挥更大流量价值。与此同时，巨量引擎在奥运期间联动六大平台，通过全链路矩阵式的传播帮助品牌传递文化价值，最大范围准确地触及品牌的目标受众，带领民众更为深度感受奥运热潮。

（二）乱中有序：核心部头分工有序各司其职

尽管 2020 年上半年受疫情影响，但下半年各个分类新增企业数量均在增长，多家企业都在尝试技术升级与优化。

1. 程序化采购方与采购交易平台

（1）程序化采购方

程序化采购方（DSP）负责为广告主或代理商提供实时竞价投放平台，使其可以在平台上管理自己的广告活动和投放策略。根据是否有包断资源的业务可将其分为纯 DSP 和混合型 DSP，混合型 DSP 会对接 Ad Exchange（即 AdX）或自建 AdX、SSP、Ad Network（即 ADN），例如 DASPAN，就融合了 DSP 和 Ad Network 两种不同模式的互联网广告。根据对接的资源类型和服务对象还可分为纯 Web 端 DSP、移动 DSP、跨屏 DSP、DSP + 等类型。其中，随着移动手机用户规模超过 PC 端，一直专注于移动营销领域的智能手机广告平台——多盟，在 2014 年就将自身定位成高效的 ROI 平台，全面为广告主的投入产出；同时将广告平台全面升级为 DSPAN，即 DSP + Ad Network，在扩大用户覆盖的同时，通过整合自有平台、广告交易所、合作方 DMP 用户数据，使用户画像更为精准，利用双流量导向帮助广告主降低营销成本。

（2）采购交易平台

采购交易平台（Trading Desk，TD）专为需求方提供整合多个 DSP 平台的技术解决方案，使广告主或代理商可以通过 TD 投放广告、查看数据报告、统一管理投放活动。具体又可分为：品牌广告主内部交易平台 BTD（Brand Trading Desk）即广告主自己搭建或寻找技术提供商搭建的内部使用的自有交易平台，如：伊利 Trading Desk；代理商交易平台 ATD（Agency Trading Desk），此类一般为 4A 代理公司服务多个品牌广告主的交易平台，如：Xaxis；独立交易平台 ITD（Independent Trading Desk）与前者类似，但却可以服务多家广告代理公司或者直客。营销技术公司 Marketin 就聚焦于提供一站式智能程序化广告投放优化产品，且作为微软、阿里与百度加速器的成员，已实现与包括百度、腾讯、阿里、京东、字节跳动、爱奇艺、Facebook 及 Google 在内的多个国内外营销生态平台的合作。

2. 程序化供应方与数据管理平台

（1）程序化供应方

程序化供应方（Supply – Side Platform，SSP）是整个产业链中负责对接媒体的部分，由于当前 SSP 与 AdX 功能已趋于一致，可统称为广告交易平台。按照媒体归属，AdX/SSP 可以分为两类：大型媒体私有 AdX/SSP，即大型媒体搭建的私有广告交易平台，这类平台拥有自己的媒体流量，代表有：视频类优酷 AdX、爱奇艺 AdX 等，门户类网易 AdX、新浪 AdX 等；第三方 AdX/SSP，这类平台往往通过聚合各种大中小媒体流量进行变现，包括优质流量或者长尾流量资源，代表有：流量巨头 BATG3（百度 BES、阿里 Tanx、腾讯 Tencent AdX、Google DoubleClick、360 MAX）以及其他交易平台如灵集 AdX（原秒针 AdX）等。

（2）数据管理平台

数据管理平台（Data Management Platform，DMP）主要为广告投放提供人群标签并进行受众精准定向，通过投放数据建立用户画像，进行人群标签的管理以及再投放。依据 DMP 平台归属可将其分为：第一方 DMP，即大型广告主自己搭建或者寻找外部技术提供商为自己搭建的内部 DMP，用于分析和管理用户数据，为营销环节提供决策支撑和用户数据支撑，广泛应用于电商、游戏、旅游等行业；第二方 DMP，指需求方服务提供者（一般是指需求方平台）搭建的 DMP，一般为帮助广告主更好地进行投放，提升效果的同时加大投放量，间接提升广告主在需求方平台的投放额度；第三方 DMP，是以数据交易为主要形式的 DMP，为需求方提供数据交换、售卖等服务。在未来极具潜力的 OTT 领域内，第三方大数据公司勾正数据（GozenData）就以智能电视的数据采集布局，聚焦于家庭场景的智能营销，当前覆盖国内 80% 的智能电视品牌。此外，由人民日报数字传播主办、勾正数据协办的 2020 融屏传播年度优选活动中，"融屏收视层面的传播力综合指数"的提出实现了融屏内容评估标准的突破，数据管理平台的评估标准和操作、监测标准都在向着更精准科学的方向打磨。

3. 广告验证与监测分析

（1）广告验证

广告验证平台（Verification Platform）在智能营销传播价值链中主要负责为广告投放提供一个健康和谐的媒体环境，借助品牌安全（Brand Safety）、反作弊（Anti - Fraud）、可视度（Viewability）等保障分析媒体内容与广告品牌的适配性，代表有：RTBAisa、Sizmek、ADBUG。

（2）监测分析

在监测分析方面，行业内负责监测分析的企业数量多、身份各有不同，如尼尔森、TalkingData、秒针系统等一些综合型企业也涉及广告验证业务。具体来看，按服务领域可分为提供网站监测、移动应用监测以及提供综合性监测服务的企业。按归属关系又可分为第一方监测，即广告主自建的检测系统；第二方监测系统，即媒体或广告服务商自建的监测系统；而广告主尤其是品牌广告主，通常会信任能够提供客观公正服务的第三方监测分析平台，通过第三方对广告投放的同步监测来评估广告投放平台的数据。代表性检测平台有：秒针系统、尼尔森、归因公司 AppsFlyer、德勤、数字联盟、Analytics 360、Ad-Master。主攻移动数字广告监测的 AppsFlyer 在国内已成功对接腾讯广告、巨量引擎、华为 HMS 等主流平台，在出海领域也与 Facebook、Google 等有长期技术合作，覆盖全球 70% 的移动应用。自 2017 年以来，程序化广告投放不透明、流量作弊等日益严重使得广告主投放趋于理性、资本开始退潮、程序化购买市场进入调整期。针对此情况，提供验证监测服务的企业都在不断探索最佳的解决方案，AppsFlyer 提出企业级反作弊方案 Protect360，用于主动拦截已知作弊、实时监测疑似作弊、归因后防止作弊。此外，具有审计背景且作为广告监测领域的新玩家，德勤一直强调自己的中立角色，主要为大中型品牌客户提供全媒体测评服务，基于广告营销风险框架体系从声誉、财务、运营、效果、技术、信息安全六个方面进行风险监测，未来还将进一步探索智能技术在广告监测中的应用，优化品牌数据资产化沉淀的方案。

4. 程序化创意平台（PCP）

如果以上所说都旨在实现广告智能化而对接投放资源、优化投放环境，那么程序化创意平台（Programmatic Creative Platform，PCP）则是在整个价值链中负责内容产出的环节。这一环节最接近人类工作的核心本质——"创造"。程序化创意平台的存在就是专注于广告创意的自动生成及投放优化。在此方面，中小企业由于缺少专门团队对接程序化创意需求极大的客户，成熟的程序化创意平台可以弥补中小企业创意不足、人才缺失、预算不够的短板。

事实上包括 BAT 在内的众多企业都在程序化创意方面有自己的布局，例如 2020 年 4 月百度推出了《百度信息流——程序化创意产品手册》、巨量引擎升级了基础创意管理工具、快手商业化推出"开眼快创"广告创意服务平台。而除此之外，一直致力于打造全球最大智能创意生产协作平台的智能创意内容技术提供商——筷子科技，于今年宣布"加筷行动"，依托自主研发的 Kuaizi 智能创意 SaaS 产品，为企业提供一站式链接全球数字化内容商业生态服务，加速创意产业智能化转型。

（三）新星崛起：宏观产业链结构静中有变

前两部分聚焦于智能营销传播产业链中营销服务商内部的生态布局及相互协作，这既包含头部科技公司旗下的超级营销平台，也包含专注于营销服务领域的企业。而放眼外部，整条产业链条还涉及广告主、渠道方、用户。这些主体之间以竞合共存的模式，共同推动数字化营销产业向前发展。其中，超级平台所归属的头部科技公司凭借自身具备的"资本、流量、渠道、技术"多重优势贯穿全产业链，下达需求的同时也能提供包括"洞察、投放、触达、评估"在内的闭环营销。此外，由于智能电视与智能户外在近年逐渐成为整个产业中的最新增长空间，因而围绕这两个领域也涌现出各类潜力公司。

1. 外部主体间竞合共存

智能营销传播外部产业主要由处于上游的需求端、中游的中介端及下游的媒体渠道端组成。需求端即营销需求方，视具体需求不同可分为效果类广告主和品牌类广告主。中介端即各类营销服务商，除近几年不断进行业务转型拓宽与技术升级的大型综合代理公司以外，多数企业位于产业链中端的一个或几个环节，分工有序、各司其职，在竞争中寻求合作，在超级营销平台的压力下不断创新以寻求立足点。媒体渠道端负责提供多元营销渠道和触点，这一端可分为线上媒体与线下媒体。总体而言，营销需求自上游产业链的需求端下达，借助中介端的各类营销服务商制定投放策略，连通下游媒体渠道端并触达用户，但这并不代表产业链各端各主体身份是固定不变的，在行业竞争激烈、技术更新迅猛的当下，多向合作、多方探索，保持一个流动的角色以随时打破固有的僵局、适应不断变化的格局是企业必备的生存技能。

2. 智能电视与智能户外成为新增长空间

（1）智能电视广告

该部分产业链条由广告主、智能电视厂商、受众、内容提供商和营销服务商组成，营销服务商主要分为三类：只做OTT端的营销服务商，如：酷开、秀视、喂呦科技；跨屏营销服务商，如：悠易互通、欢网、彼诚传媒；监测及数据服务商，如：秒针、勾正数据。除了营销服务商以外，BAT系大型内容提供商在内向深挖自身内容的同时也有外向拓展的可能，百度、腾讯、阿里各自都在内容平台、牌照、硬件上有所布局，其中百度还投资了营销服务商欢网科技。

（2）智能户外广告

当前户外广告产业链布局中企业类型多样、身份混杂，可大致分为：战略投资型布局户外公司、传统户外公司、梯媒和楼宇广告公司、农村及三四线户外广告公司、映前广告代理公司、智能数字化户外广告投放公司，如：悠易互通、彼诚、简视智媒、奥凌，科技型户外广告公司，如：德高、准星户外，以及依凭技术切入户外领域的广告公司，如：科大讯飞、商汤科技等。

五　智能营销传播政策规制

（一）现有政策及规制梳理

1. 宏观政策

国务院于2017年7月8日印发并实施的《新一代人工智能发展规划》指出，人工智能是引领未来的战略性技术，要抢抓人工智能发展的重大战略机遇，构筑我国人工智能发展的先发优势，在2030年保证我国人工智能的发展占据全球领先地位。① 习近平总书记在致 2018 世界人工智能大会的贺信中表示，人工智能产业为中国经济发展提供战略新动能，是引领中国经济发展的重要战略抓手，要把握全球人工智能发展态势，处理好人工智能在法律、安全、就业、道德伦理和政府治理等方面提出的新课题，中国愿在人工智能领域与各国共推发展、共护安全、共享成果。短短几年时间，人工智能技术被广泛应用于互联网金融、电子商务、交通等领域，数字营销领域也顺利搭上这班快车，在大数据、云计算、深度学习等方面取得重大突破。规划指出，鼓励跨媒体分析与推理、知识计算引擎与知识服务等新技术在商务领域应用，推广基于人工智能的新型商务服务与决策系统；建设涵盖地理位置、网络媒体和城市基础数据等跨媒体大数据平台，支撑企业开展智能商务；鼓励围绕个人需求、企业管理提供定制化商务智能决策服务，这对促进智能营销的发展具有战略指导意义。

与此同时，随着人工智能技术与产业的纵深发展，如何对人工智能技术进行规范，形成人工智能安全评估和管控能力也成为一个重要命题。2020 年，为加强人工智能领域标准化顶层设计，推动人工智能产业技术研发和标准制定，促进产业健康可持续发展，国家标准化管理委员会、中央网信办、国家发展改革委、科技部、工业和信息化部联合印发了《国家新一代人工智能标准体系建设指南》。根据《指南》，到 2021 年，明确人工智能标准化顶层设计，研究标准体系建设和标准研制的总体规则，明确标准之间的关系，指导人工智能标准化工作的有序开展，完成关键通用技术、关键领域技术、伦理等 20 项以上重点标准的预研工作；到 2023 年，初步建立人工智能标准体系，重点研制数据、算法、系统、服务等重点急需标准，并率先在制造、交通、金融、安防、家居、养老、环保、教育、医疗健康、司法等重点行业和领域进行推进；建设人工智能标准试验验证平台，提供公共服务。②

---

① 廖秉宜、姚金铭：《中国智能营销传播研究的热点、演进与展望——基于 CiteSpace 的可视化分析》，《广告大观》2020 年第 6 期。

② 中国政府网：《国家新一代人工智能标准体系建设指南》，2020 年 7 月 27 日，http://www.gov.cn/zhengce/zhengceku/2020 - 08/09/content_ 5533454. htm。

2. 法律法规

目前还没有专门针对智能营销传播的法律文件，但一系列有关广告、人工智能以及互联网安全的法律对智能营销传播起到了规范作用。

（1）《中华人民共和国广告法（2021修正）》

监管主体。国务院市场监督管理部门主管全国的广告监督管理工作，国务院有关部门在各自的职责范围内负责广告管理相关工作。县级以上地方市场监督管理部门主管本行政区域的广告监督管理工作，县级以上地方人民政府有关部门在各自的职责范围内负责广告管理相关工作（第六条）。

定向广告。任何单位或者个人未经当事人同意或者请求，不得向其住宅、交通工具等发送广告，也不得以电子信息方式向其发送广告。以电子信息方式发送广告的，应当明示发送者的真实身份和联系方式，并向接收者提供拒绝继续接收的方式（第四十三条）。

不正当竞争广告。广告主、广告经营者、广告发布者从事广告活动，应当遵守法律、法规，诚实守信，公平竞争（第五条）；不得贬低其他生产经营者的商品或者服务（第十三条）；不得在广告活动中进行任何形式的不正当竞争（第三十一条）。

虚假广告和低俗广告。广告以虚假或者引人误解的内容欺骗、误导消费者的，构成虚假广告（第二十八条）；广告不得妨碍社会公共秩序或者违背社会良好风尚，含有淫秽、色情、赌博、迷信、恐怖、暴力的内容（第九条）。

（2）《中华人民共和国网络安全法》（2017）

网络运营者应当对其收集的用户信息严格保密，并建立健全用户信息保护制度（第四十条）。网络运营者收集、使用个人信息，应当遵循合法、正当、必要的原则，公开收集、使用规则，明示收集、使用信息的目的、方式和范围，并经被收集者同意。网络运营者不得收集与其提供的服务无关的个人信息，不得违反法律、行政法规的规定和双方的约定收集、使用个人信息，并应当依照法律、行政法规的规定和与用户的约定，处理其保存的个人信息（第四十一条）。个人发现网络运营者违反法律、行政法规的规定或者双方的约定收集、使用其个人信息的，有权要求网络运营者删除其个人信息。发现网络运营者收集、存储的其个人信息有错误的，有权要求网络运营者予以更正（第四十三条）。任何个人和组织不得窃取或者以其他非法方式获取个人信息，不得非法出售或者非法向他人提供个人信息（第四十四条）。

（3）《中华人民共和国数据安全法》（2021）

国家保护个人、组织与数据有关的权益，鼓励数据依法合理有效利用，保障数据依法有序自由流动，促进以数据为关键要素的数字经济发展（第七条）。开展数据处理活动，应当遵守法律、法规，尊重社会公德和伦理，遵守商业道德和职业道德，诚实守信，履行数据安全保护义务，承担社会责任，不得危害国家安全、公共利益，不得损害个人、组织的合法权益（第八条）。任何组织、个人收集数据，应当采取合法、正当的方式，不得窃取或者以其他非法方式获取数据（第三十二条）。

（4）《信息安全技术个人信息安全规范》（2020）

此标准针对个人信息面临的安全问题，在《网络安全法》等相关法律基础上，严格规范个人信息在收集、存储、使用、共享、转让与公开披露等信息处理环节中的相关行为，旨在遏制个人信息非法收集、滥用、泄露等乱象，最大程度地保护个人的合法权益和社会公众利益。除了授权同意、账户注销、实现个人信息主体自主意愿的方法等内容的修改外，还新增了智能营销传播领域中多项业务功能的自主选择、用户画像、个性化展示、个人信息汇聚融合、个人信息安全与商业化、第三方接入管理等相关要求。

除了上述法律法规之外，2021年7月深圳市人大常委会制定了全国人工智能领域首部地方性法规，组织起草的《深圳经济特区人工智能产业促进条例（草案）》从人工智能基础研究与技术开发，产业基础设施建设，应用场景拓展、促进与保障，治理原则与措施等方面对人工智能技术的应用及其相关产业的发展提供了先进的探索经验。

3. 行业规范

（1）《互联网广告管理暂行办法》（2016）

互联网广告可以以程序化购买广告的方式，通过广告需求方平台、媒介方平台以及广告信息交换平台等所提供的信息整合、数据分析等服务进行有针对性的发布。通过程序化购买广告方式发布的互联网广告，广告需求方平台经营者应当清晰标明广告来源（第十三条）。

媒介方平台经营者、广告信息交换平台经营者以及媒介方平台成员，对其明知或者应知的违法广告，应当采取删除、屏蔽、断开链接等技术措施和管理措施，予以制止（第十五条）。互联网广告互动中利用虚假的统计数据、传播效果或者互联网媒介价值，诱导错误报价，谋取不正当利益或者损害他人利益（第十六条）。

（2）《网络直播营销管理办法（试行）》（2021）

该办法适用于在中华人民共和国境内通过互联网站、应用程序、小程序等，以视频直播、音频直播、图文直播或多种直播相结合等形式开展营销的商业活动。具体规定，直播营销平台应当建立健全账号及直播营销功能注册注销、信息安全管理、营销行为规范、未成年人保护、消费者权益保护、个人信息保护、网络和数据安全管理等机制、措施（第六条）。直播营销平台应当加强网络直播营销信息内容管理，加强直播间内链接、二维码等跳转服务的信息安全管理，防范信息安全风险（第九条）。直播营销平台提供付费导流等服务，对网络直播营销进行宣传、推广，构成商业广告的，应当履行广告发布者或者广告经营者的责任和义务（第十一条）。直播营销平台应当加强新技术新应用新功能上线和使用管理，对利用人工智能、数字视觉、虚拟现实、语音合成等技术展示的虚拟形象从事网络直播营销的，应当按照有关规定进行安全评估，并以显著方式予以标识（第十三条）。

4. 平台审查

依照国家网信办统一部署，目前腾讯、新浪、今日头条、网易、趣头条等网站平台主动开展自查自纠，全面排查平台内网络账号恶意营销问题，集中清理相关违法违规信息，严肃处理涉及恶意营销的网络账号。根据百度 2020 年发布的《2019 年度信息安全综合治理年报》，百度通过全方面手段打击清理百度全产品线的有害信息共达 531.5 亿余条，其中百度内容安全中心利用 AI 技术清理有害图片、文字、视频、音频等共计 530.7 亿余条，拒绝不合规广告总量达到 32.77 亿条。

（二）制度建设面临重重困难

由于制度建设具有长期性、复杂性，目前智能营销传播制度建设仍滞后于智能营销传播的发展，无论是在技术层面、伦理层面、法律层面还是在消费者层面都面临着重重困难与挑战。

1. 技术层面

智能时代的营销传播依靠的是人工智能、大数据、云计算、区块链等高新技术，而这些技术天然存在认知壁垒，要理解技术背后隐藏的逻辑需要制度设计者具备良好的专业素养，只有真正了解技术运行的规则，才能发现症结所在并采用合理的方式予以规制。从现行的有关智能或者营销技术的制度规范来看，大多是对技术的人为使用方式进行规定而对技术自身可能存在的算法黑箱、算法偏见等缺陷避而不谈，这说明制度对于技术本身的约束力是相对较弱的，因此只能通过对技术持有者积极引导的方式，尽可能减少由于技术缺陷而导致的社会问题的发生。基于这种情况，规则制定应该更多地转向监管方面，但考虑到智能营销传播体量大、形式多、变化快的特点，如何进行全量搜索，进行有效的网络监测，应对智能营销传播不断迭代变化的新形式从而制定出行之有效的规则也是需要攻克的技术难题。

2. 法律层面

随着时代的发展，技术更迭更加频繁，营销新形势新业态也随之不断变化，营销领域新物种的出现将比以往速度更快，体量更庞大，内容更复杂，而新物种出现后往往会经历一段时间的自由发展到逐渐成熟的过程，在这个过程中会慢慢暴露出一些问题，而法律始终是具有一定滞后性的，况且法律形成程序复杂严谨、制定周期相对较长，因此很难及时应对层出不穷的新问题。与此同时，制度建设与贯彻执行的天然差距也是不可避免的，现行的法律规范往往很难深入具体执行环节，包括部门之间权责关系的划分、违法违规具体惩处的力度也不甚明晰，这些都使得法律难免被束之高阁，以致数据欺诈、流量造假等问题没能得到彻底解决。

3. 伦理层面

目前，智能营销传播伦理失范主要体现在精准传播的便利与用户隐私数据收集使用之间的矛盾。虽然国家对移动应用隐私条款做出了明确指示，但为了获得更好的服务和体验，用户不得不与一些互联网平台、App、网页等签订冗长的同意条款，用户很难阅读全篇，若是选择"不同意"又无法正常使用，面对形同虚设的隐私协议，用户在无形中势必要让渡一部分权益给营销服务商，但大多数时候用户自身也不能确认让渡的是哪些权益。对于智能营销传播来说，用户数据的精准化搜集是最为关键的环节，平台、终端等只有获取用户信息后才能充分挖掘进而描摹用户画像，画像越精准价值越高，营销就更有效，因此既要保证用户体验与营销效果，还要在不干扰智能营销传播发展的同时充分尊重用户的隐私意愿与隐私权利，这无疑成为当前制度建设最大的障碍。但无论如何，信息收集、权益让渡的这个度究竟在哪里，哪些数据可以被收集，哪些数据需要被"遗忘"始终是值得进一步衡量并切实纳入制度规制与行业自律的体系当中的。

4. 消费者层面

中国互联网络信息中心（CNNIC）发布的《第49次中国互联网络发展状况统计报告》显示，截至2021年12月，我国网民规模达10.32亿，较2020年12月增长4296万，互联网普及率达73.0%。农村网民规模已达2.84亿，农村地区互联网普及率为57.6%。[1] 随着疫情期间线下生活场景向线上发生转移，市场由一二线城市向三四线城市和小镇乡村下沉，小镇农村的消费潜力逐渐显现，智能营销也将迅速进入新的战场，但值得注意的是，市场下沉后消费者结构发生相应变化，对于新接入网络的网民，特别是一些中老年群体，他们并非网络原住民，对移动终端的使用还停留在比较"懵懂"的阶段，缺乏对互联网信息的甄别意识，也缺乏自身数据信息风险意识与保护意识，在享受技术带来的便捷生活的同时，更容易忽略技术带来的负面影响，因此从制度建设的角度来说，对智能营销传播行业的规制也要充分考虑用户端消费者的实际情况、需求及痛点。

六 智能营销传播面临的挑战与发展趋势

（一）智能营销传播面临的挑战

1. 繁杂的营销中间环节

智能营销的发展为介于广告主与媒体的中间代理商带来了巨大的

---

① 中国互联网络信息中心：《第49次中国互联网络发展状况统计报告》，http://www.cnnic.net.cn/hlwfzyj/hlwxzbg/hlwtjbg/202202/P020220407403488048001.pdf，2022年2月25日。

生存空间，如今更多的企业倾向于将原本分裂的广告技术、数据分析技术、内容和创意生产、社交互动、效果衡量、营销云、销售转化技术等进行整合打通，构建可反馈、可优化的闭环运营系统，但受数据、技术及以往经验的限制，能真正实现这一闭环的企业屈指可数。虽然不少智能营销公司可以提供一站式服务，但整体上广告主抵达受众仍然需要经过"需求端—广告交易市场—供应方平台—媒体端—受众"这一较为复杂的流程，相应地，广告投放效果统计数据也按照这样的路径返回广告主手中，平台中介与中间环节的增多导致广告主的成本也大幅增加，最终导致资源浪费而实际效益大打折扣。

2. 流量造假

智能营销的长链条、多中介、不透明的业务模式同时也引发了流量欺诈、无效投放、用户排斥等现象，当数据流量成为新的生产要素时，"流量为王""流量至上"理念甚嚣尘上。为了牟取暴利，近年来机器流量、数据造假事件不断，娱乐明星打榜数据造假、直播带货点击数据造假、网红博主流量造假、店铺流量刷单等现象屡见不鲜、屡禁不止。网络安全服务商 Distil Networks 发布的《2020 恶意机器流量报告》指出，2019 年恶意机器流量占比为 24.1%，相较于 2018 年增加了 18.1%，再创新高，恶意机器流量一直潜伏在真实的用户流量中，伺机抢占网络资源，赚取暴利。例如 2020 年的双十一，脱口秀演员李雪琴受邀参与某产品直播带货，直播结束时显示观看人数达311 万，后经工作人员揭秘，其中真实存在的不足 11 万人，其余则是机器人。流量造假不仅增加了智能营销的基础成本，更破坏了公平竞争的市场秩序，数字经济的本质是信用经济，流量造假侵蚀网络空间社会信任，最终会导致"劣币驱逐良币"，降低市场效率。

3. 垄断与同质化竞争

在互联网、移动终端日益普及的今天，用户规模趋于饱和，抢占有限的注意力仍然是广告主、广告机构以及第三方平台的关注重点。然而传播渠道或垄断、或多元化，从主流媒体到细分媒体、垂直媒体，从流量明星到 KOL 以及大号博主，网络流量呈现高度分散的特点，除了 BAT 生态以及其他领域的超级 App，其余媒体端正在面临日益严峻的同质化竞争，拉新促活的成本不断攀升，很难通过流量变现实现平台盈利，全网流量不断向头部平台聚拢，营销能够获取的"自由流量"极其有限，营销创新也日益困难。而当下的智能营销传播市场同样如此，依托大型互联网的营销传播平台型企业攫取了市场绝大部分的客户、媒体、用户资源，中小企业极易陷入平台依赖或恶性竞争的二元抉择，阻碍着智能营销行业的健康发展。

4. 数据安全问题

借助人工智能技术，营销传播正在迈向被人工智能技术高度赋能的新时代，智能营销传播在精准描绘用户画像实现定向推广，借助大数据和算法达到营销目的的同时，也引发了个人信息被滥采滥用、数据垄断乱象频发甚至用户数据被恶意泄露、窃取、售卖等一系列数据安全问题。2020年全球数据泄露的数量超过过去15年总和，企业不得不花费巨额资金保护数据不被外部窃取，同时随时面临着企业内部人员管理失序的风险。随着全社会隐私风险意识的强化，用户不愿让渡数据、媒介不敢共享数据、企业间形成数据壁垒的状况明显增加，某种程度上制约了智能营销传播产业尤其是中小企业的健康发展。

（二）智能营销传播发展趋势

1. 智能营销核心驱动力：数据、技术、内容

未来智能营销的发展离不开三大核心驱动力：一是数据作为信息流通与产业运作的基础性资源。相比于数字营销阶段，当下的智能营销对于数据的要求已经提到了全景数据的层面，全景数据并不要求大而全，而是挖掘和确立最佳的符合营销的数据使用，面对视听内容以及用户行为数据等非结构数据激增的现实，企业未来应该帮助这些数据找到新的应用场景与营销主题。二是技术作为营销精准、高效、智能的底层保障。技术的更新迭代将加快行业变革，帮助企业进行更好的管理与运营，并且不断赋予营销传播新的方式和手段，推动营销传播理念的升级，同时，随着技术在营销领域的运用更加深广，如何通过技术解决实际问题、释放营销能量将变得至关重要。三是内容作为激发行业活力与品牌价值创造的源泉。在智能时代，优质的内容依然是营销制胜的关键要素，通过持续且有价值的内容输出促进品牌与用户之间的情感连接，在数据支撑与技术赋能的前提下，让好的内容能够进一步驱动营销增长。

2. 数据智能应用生态：连接、安全、共享

虽然更多的营销企业开始搭建数据管理与运用平台，但目前在数据的收集和混合使用上普遍存在资源浪费，例如数据在标签化处理的过程中必然会造成一定的价值损失，并在后续使用中影响营销的效果。因此下一阶段营销改革的目标应是冲破数据壁垒，构建以数据共享为目标的营销服务体系，提升数据的链接能力与互通性。与此同时，面对新的营销场景，越来越多的数据可能并不在现有的数据收集、存储与加工体系当中，因此需要重新制定一些范式或标准，使之成为符合业务需要的全景数据使用。此外，当前数据安全问题也成为整个信息社会亟须解决的一项任务，对于数据应用最为广泛的营销行业来说，降低数据使用的风险本身也是一种变相的提升，企业想要全方位地开展智能营销，覆盖更多元的场景和广泛的内容，对于数据的驾驭和使用就必须更加高效和审慎，让营销与数据的结合呈现最佳匹配的同时，创造一个更加安全可靠的营销生态。

3. 智能营销市场风向：开放、规范、有序

我国的智能营销传播产业正处于蓬勃发展的起步阶段，发展速度快、规模潜力巨大，因此迫切需要政府、行业协会、企业三方共同构建一个健康良好的市场环境。在顶层设计上，政府应当加强智能营销市场的整体布局，合理进行资源配置。首先要完善相应的法律法规，推动建立公开透明的市场规则，帮助行业发展树立信心，提高企业积极性。其次，进一步开放智能营销服务市场准入，营造公平竞争的发展环境，引导企业参与标准制定，推进智能营销行业标准化建设，充分运用创新思路与模式进行规范管理。同时，行业协会也应积极推动相应政策与措施的落实，充分发挥市场监管职责，确保企业依法经营，防控风险，履行好责任和义务。企业自身也应时刻保持自律意识，主动接受第三方检测机构的评估，积极维护市场规范，确保营销活动的有序进行。

4. 智能营销人才需求：研发、分析、运营

智能技术对整个营销领域带来的冲击是革命性的，营销行业不仅面临业务形态的转型，同时也面临着人才不足的挑战。据统计，2020年互联网营销人才缺口已达到 1000 万，占行业人才总需求的三分之

二，有超过六成代理商和超过八成广告主已感到行业人才"严重匮乏"。① 从目前的行业状况来看，具备专业素质与能力的智能营销技术研发人才、大数据挖掘和分析人才以及广告经营管理人才的供需矛盾尤为突出，与此同时，复合型人才与资深人才的缺乏也在一定程度上制约着行业的创新发展。因此，政府、高校、企业、协会、人才服务机构等应充分联合协作，发挥各自优势，搭建"政企学研用"一体化平台，树立科学有效的人才培养体系，加速行业营销人才梯队建设，为智能营销产业培养和输送更多高精尖人才，在未来，智能营销人才既要掌握营销通用技能，还要适应智能时代的变化常态，从而保障智能营销传播产业的可持续发展。

5. 智能营销传播着力点：全场景、全渠道、全链路

商业环境与技术正在不断变革，消费者的触媒习惯逐渐趋于碎片化，意味着企业与消费者沟通的机会也变得越来越多，这就需要智能营销企业将职责范围扩大到整个客户生命周期，从战略层面规划生态系统，在整个生命周期内为客户提供价值。未来的智能营销传播将更加注重实用和效果，通过"AI + 大数据"赋能的营销技术将推动全场景、全渠道、全链路的客户体验提升，优化营销策略与企业决策。具体而言，企业亟须通过全域化的营销思维，在真正意义上打通所有环节，由认识消费者转向深度理解消费者，实现用户全场景覆盖、全链路数据采集、全渠道精准触达，打造千人千面的个性化服务，并建立"人—信息—场景"的关联性与持续性，以满足消费者在任何场景的消费需求。

---

① 中国广告协会：《2020 中国数字营销人才发展报告》，http://www.199it.com/archives/1157516.html，2020 年 11 月 22 日。

中国智能媒体研究热点与前沿的知识图谱

廖秉宜　许心枚*

"人工智能"这一术语于1956年被首次提出，至今已经过去了六十多年。经过长足的发展，如今"人工智能"俨然已成为引领行业发展的新趋势，各行业都希望能够借力智能技术，寻求新的突破，传媒业也不例外。"智能媒体"是人工智能应用于新闻传播领域的一次重要突破，人工智能技术渗透进新闻生产的各个环节，重构了传媒业的生态和格局。近年来，学界和业界对"智能媒体"进行了研究和实践探索，并取得了阶段性的成果，梳理该领域的研究成果，了解研究现况，聚焦研究热点，把握研究趋势，有助于推动智能媒体领域研究更加深入，为未来智能媒体的持续发展提供理论和实践指导。

一　研究设计

（一）研究样本获取

本书通过对中国知网进行文献检索，检索条件为"主题＝'智媒'或'智能媒体'或'智能传媒'或'智能媒介'或'智能化媒体'或'智能化媒介'或'传媒智能化'，检索范围 CSSCI 期刊"，截至2021年11月17日，累计得到508篇中文文献。其中最早的文献可以追溯到2008年张雷发表的《从"地球村"到"地球脑"——智能媒体对生命的融合》，他认为智能媒介的发展促使"地球村"转

---

* 廖秉宜，武汉大学媒体发展研究中心研究员，武汉大学新闻与传播学院教授、博士生导师；许心枚，武汉大学新闻与传播学院硕士研究生。

向"地球脑",人类在新的媒介环境下逐渐进化成一体。[①] 2010 年,中国互联网络信息中心将"智能媒体"定义为智能化的终端设备[②],此时有关智能媒体的研究大多是以"智能手机终端"为切入点,探讨其媒介使用习惯(周梦媛、周昱含,2013)[③],或基于微博微信等社交媒体平台,探讨大数据技术的发展应用(肖志涛,2015)。[④]

文献检索发现,智能媒体研究以 2016 年为分界点,此前相关主题文献数量相对较少,2016 年以来相关主题研究开始增多,因此本书选择 2016—2021 年的数据样本,剔除其中的会议综述、导读、书评、人物采访等内容,共得到 466 篇符合研究要求的文献。

(二)研究工具选择

CiteSpace 是由美国 Drexel 大学陈超美教授开发的可视化文献研究软件,可以运用该软件生成不同类型的知识图谱来呈现某一研究领域的知识生产与演进历程。本书运用 CiteSpace(5.8.R3)对指定条件下检索到的 466 篇样本文献进行可视化处理,通过研究者合作网络、研究机构合作网络、关键词共现分析、关键词聚类分析等,呈现智能媒体研究领域的知识生产,并梳理该领域的研究热点、研究论点和研究趋势等。

二 中国智能媒体研究的知识图谱分析

(一)作者分析

通过生成智能媒体领域研究者知识图谱,可以发现在该领域较为活跃、发文数量较多、具有一定学术影响力的学者。如图 1 所示(将

---

① 张雷:《从"地球村"到"地球脑"——智能媒体对生命的融合》,《当代传播》2008 年第 6 期。

② 转引自罗自文、熊庚彤、马娅萌《智能媒体的概念、特征、发展阶段与未来走向:一种媒介分析的视角》,《新闻与传播研究》2021 年第 10 期。

③ 周梦媛、周昱含:《离不开的"黑镜":中日大学生对便携式智能媒体的依赖》,《新闻界》2013 年第 15 期。

④ 肖志涛:《融合 智能 安全——下一代社交媒体特点前瞻》,《中国广播电视学刊》2015 年第 2 期。

"Threshold"设置为2，即仅显示发文量大于等于2篇的作者），图中学者名字越凸显，说明该学者发文频次越高，学者之间的连线表明他们之间存在研究合作关系。

2016年至2021年间，我国智能媒体领域的研究者合作网络整体呈现出松散的状态，各网络节点之间关系相对稀疏，少数节点与其他节点有一定的联系，大部分节点都处于游离的状态，说明大部分研究者都是独立作者。在现有的智能媒体研究者合作网络中，形成了以喻国明、陈昌凤、段鹏、吕尚彬、许志强、黄楚新、彭兰等学者为中心的具有一定规模的学术群体；也存在由2个或3个节点组成的子网络，即存在2—3人的小规模合作，但目前尚未形成稳定的大规模的学术共同体。

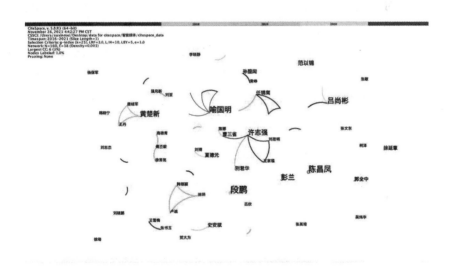

图1　2016—2021年智能媒体研究领域作者合作关系图谱

（二）机构分析

研究机构是学者进行学术研究的有力支撑，机构内部人才聚集、资源共享，具有长期有组织地从事研究与开发的能力。智能媒体领域研究机构知识图谱，可以直观呈现当前在该领域有合作关系的研究机构，挖掘研究机构、学术团体的研究潜力。如图2所示（将"Threshold"设置为4，即仅显示发文量大于等于4篇的研究机构），机构名字越凸显，说明该机构发文数量越多；机构与机构之间的连线体现了其合作关系，机构周围的节点越多说明与其他机构之间的合作越频繁。

从研究机构网络的结构分布可以看出，2016—2021 年间，分别形成了以中国人民大学新闻学院、中国社会科学院新闻与传播研究所、清华大学新闻与传播学院、中国传媒大学、武汉大学新闻与传播学院、中国人民大学新闻与社会发展研究中心、北京师范大学新闻与传播学院、上海大学新闻传播学院、中国社会科学院大学新闻传播学院等为中心的初具规模的学术研究机构。特别是以中国人民大学新闻学院、清华大学新闻与传播学院、中国社会科学院新闻与传播研究所为中心，周围聚集了较多的网络节点，串联起一定数量的研究机构，形成了较大规模的学术研究团体。从各机构的合作关系网络来看，学校内部的各学院、研究中心、学术团体之间的合作较多，不同院校之间的合作相对较少；学校与外部各研究机构、业界（譬如中国教育电视台）之间存在一定的合作关系；大陆高校和中国台湾、香港地区的高校以及国外高校之间也存在合作，但合作频率较低。从相关数据可以看出各研究机构之间的合作呈现出一定的地域特征，处于相同地域的各机构之间的合作更加频繁。

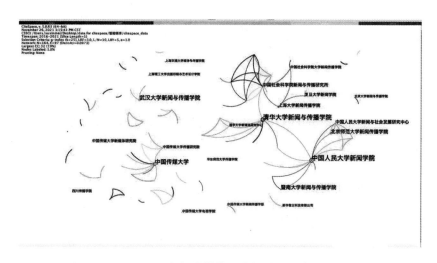

图 2　2016—2021 年智能媒体研究领域机构合作关系图谱

从发文数量来看，目前研究机构多为学校，中国人民大学新闻学院、清华大学新闻与传播学院、中国传媒大学、武汉大学新闻与传播学院、暨南大学新闻与传播学院、北京师范大学新闻与传播学院等发文较多。值得注意的是，新华智云科技有限公司从2018年以来累计发表了4篇智能媒体相关主题研究。新华智云科技有限公司成立于2017年6月，是由新华社和阿里巴巴集团共同投资成立的大数据人工智能科技公司。自成立以来，新华智云自主研发了中国第一个媒体人工智能平台"媒体大脑"，并推出了MAGIC短视频智能生产平台、智媒体融合平台等多项创新科技产品。[①] 目前"媒体大脑·MAGIC短视频智能生产平台"已在两会、世界杯等重大报道场合投入使用。

表1　　　2016—2020年智能媒体研究机构发文量排名（前20）

序号	发文频次	初现年份	发文机构
1	29	2016	中国人民大学新闻学院
2	28	2016	清华大学新闻与传播学院
3	20	2016	中国传媒大学
4	19	2016	武汉大学新闻与传播学院
5	13	2017	暨南大学新闻与传播学院
6	12	2017	北京师范大学新闻与传播学院
7	9	2017	中国人民大学新闻与社会发展研究中心
8	9	2017	中国社会科学院新闻与传播研究所
9	8	2019	上海大学新闻传播学院
10	7	2018	复旦大学新闻学院
11	6	2018	中国传媒大学新媒体研究院
12	5	2019	中国传媒大学电视学院
13	5	2021	中国社会科学院大学新闻传播学院
14	5	2016	四川传媒学院
15	5	2019	中国传媒大学传播研究院
16	4	2018	清华大学新媒体研究中心
17	4	2018	上海交通大学媒体与传播学院

---

① 商艳青、杨默涵、阮玲霞：《智媒体时代央企融媒体建设探析——以新华智云的应用实践为例》，《传媒》2021年第20期。

续表

序号	发文频次	初现年份	发文机构
18	4	2018	中国传媒大学新闻传播学部
19	4	2018	新华智云科技有限公司
20	4	2018	上海理工大学出版印刷与艺术设计学院

（三）来源期刊分析

对智能媒体领域研究的期刊来源情况进行分析，通过分析期刊的数量和种类的多少可以判断出学界对"智能媒体"相关主题研究的关注程度的大小，也可以看出"智能媒体"对不同研究领域影响力的大小。需要注意的是，由于本次研究样本来源是 CSSCI 数据库，因此图中只显示 CSSCI 期刊。通过生成来源期刊知识图谱（图 3），可以看出，2016 年以来刊发智能媒体相关主题研究文献的期刊数量逐渐增多，期刊的种类也更加丰富。早期刊发智能媒体相关主题内容的期刊主要来自新闻传播、图书出版领域，此后社会科学、政治、教育、艺术等领域的期刊也开始探讨智能媒体有关内容，但新闻传播类期刊还是相关研究成果发表的主要渠道。由此可以判断，学界对智能媒体研究的关注度逐渐增加，相关研究覆盖领域也逐渐增大。

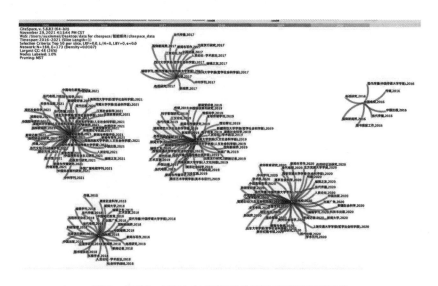

图 3 2016—2021 年智能媒体研究来源期刊图谱

（四）关键词共现图谱分析

关键词是一篇学术论文的主题概括，提示了一篇研究论文的主要内容，通过生成智能媒体领域研究的关键词图谱，可以发掘该领域研究主题的分布情况。针对 466 篇研究论文样本，利用 CiteSpace 软件中的关键词词频功能生成了如图 4 所示的关键词共现图谱，共包括了 240 个关键节点和 287 条连线。其中每个节点都代表了一个关键词，节点和关键词字号的大小代表了关键词出现的频次，节点越大、关键词字号越大即表明该关键词出现的频次越多。节点之间的连线表明两个关键词在同一篇文献中出现过，即两个词语在主题内容上可能存在联系。为了突出高频关键词，故将"Threshold"设置为 3，即图中仅显示出现频次大于等于 3 次的关键词。

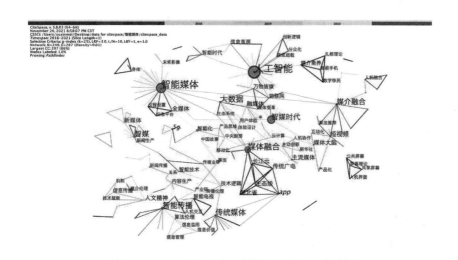

图 4　2016—2021 年智能媒体研究关键词共现图谱

表 2 显示了 2016—2021 年，智能媒体相关主题研究出现频次最高的 20 个关键词，由于中文表达的多元性和软件应用的局限性，表中一些同义关键词被分别统计了出现频次，但实际上可以归为一类，比如"智能媒体""智媒""智媒体"，以及"媒体融合""媒介融合"。尽管如此，根据表 2 还是可以对智能媒体研究领域的研究热点窥视一二，研究热词主要有"人工智能""智能媒体""智媒时代""媒体融合""智

能传播""算法""5G""大数据""传统媒体"等。关键词的"初现年份"代表了关键词首次出现的时间,由于研究样本抽取的时间范围是2016—2021 年,因此这里的关键词出现的时间是从 2016 年开始的。通过表 2 可以看出,"智能媒体""媒体融合""传统媒体"的初现年份都是 2016 年,这一年学者就已经在讨论智能媒体给传统媒体带来的变化,以及智能媒体对媒介融合的影响。"人才培养""媒介伦理"初现年份是 2019 年,此时智能媒体研究领域学者们的关注焦点从早期的技术如大数据(2016)、算法(2018)转向了对人的关怀,对智能媒体时代应该培养怎样的人才和如何培养人才进行了探讨,并对智能媒体背景下人和技术之间的关系进行了反思,研究主题更加深入。

表 2 　　　　　　　　　　高频关键词排名（前 20）

序号	出现频次	初现年份	关键词
1	121	2016	人工智能
2	90	2016	智能媒体
3	67	2018	智媒时代
4	44	2016	媒体融合
5	16	2018	智媒
6	15	2018	智能传播
7	14	2018	算法
8	14	2017	媒介融合
9	14	2019	5G
10	13	2016	大数据
11	13	2016	传统媒体
12	13	2017	智能化
13	12	2019	智媒体
14	10	2018	媒体大脑
15	9	2017	传媒业
16	9	2018	主流媒体
17	8	2019	短视频
18	8	2019	新闻传播
19	7	2019	人才培养
20	7	2019	媒介伦理

　　表3显示了2016—2021年智能媒体相关主题研究中心度排名前20位的关键词。节点的中心度衡量了该节点在整个网络中发挥作用的程度，中心度高说明这个节点是关键节点，可以起到连接不同研究主题的作用。从表3可以看出大数据（0.79）、智能媒体（0.58）、人工智能（0.39）、产业链（0.39）、物联网（0.38）、中国故事（0.38）、媒体融合（0.37）、算法（0.37）、技术逻辑（0.32）、传统媒体（0.30）等关键词中心度较高，串联起了其他研究主题。

表3		高中心度关键词排名（前20）	
序号	中心度	初现年份	关键词
1	0.79	2016	大数据
2	0.58	2016	智能媒体
3	0.39	2016	人工智能
4	0.39	2019	产业链
5	0.38	2016	物联网
6	0.38	2020	中国故事
7	0.37	2016	媒体融合
8	0.37	2018	算法
9	0.32	2018	技术逻辑
10	0.30	2016	传统媒体
11	0.26	2018	智能传播
12	0.26	2017	媒介融合
13	0.26	2018	内容生产
14	0.26	2019	智能技术
15	0.25	2016	App
16	0.20	2021	平台
17	0.19	2021	新闻生产
18	0.18	2021	社会治理
19	0.17	2018	智媒
20	0.17	2017	万物皆媒

（五）关键词聚类图谱分析

关键词聚类图谱可以通过算法将具有相近性的关键词聚集到一起，并通过色块来区分不同主题。① 利用 CiteSpace 的关键词聚类分析功能，针对收集到的 466 篇研究论文样本，在关键词共现图谱的基础上进一步生成了如图 5 所示的关键词聚类分析图谱。根据图谱左上角的参数——聚类模块值（Q）和平均轮廓值（S）可以评判图谱绘制效果，一般认为 Q > 0.3 意味着聚类结构显著，S > 0.5 时聚类是合理的，当 S > 0.7 时聚类是高效令人信服的。从图 5 可以看出 Q = 0.8548（ > 0.3），表明聚类结构显著；S = 0.8909（ > 0.7），表明聚类是令人信服的。此次聚类分析一共生成了 27 个聚类（#0 – #26），其中数字越小，代表聚类中所包含的关键词越多，去掉其中 S = 0 的 6 个聚类，共得到 21 个聚类，具体聚类信息见表 4，图 5 中仅显示排名前 10 位的聚类。

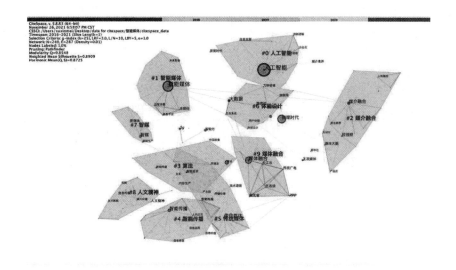

图 5　智能媒体研究关键词聚类图谱

---

① 廖秉宜、李智佳：《中国智能传播研究进展的知识图谱研究——基于 CSSCI 数据库（2016—2020 年）的可视化分析》，《传播创新研究》2021 年第 1 期。

表4　　　　2016—2021 年智能媒体研究关键词聚类结果

编号	聚类的大小	平均轮廓值（S）	平均年份	聚类标签词	高频关键词
0	21	1	2018	人工智能	人工智能；人工智能伦理；伦理准则；治理体系；电视媒体等
1	20	0.987	2018	智能媒体	智能媒体；范式变革；新闻分发；算法推荐；病毒传播模型等
2	18	0.991	2019	媒介融合	媒介融合；新冠疫情；数字媒介；智媒时代；伦理失范等
3	17	0.852	2019	算法	智媒时代；人才培养；数据传播；数据新闻；传媒教育等
4	17	1	2019	智能传播	智能传播；信息滥用；信息价值；算法伦理；信息管理等
5	16	0.833	2018	传统媒体	传统媒体；新兴媒体；电视节目；异化与反异化；智媒成果等
6	16	0.861	2018	体验设计	人工智能；用户体验；体验设计；移动阅读 App；智媒时代等
7	15	1	2019	智媒	智能化媒体；公民媒体；公共媒体；媒体功能；价值共识
8	14	0.941	2019	人文精神	人文精神；智媒时代；技术赋能；智能媒体；修齐治平等
9	14	1	2018	媒体融合	媒体融合；媒体融合发展；新媒体平台；传统广电；广播电视台等
10	14	0.961	2018	5G	人工智能；媒介环境学；智能交互；全国两会；智能媒体等
11	10	0.936	2019	智媒时代	智媒时代；广告创意；人工智能；系列海报；广告作品等
12	6	0.961	2018	主流媒体	主流媒体；引导能力；人工智能技术；智能化媒体；新闻采集等
13	5	0.978	2019	智能时代	智能时代；智能媒体；产业开发；传统文化；引领路径等

续表

编号	聚类的大小	平均轮廓值（S）	平均年份	聚类标签词	高频关键词
14	4	1	2017	数字化	智能可穿戴设备；唐·伊德；身体；数字化；人/技联合体
15	4	0.998	2016	数字化移民	数字移民；媒介素养；智能手机；扎根理论；媒介素养教育
16	4	1	2017	屏幕理论	屏幕理论；人机界面；共享屏幕；个人化屏幕；公共屏幕
17	3	1	2019	主体	人机；交往；智能机器人；第六媒介；主体
18	2	1	2017	中国广告	中国广告；智能广告；广告产业；程序化广告
19	2	1	2017	传播权利	媒介文明；传播权利；规律与趋势
20	2	1	2016	特征	传媒智能化；在线社会信息传播系统；智能传媒；特征

三 中国智能媒体研究知识生产

在具体分析智能媒体研究主题前，首先要对智能媒体的概念进行说明，目前我国学者关于智能媒体的定义尚未达成共识，有的学者从技术层面对其进行阐述，认为智能媒体主要是依托于大数据、算法、人工智能等新技术手段的智能化媒体系统；有的学者从用户层面进行解释，认为智能媒体的核心是以用户为中心，针对用户需求进行场景化智能推送，强调了用户的突出地位[①]；有的学者则从媒介融合的角度出发，认为智能媒体是媒介融合过程中必然要经历的一个阶段。基于此可以认为，智能媒体主要以人工智能技术为支撑，以用户体验为

---

① 任锦鸾、曹文、刘丽华、黄锐、祝金甫：《基于技术与市场视角的智能媒体发展态势分析》，《现代传播》（中国传媒大学学报）2017 年第 10 期。

核心，且智能化是未来媒体的演进方向。

根据 CiteSpace 的关键词聚类分析，并结合相关研究文献，可以将智能媒体领域的研究热点总结概括为 6 大主题：媒介融合、智能技术、传播主体、用户体验、媒介伦理、中国广告。

（一）媒介融合：技术驱动

2014 年 8 月 18 日，中央全面深化改革领导小组第四次会议审议通过了《关于推动传统媒体和新兴媒体融合发展的指导意见》[1]，媒体融合上升到国家战略层面，学界、业界都对媒体融合的实现路径进行了探讨。CiteSpace 关键词聚类中的媒介融合和媒体融合可以合并为一类，从中可以看出智能媒体的研究领域，媒体融合仍然是一个重要话题。刘庆振（2017 年）提出，传统媒体和新媒体的融合只是媒介融合进程中的初级阶段，智能媒体时代的来临将会带来更高级的媒介融合。智能媒体是媒介融合的必然产物。[2] 李鹏（2018）也认为智媒体是媒体融合过程中的一个阶段，这三个阶段分别是全媒体、融媒体和智媒体。[3] 吕尚彬（2018）提出，媒体融合的进化，需要经过在线化、数据化、平台化和智能化四个阶段，先后完成全面连接、数据赋能、商业模式构建和智能发展。[4] 以大数据、算法、云计算、物联网、机器学习等技术为支撑，智能媒体和人类智慧相结合将给媒介产业带来颠覆性变革，促使媒体融合朝智能化迈进。冷淞（2018）认为媒介融合首先要从技术着手，要依托"智媒"和"智网"的强建设、高覆盖，充分利用人工智能、移动互联、新兴媒体的技术和思维进行深化创新。[5] 童清艳（2019）认为受众在媒介技术的智能化演进过程中不断自我更新、自我创造和演变，媒体融合受智能技术与受众演变的

---

① 人民网：《中央深改小组第四次会议关注媒体融合》，http：//media. people. com. cn/GB/22114/387950/，2014 年 8 月 18 日。

② 刘庆振：《媒介融合新业态：智能媒体时代的媒介产业重构》，《编辑之友》2017 年第 2 期。

③ 舜网 – 济南日报：《瞭望新时代共话新媒体——首届中国新媒体发展年会主题发言摘登》，https：//news. e23. cn/jnnews/2018 – 10 – 11/2018A1100016. html？from = singlemessage，2018 年 10 月 11 日。

④ 吕尚彬：《媒体融合的进化：从在线化到智能化》，《人民论坛·学术前沿》2018 年第 24 期。

⑤ 冷淞：《媒体融合需要内容技术双驱动》，《理论导报》2019 年第 4 期。

共同驱动。① 智能技术成为推动媒体融合创新的关键力量，人工智能正在重塑新闻，提升了媒介体验，革新了管理模式，媒体融合需要坚持技术与内容双核驱动（霍婕、陈昌凤，2018）。② 商艳青、杨默涵、阮玲霞（2021）以新华智云的应用实践为例，对智能媒体时代的央企融媒体建设进行探析，指出在具体实践中，新华智云智媒体融合平台能够通过一系列智能化操作，实现内容 MGC（机器生产内容），减少人力成本。③

（二）智能技术：算法支撑

在智能媒体背景下，对智能技术应用的探讨也是热点之一。CiteSpace 关键词聚类中的算法、5G、数字化呈现出了在智能媒体演进过程中，学者们对技术的关注。程明、程阳（2020）认为，社会化媒体演进到智能媒体所遵循的三大逻辑之一是技术的逻辑，人工智能技术、大数据技术、物联网技术、云计算技术、5G 和区块链技术彼此补偿融合从而促进了智能媒体的发展。④ 技术渗透到新闻生产的全流程，对新闻生产的各方面产生了深远影响，无人机、传感器技术拓展了信息的采集疆域，云计算增强了对海量数据的挖掘、处理、分析能力，基于大数据算法能够实现新闻的定制化传播，5G 的高速率、低功耗、低延时、大连接等特点提升了信息的传播效率，区块链去中心化、可溯源、不可篡改等特点可以实现新闻传播过程的公开透明化等。

1. 算法

算法是一系列解决问题的清晰指令，代表着用系统的方法描述解决问题的策略机制。算法应用到新闻传播领域，重塑了新闻生产流程，带来了深远的影响。近年来，新闻传播学者对算法的研究逐渐深

---

① 童清艳：《智媒时代我国媒体融合创新发展研究》，《人民论坛·学术前沿》2019 年第 3 期。

② 霍婕、陈昌凤：《人工智能与媒体融合：技术驱动新闻创新》，《中国记者》2018 年第 7 期。

③ 商艳青、杨默涵、阮玲霞：《智媒体时代央企融媒体建设探析——以新华智云的应用实践为例》，《传媒》2021 年第 20 期。

④ 程明、程阳：《论智能媒体的演进逻辑及未来发展——基于补偿性媒介理论视角》，《现代传播》（中国传媒大学学报）2020 年第 9 期。

入，关注点从早期算法在新闻传播领域的实践运用转向了反思算法与人的关系、算法与权利的关系、算法偏见、算法黑箱、算法伦理等。杨保军、李泓江（2019）讨论了算法新闻中的主体关系，认为算法新闻中存在三个主体，即算法创设主体、算法运用主体和算法新闻收受主体，不同主体在获得满足感的同时也在一定程度上丧失了主体性。① 随着算法新闻的兴起，算法背后的工程师也受到了新闻传播学者的关注，严三九、袁帆（2019）对新闻传播领域算法工程师应承担的伦理责任进行了探讨。② 师文、陈昌凤（2018）认为算法一定程度上迫使专业新闻机构和从业者对自身的职业行为进行"适应性"调整，算法逻辑潜移默化地对人思维方式与行为逻辑进行了"驯化"。③ 此外，算法虽然能够实现新闻个性化定制，但过于强调"个人化"也可能会造成"社会化"的缺失。彭兰（2017年）反思了算法与"真相"之间的关系，指出数据和算法这些看上去客观的方法，并不一定能够带来更多真相，也可能使"真相"和事实相距甚远。④ 对算法背后权力关系的反思，也是学者们关注的焦点，喻国明、杨莹莹、闫巧妹（2018）提出算法即权利⑤，陈昌凤、霍婕（2018）指出由于算法赋权与降权，带来了新闻媒体与社交平台之间的权力迁移与关系重构。⑥

2. 5G

5G 是指第五代移动通信技术（5th Generation Mobile Communication Technology），2019 年 6 月 6 日，工业和信息化部发放 5G 商用牌照，标志着我国正式进 5G 时代。5G 时代的到来，对新闻传播的意义重大。蔡雯、翁之颢（2019）认为 5G 技术将推动 VR/AR、物联网、无人机等早期限于硬件条件而无法施展的技术的深层次应用，促成一

① 杨保军、李泓江：《论算法新闻中的主体关系》，《编辑之友》2019 年第 8 期。

② 严三九、袁帆：《局内的外人：新闻传播领域算法工程师的伦理责任考察》，《现代传播》（中国传媒大学学报）2019 年第 9 期。

③ 师文、陈昌凤：《新闻专业性、算法与权力、信息价值观：2018 全球智能媒体研究综述》，《全球传媒学刊》2019 年第 1 期。

④ 彭兰：《更好的新闻业，还是更坏的新闻业？——人工智能时代传媒业的新挑战》，《中国出版》2017 年第 24 期。

⑤ 喻国明、杨莹莹、闫巧妹：《算法即权力：算法范式在新闻传播中的权力革命》，《编辑之友》2018 年第 5 期。

⑥ 陈昌凤、霍婕：《权力迁移与关系重构：新闻媒体与社交平台的合作转型》，《新闻与写作》2018 年第 4 期。

场新的信息革命，而技术的应用也会冲击新闻业的专业壁垒，解构专业新闻生产的传统模式。① 喻国明、曲慧（2019）指出5G技术将改变传播学研究领域的四大要素——媒介、传播者、内容、受众的内涵和外延，创造一个无限容量的信息网络，实现万物互联，并指出在5G时代视频或成为主要表达方式。② 随着5G技术的发展，视频、直播产业迎来了新的机遇，实现了新的突破。卢迪、邱子欣（2020）认为在5G技术的推动下，直播成为常态化表达，新闻与5G直播深度融合是媒体融合发展的关键。③

3. 区块链

区块链是以比特币为代表的数字加密货币体系的核心支撑技术，具有去中心化、时序数据、集体维护、可编程和安全可信等特点。④ 区块链技术运用于新闻传播行业，推动了新闻生产和传播方式的转型与升级。目前学界对区块链技术的研究多聚焦于该技术给实现新闻真实带来的可能性。后真相时代，"真相"与事实之间的鸿沟正在扩大，由于社交媒体的去中心化不彻底，所谓的意见聚合只是一种"网络围观"，区块链技术能够有效改进这种现象，通过公共的新闻公告板汇聚各方面信息，促进人们了解真相，形成共识（喻国明、冯菲，2019）。⑤ 邓建国（2019）认为，在区块链技术的支持下，新闻有可能抵达真相。⑥ 史安斌、叶倩（2019）从夯实信源追溯和版权保护机制、打击虚假广告和流量作弊、推动新闻业的全链条再造三个方面论述了区块链技术给新闻业带来的机遇。⑦

① 蔡雯、翁之颢：《专业新闻的回归与重塑——兼论5G时代新型主流媒体建设的具体策略》，《编辑之友》2019年第7期。
② 喻国明、曲慧：《边界、要素与结构：论5G时代新闻传播学科的系统重构》，《新闻与传播研究》2019年第8期。
③ 卢迪、邱子欣：《新闻"移动化"与直播"常态化"：5G技术推动新闻与直播深度融合》，《现代传播》2020年第4期。
④ 袁勇、王飞跃：《区块链技术发展现状与展望》，《自动化学报》2016年第4期。
⑤ 喻国明、冯菲：《区块链对后真相的重新建构："分散—聚合"模式的设想》，《现代传播》（中国传媒大学学报）2019年第5期。
⑥ 邓建国：《新闻＝真相？区块链技术与新闻业的未来》，《新闻记者》2018年第5期。
⑦ 史安斌、叶倩：《区块链技术与新闻业变革：理念与路径》，《青年记者》2019年第16期。

（三）传播主体：人机协作

人工智能技术渗透到新闻传播领域，对新闻生产流程产生了深刻影响，其中传播主体发生了显著变化。以新闻写作机器人为代表的智能机器开始参与到新闻生产过程中来，打破了传统媒体时代以"人"为主导的新闻采写、分发模式，新闻从业者面临着职业挑战。2015年11月，新华社的首位"机器人记者"——"快笔小新"开始采写体育赛事中英文稿件和财经信息稿件。① 2018年两会期间，新华社和阿里巴巴共同研发的"媒体大脑"利用人工智能技术从5亿网页中梳理与两会相关的舆情热词，仅用时15秒就生产发布了《2018两会MGC舆情热点》。② 2019年8月，中国科学报社联合北京大学科研团队研发的科学新闻写作机器人"小柯"正式"上岗"。③ 近年来，写作机器人越来越多地运用到新闻生产实践，机器写作覆盖领域更加广阔，模式更加成熟。与业界的火热相比，学界对智能媒体背景下传播主体的拓展也进行了探讨，并取得了一些研究成果。CiteSpace关键词聚类中的传统媒体、主流媒体、主体、传播权力，所反映的正是该主题。彭兰（2016）认为媒体智能化的特征包括三个方面：万物皆媒、人机合一、自我进化。智能机器将和人的智能相融合，构建新的新闻业务模式。④ 段鹏（2018）指出常见的智能媒体主要有机器人写作、无人机、媒体大脑等，在智能技术的驱动下，智能媒体能够不受环境的限制，并依据大数据算法自动生成符合用户个性的内容。⑤ 目前来看，智能机器写作虽然拥有人无法比拟的优势，但它的短板也相对明显，在低语境下智能机器或许可以胜任信息生产，但在某些高语境中，智

① 新华网：《"快笔小新"上岗了！84岁新华社启用"机器人记者"》，http://www.xinhuanet.com/politics/2015－11/06/c_128401096.htm，2015年11月6日。
② 新华社新媒体：《新华社"媒体大脑"两会上岗15秒生产第一条两会MGC视频新闻》，https://baijiahao.baidu.com/s? id=1593836424515207269&wfr=spider&for=pc，2018年3月2日。
③ 中国新闻网：《中国传媒与高校团队联合研发科学新闻写作机器人"上岗"》，https://baijiahao.baidu.com/s? id=1640646536390755843&wfr=spider&for=pc，2019年8月1日。
④ 彭兰：《智媒化：未来媒体浪潮——新媒体发展趋势报告（2016）》，《国际新闻界》2016年第11期。
⑤ 段鹏：《智能媒体语境下的未来影像：概念、现状与前景》，《现代传播》（中国传媒大学学报）2018年第10期。

能机器可能需要与新闻专业工作者协同合作（程明、程阳，2020）。[①]一方面写作机器人参与新闻生产挤压了新闻从业人员的生存空间，对新闻人才培养提出了更高的要求；另一方面也可以将专业记者从简单繁复的工作中解放出来，进行更加复杂、深度的报道，从而创造更多优质的内容。

（四）用户体验：场景化

保罗·莱文森的人性化趋势媒介进化理论认为，从媒介进化规律来看，媒介的使用功能会越来越符合人类感官愉悦的要求，媒介的外形设计会越来越符合人性审美需求（陈功，2016）。[②] 智能媒体的发展离不开"以人为本"的逻辑规律，"用户体验"是智能媒体研究的热点主题之一。CiteSpace 关键词聚类中的体验设计正表明了学者对智能媒体领域"用户体验"的关注。李戈、郑旭军（2018）认为智能媒体是融合了人工智能技术，能够感知用户需求并为用户带来更佳体验的信息客户端和服务端的总和。[③] 智能媒体拥有人性化、类人化的特征，可以主动感知应用场景、用户关系和用户心理，为用户提供精准化、个性化的内容。罗自文、熊庚彤、马娅萌（2021 年）认为，虚拟技术和人工智能技术是现阶段智能媒体的技术支撑，智能媒体能够再造场景，为用户提供人体虚拟体验，从而促进新闻产品从"观看"到体验的转型。[④] "场景化"是智能媒体语境下的重要概念，程明、战令琦（2018）提出，智能化场景重构了人们的生存观念，改变了人们的生活方式，实现了社交互动和消费支付的场景化，而这些人格化的场景符号、虚拟化的场景意境和沉浸式的场景氛围，会影响人们对现实生活的感知与判断。[⑤] 展望未来，段鹏（2018）认为从用户

---

① 程明、程阳：《论智能媒体的演进逻辑及未来发展——基于补偿性媒介理论视角》，《现代传播》2020 年第 9 期。

② 陈功：《保罗·莱文森的人性化趋势媒介进化理论》，《湖南科技大学学报》（社会科学版）2016 年第 1 期。

③ 李戈、郑旭军：《智能媒体特征分析与设计思维重构》，《中国出版》2018 年第 2 期。

④ 罗自文、熊庚彤、马娅萌：《智能媒体的概念、特征、发展阶段与未来走向：一种媒介分析的视角》，《新闻与传播研究》2021 年第 10 期。

⑤ 程明、战令琦：《论智媒时代场景对数字生存和艺术感知的影响》，《现代传播》（中国传媒大学学报）2018 年第 5 期。

体验的角度，可以从沉浸感、在场感、互动感等三个方面来把握未来影像的发展状态。①

（五）媒介伦理：以人为本

人工智能技术应用于新闻媒体行业，带来的伦理问题也值得关注。CiteSpace 关键词聚类中的人工智能中的关键词"人工智能伦理""伦理准则""治理体系"，媒介融合中的关键词"伦理示范"，智能传播中的关键词"信息滥用""算法伦理"，以及人文精神其实也都是在讨论智能媒体带来的伦理问题。有关智能媒体伦理方面的研究主要有三个方面，一是智能媒体具体引发的伦理问题，廖秉宜、姚金铭、余梦莎（2021）将智能媒体的伦理风险概括为四类，即数据不当收集与使用问题、机器流量与数据欺诈问题、精准推送与信息茧房问题、网络洗稿侵犯知识产权问题。② 二是智能媒体伦理"归责"问题，包括对伦理建构、责任主体、问责依据的讨论，耿晓梦、喻国明（2020）提出，智能媒体伦理风险的实质是人与人之间的控制与反控制危机，智能媒体的伦理调适应该是对与智能媒体相关的人类主体进行规范性约束。③ 薛宝琴（2020）认为，在智能媒体语境下，人类仍是新闻伦理的主体，但是主体范围发生了拓展，除了新闻媒体、记者，互联网技术公司和算法工程师也被纳入其中。④ 三是如何规制智能媒体伦理问题，宫承波、王玉风（2020）从"人"的立场出发，提出受众、媒体从业者、技术开发者和国家治理者等多主体应共同参与形成合力，将技术限制在工具本位。⑤ 廖秉宜、姚金铭、余梦莎（2021）认为，可以从基于用户数据授权的合理使用，第三方流量数据监测与行业规范，公共信息与个性化信息结合推送，加强原创内容

---

① 段鹏：《智能媒体语境下的未来影像：概念、现状与前景》，《现代传播》（中国传媒大学学报）2018 年第 10 期。

② 廖秉宜、姚金铭、余梦莎：《智能媒体的伦理风险与规制路径创新》，《中国编辑》2021 年第 2 期。

③ 耿晓梦、喻国明：《智能媒体伦理建构的基点与行动路线图——技术现实、伦理框架与价值调适》，《现代传播》（中国传媒大学学报）2020 年第 1 期。

④ 薛宝琴：《人是媒介的尺度：智能时代的新闻伦理主体性研究》，《现代传播》（中国传媒大学学报）2020 年第 3 期。

⑤ 宫承波、王玉风：《主体性异化与反异化视角的智能传播伦理困境及突围》，《当代传播》2020 年第 6 期。

知识产权保护和自律，完善智能媒体行业进入和退出机制等五个方面加强智能媒体伦理规制。[①]

（六）中国广告：智能化

CiteSpace 关键词聚类中国广告类别中的关键词有中国广告、智能广告、广告的产业、程序化广告。借助人工智能，广告行业初步形成了全链路的智能化[②]，智能技术对广告调查、策划、创意与表现、制作、媒介投放、效果检测评估等广告运作流程进行了优化，廖秉宜（2017）从宏观角度分析了我国智能广告的产业现状、存在问题，并提出了优化路径。[③] 郑新刚（2019）从大数据、智能技术、互联网的演进、广告形态的演化等四个方面探讨了智能广告的形成背景和逻辑起点。[④] 人工智能催生了新的广告形态，如程序化广告[⑤]（段淳林、任静，2020）、计算广告[⑥]（吕尚彬、郑新刚，2019），程明、程阳（2020）提出基于5G技术与其他人工智能技术的组合，将建构新的技术范式以推动广告行业融合化、计算化、智能化发展，进而形成新的广告形态——智能接触点广告。[⑦] 人工智能给广告产业的发展带来了机遇，但与此同时出现的智能广告伦理问题也值得关注，蔡立媛、周慧（2019）提出，智能广告不仅在技术层面加剧了传统的广告伦理失范如媚俗、低俗等，还会造成"时空侵犯"新的广告伦理危机。[⑧] 李名亮（2020）从信息资源伦理、信息化产品伦理与信息化环境伦理

① 廖秉宜、姚金铭、余梦莎：《智能媒体的伦理风险与规制路径创新》，《中国编辑》2021年第2期。

② 程明、程阳：《智能广告的新发展》，《新闻战线》2020年第20期。

③ 廖秉宜：《优化与重构：中国智能广告产业发展研究》，《当代传播》2017年第4期。

④ 郑新刚：《超越与重塑：智能广告的运作机制及行业影响》，《编辑之友》2019年第5期。

⑤ 段淳林、任静：《智能广告的程序化创意及其RECM模式研究》，《新闻大学》2020年第2期。

⑥ 吕尚彬、郑新刚：《计算广告的兴起背景、运作机理和演进轨迹》，《山东社会科学》2019年第11期。

⑦ 程明、程阳：《数据全场景和人机物协同：基于5G技术的智能广告及其传播形态研究》，《湖南师范大学社会科学学报》2020年第4期。

⑧ 蔡立媛、周慧：《人工智能广告的"时空侵犯"伦理危机》，《青年记者》2019年第15期。

三个维度讨论了智能广告信息伦理风险与核心议题。①

四 中国智能媒体研究热点变迁与演进

利用 CiteSpace 软件在关键词共现图谱的基础上生成关键词时区图谱（图6）和关键词突现图谱（图7），将时间因素加入知识图谱绘制当中，可以了解不同时间段的研究热点，较为清晰地展示研究热点的演进历程和变化趋势。图6为中国智能媒体领域的研究热点时区图，在关键词时区图谱中，每个关键词被"固定"在首次出现的年份当中，如"人工智能"在 2016 年初次出现后将不会出现在之后的时间段里，即在图6的每个时间段里只显示当年新出现的关键词。随着关键词出现的频次增加，关键词的圆圈也将变大。关键词之间的连线表明这些关键词曾出现在同一篇文献当中，它们之间存在联系。从图6可以看出，2016—2019 年智能媒体领域新的研究主题的增量较为可观，2020 年、2021 年新增研究热点的数量逐渐减少，说明智能媒体研究由早期的拓宽研究主题广度向发掘研究主题纵深发展。

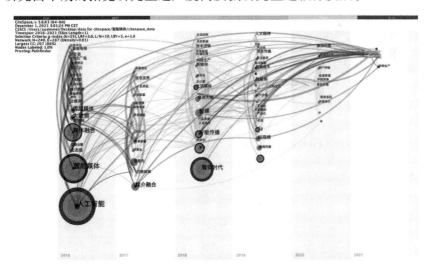

图6　2016—2021 年智能媒体研究的关键词时区图谱

① 李名亮：《智能广告信息伦理风险与核心议题研究》，《新闻与传播评论》2020 年第1 期。

　　突现词是指在某个时间段内高频变化的词，通过对智能媒体领域的突现词进行分析，观测关键词的突现情况，能够了解到该研究领域研究热点的变迁。[①] 图 7 显示 2016—2021 年突现强度前 20 位的关键词突现词和突现时间段，其中"Strength"表明突现强度，"Begin"一栏是开始突现的时间，"End"一栏是结束突现的时间。

　　从图 7 可以看出，"物联网""大数据""传统媒体""App""唐·伊德"从 2016 年开始突现，在早期阶段学界的关注焦点主要在大数据、物联网等技术应用于传媒领域带来的变革，其中对唐·伊德技术哲学的探讨与反思，也体现了人们对技术的关注。随着智能手机的普及，手机应用软件给用户带来了更加丰富的体验，其中新闻类 App 的内容建设、传播模式、传播策略也引发了学者的探讨。2017 年"媒体创新"和"媒介融合"开始突现，表明在这一段时间内，学者们的注意力焦点转移到传统媒体如何突破困境，进行创新改革，实现媒介融合，在技术赋权、社交媒体兴起的背景下完成升级重塑。2018年"媒体大脑""新华社""新媒体"开始突现，其中"媒体大脑"突现强度最高（3.84），"新华社"突现强度次之（2.08），这与2017 年 12 月新华社和阿里巴巴集团共同投资的新华智云公司发布了中国第一个媒体人工智能平台"媒体大脑"有关，作为国内第一家由国家级媒体和头部科技公司合资成立的人工智能科技公司，新华智云助力人工智能技术在媒体行业落地，推动媒体行业数字化和智能化升级。2019 年开始突现的关键词有"新闻传播""智媒化""融媒体"，其中"新闻传播"突现的时间最长，从 2019 年持续到 2021 年，说明智能媒体对新闻传播业态的影响与重塑是该研究领域的重要议题。而"智媒化""融媒体"则是对媒体形态的进一步考量。2020 年"5G""人才培养""数据新闻""媒介""体验设计""用户体验""智媒体"开始突现，体现了智能媒体领域研究的重要趋势。首先是"5G"时代的来临，短视频、直播成为常态化表达，丰富了智能媒体领域的相关研究，且基于 5G 技术，VR、AR、传感器等智能技术有望进一步联动发展，从而推动智能媒体发展迈上新的台阶。其次，"体验设计"

---

　　① 尹相旭、张更平、李晓菲：《基于关键词统计的情报学研究现状分析》，《情报杂志》2009 年第 11 期。

"用户体验"关键词的突现说明了研究者开始将关注焦点从"技术"转向"人",在智能媒体语境下"人的感受"成为重要议题,智能媒体发展以技术为支撑,但落脚点仍然在"人"。最后,智能媒体时代要培养怎样的人才的问题也引发了学者的思考,面对多元复杂的舆论生态、技术驱动的媒体格局,要在"人才培养"的过程中注重提高新闻传播人才的核心竞争力,培养高素质复合型创新型人才来应对时代环境的发展变化。

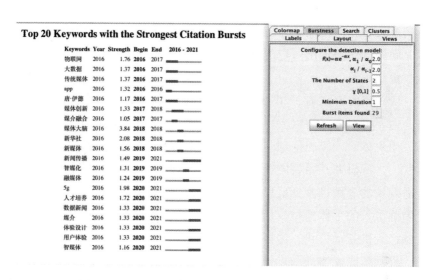

图7　2016—2021年智能媒体研究的关键词突现图谱

五　结论与展望

本文利用 Citespace 软件对 2016—2021 年间 CSSCI 数据库有关"智能媒体"主题研究的 466 篇文献进行了可视化分析,生成了多维度的知识图谱。并结合分析结果和相关文献资料,梳理了智能媒体领域的发文趋势、科研合作网络以及研究热点等,得出以下结论:

从发文趋势来看,2016—2019 年我国智能媒体领域相关研究文献数量持续增长,虽然 2020 年发文量出现小幅下降,但自 2021 年以来学者对智能媒体领域的研究热情不减,发文量出现回升。相信未来随着人工智能技术的持续发展，智能媒体领域相关研究也将持续推进。

从科研合作关系来看，在研究者层面，目前智能媒体领域出现了少量的颇具学术影响力的核心研究者，且以这些学者为中心形成了小规模的研究合作团体。但整体来看，合作网络数量偏少，大多数的研究者都是独立作者，且从发文数量来看多为一次发文，尚未形成大规模的合作者网络。在研究机构层面，目前发文数量较多的研究机构多为"985"高校，机构之间的合作较多，形成了规模可观的学术研究团体。其中学校内部的各学院、研究团队、学术机构之间更偏向于合作；高校和新闻传播业界也存在合作关系，但频率较低。且各研究机构之间的合作呈现出一定的地域特征，处于相同地域的各机构之间的合作更加频繁。

从研究内容来看，2016 年以来智能媒体领域的研究内容更加丰富，主要可以概括为六大主题，分别是媒介融合、智能技术、传播主体、用户体验、媒介伦理、中国广告。随着智能媒体领域的相关知识累积，一些研究开始朝向纵深发展，从早期探索人工智能技术在新闻传播领域的应用过渡到反思技术与人之间的关系，在重视技术的同时也明确了人的主体地位。值得注意的是，随着 5G 时代的来临，终端设备、人机互动模式、传媒生态等都有望迎来新的变革，借助 5G 技术，推动智能媒体进一步优化升级、实现新的突破是学界和业界共同的期待。

中国网络广告研究的历史演进与发展趋势

廖秉宜　鲍泽文[*]

廖秉宜　鲍泽文[*]

一　引言

1997 年 3 月，Chinabyte 网站上投放了第一条商业性的网络广告，由此开创了我国网络广告新时代。此后，伴随着网络信息技术的迅猛发展和互联网的广泛普及，网民数量稳步攀升，多元化的媒体资源极大地丰富了网络广告传播载体，网络广告市场规模日益扩大。特别是进入 Web3.0 时代以来，移动通信技术的迭代速度加快，智能移动终端更新换代也愈发频繁，移动互联网的兴起推动网络广告发展进入了一个新阶段。艾瑞咨询发布的《2021 年中国网络广告市场年度洞察报告》显示，2020 年中国网络广告市场规模达 7666 亿元，增长率为 18.6%。近年来，以人工智能、大数据和云计算等为代表的前沿技术不断革新，驱动网络广告转型升级，我国网络广告产业方兴未艾。

我国在网络广告方面的研究起步较晚，发展时间短，国内学界对网络广告的研究综述较为有限。其中马冲（2005）较早地对 2000—2004 年关于网络广告的研究进行了综述，并总结归纳出了三大热点问题，具有一定的前瞻性。① 刘寅斌等（2010）翔实回溯了 2004—2009 年国内外网络广告研究的发展脉络，并提炼出了五大核心研究主题，

---

　* 廖秉宜，武汉大学媒体发展研究中心研究员，武汉大学新闻与传播学院教授、博士生导师；鲍泽文，武汉大学新闻与传播学院硕士研究生。
　① 马冲：《网络广告三大热点问题研究综述》，《新闻界》2005 年第 3 期。

分别是网络广告受众、表现形式、投放、地理和文化差异、与传统媒体广告对比与合作。[①] 孙宇等（2014）则围绕广告信息传导与受众心理行为反应的关键环节，对国内外网络广告的研究现状进行了细致梳理。[②] 网络广告的研究受到技术和媒介环境的影响，知识更迭迅速，具有鲜明的实践指向。然而，目前的研究相对滞后，且研究视角存在局限性。

本研究利用 CiteSpace 可视化分析软件，从研究机构合作网络、作者合作网络、关键词共现、关键词聚类以及关键词突现等方面，对 1998—2020 年间 CSSCI 数据库中收录的关于网络广告的 739 篇论文进行文献计量分析，力图厘清我国网络广告研究的现状、把握发展脉络、发掘研究热点并展望发展趋势，以期为我国网络广告研究提供参考和理论支持。

二 数据来源与研究工具

（一）研究数据

本研究的数据来源于中国知网（CNKI），选择 2020 年作为文献检索的结束年份，以 CSSCI 数据库为范围，以"网络广告"或"互联网广告"或"移动广告"或"信息流广告"或"新媒体广告"为主题进行高级检索，共得到文献 832 篇。剔除新闻报道、会议综述、简讯、成果介绍、访谈、目录以及书评等无效或无关文献，共获得有效文献 739 篇。文献检索截止日期为 2021 年 9 月 23 日。

（二）研究工具

科学知识图谱（MappingKnowledgeDomain）是以知识域（KnowledgeDomain）为研究对象，显示科学知识的发展进程与结构关系的一种图形[③]，能够反映知识单元之间网络、结构、互动、交叉、演化或

---

① 刘寅斌、肖萍、陈永：《网络广告研究综述》，《国际新闻界》2010 年第 11 期。

② 孙宇、郭伏、廖厚冬：《基于受众认知行为的网络广告研究综述》，《工业工程与管理》2014 年第 5 期。

③ 陈悦、刘则渊：《悄然兴起的科学知识图谱》，《科学学研究》2005 年第 2 期。

衍生等多种复杂关系。① 借助知识图谱,我们可以将学科领域的知识结构、研究热点、前沿主题以及演进历程以可视化的形式进行呈现。

本研究采用的知识图谱绘制工具 CiteSpace 是由美国德雷塞尔大学的陈超美教授应用 Java 语言编写和开发的一款信息可视化软件,功能包括国家/地区、机构和作者的合作网络分析,主题词、关键词和学科分类的共现分析,文献、作者和期刊的共被引分析以及文献的耦合分析等。该软件主要结合共引分析原理(co - citation)和寻径网络算法(pathFinder),对选定学科领域的文献进行计量分析,用于揭示研究领域的现状、逻辑脉络以及发展趋势等,并通过包括合作网络图谱、共现图谱、共被引图谱等在内的可视化图谱的形式呈现。

本研究运用文献计量学的研究方法和 CiteSpace 软件对国内网络广告领域的相关文献进行分析和可视化呈现,综述国内网络广告领域的研究现状并对议题热点、未来发展趋势进行梳理总结,以期为我国网络广告的研究与发展提供参考。

三 国内网络广告研究基本情况分析

(一) 文献量分析

发文量能够较为直观地体现某一学科领域的研究热度、活跃程度以及发展态势,网络广告研究相关的论文数量如图 1 所示。从时间维度来看,在 2000 年以前,国内对网络广告研究的文献数量非常少(1998 年 2 篇,1999 年 9 篇),呈现出缓慢增长的态势;2000—2006年,发文数量普遍偏低,增长幅度并不明显,发展较为平缓;从 2007年开始,我国网络广告领域研究进入了爆发式发展阶段,发文数量逐渐增多,并在 2015 年达到峰值,说明网络广告已经受到了学界的广泛关注,研究热度不断攀升;在 2016—2020 年期间,论文数量稍有回落,虽整体呈现波动下降的趋势,但仍维持在较高水平,整体比较稳定。

---

① 陈悦、陈超美、刘则渊、胡志刚、王贤文:《CiteSpace 知识图谱的方法论功能》,《科学学研究》2015 年第 2 期。

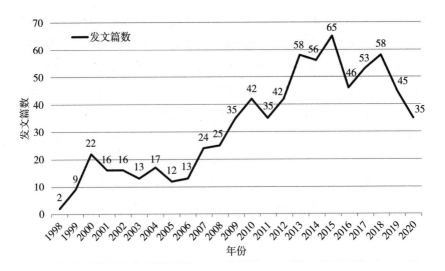

图1　1998—2020 年国内网络广告研究领域发文量分布图

（二）研究机构合作网络分析

表1　　　　　　　　　　网络广告研究的核心机构

排名	初现年份	研究机构	发文量/篇
1	2000	中国人民大学新闻学院	21
2	2002	武汉大学新闻与传播学院	17
3	2009	中国传媒大学广告学院	14
4	2014	国家行政学院社会和文化教研部	12
5	2013	西南交通大学经济管理学院	10
6	2009	厦门大学新闻传播学院	8
7	2002	复旦大学新闻学院	7
8	2009	南京大学新闻传播学院	5
9	2008	上海大学影视学院	5
10	2011	华东师范大学传播学院	5

　　本研究统计了各研究机构在网络广告研究领域发表的论文数量，其中发文量排名前 10 的研究机构如表 1 所示。从表 1 可以看出，中国人民大学新闻学院、武汉大学新闻与传播学院以及中国传媒大学广

告学院是研究网络广告的核心机构，发表论文数量分别为 21 篇、17 篇和 14 篇，具有较强的科研实力。此外，2007—2015 年正值我国网络广告研究的上升期，根据各研究机构发表论文的初现年份来看，在排名前 10 的研究机构中，高达七成的核心机构均在此期间开展了网络广告的相关研究。

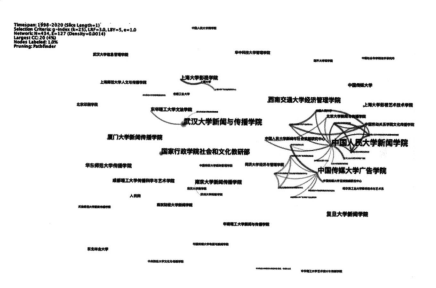

图 2　研究机构的合作图谱

通过 CiteSpace 对研究机构合作网络进行可视化分析，将时间跨度"TimeSlicing"设定为 1998—2020 年，时间切片"YearsPerSlice"设定为 1 年，节点类型"NodeTypes"选择"Institution"，各时间切片阈值设置 TopN = 50，其他选项保持系统的默认设置，得到研究机构的合作图谱，如图 2 所示。其中共有 434 个节点，127 条连线，网络密度比较低，仅为 0.0014，由此说明我国网络广告研究相对分散，不同机构之间比较独立，合作频次较低。

在合作关系网络中，已经形成了比较明显的以中国人民大学新闻学院、武汉大学新闻与传播学院和中国传媒大学广告学院为核心的科研团体，这几所老牌的新闻传播类院校的新闻教育起步较早，拥有扎实的学科基础和强劲的科研能力，创新成果丰硕。其中，中国人民大学新闻学院、中国传媒大学广告学院、北京大学新闻与传播学院以及中国劳动关系学院文化传播学院由于地理空间相互邻近，推动了学术交流合作，形成了一定程度的合作关系。

综合而言，合作主要以内部合作为主，包括各学院以及下设的研究中心，亟待形成跨学科协同创新网络。且大多是短期的、零散式的，尚未形成长期、稳定的合作关系，呈现出"整体分散、局部集聚"的合作格局。

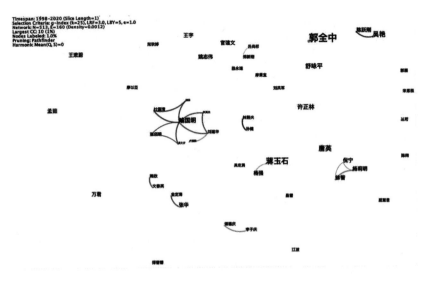

图3　作者的合作图谱

（三）作者合作网络分析

基于 CiteSpace 对作者合作网络进行可视化分析，设置节点类型为"Author"，其余参数设置保持不变，可以得到作者的合作图谱。从图3可以看出，节点数为513，连线数为160，整体网络密度为0.0012，说明国内网络广告研究领域的作者之间交流合作力度不够，关系相对松散，还未形成深度合作关系。就作者发表论文的数量而言，高产作者包括郭全中（13篇）、蒋玉石（7篇）、吴艳（5篇）以及唐英（5篇）。

已经形成的合作关系网络主要以地缘关系和业缘关系为基础，较为显著的是以业缘关系为纽带，围绕喻国明、蒋玉石、倪宁等知名学者而形成的合作团体，多为师生合作关系，其中喻国明的中介中心性较高，具有较强的学术辐射能力和影响力。而吴艳和陈跃刚、金定海和张华之间的合作则主要建立在地缘关系的基础之上，多属于同一研究机构，关联较为紧密。

虽然目前合作团体的数量已经形成了一定规模，然而多为2—3人的小规模团体，合作主要集中在同一研究机构内部，且以导师和学生合作的形式为主，跨研究机构的合作相对较少，核心作者之间也鲜少合作。

四　国内网络广告研究热点主题分析

（一）关键词共现图谱

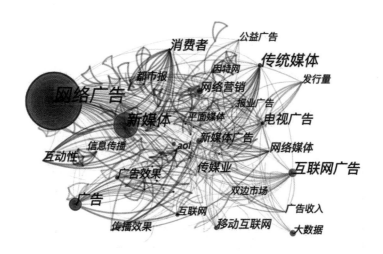

图 4　国内网络广告研究关键词共现图谱

基于 CiteSpace 的可视化功能对国内网络广告研究文献关键词进行共现分析（图4），并将数据结果导出，如表2所示。其中，出现频次较高的关键词包括"网络广告（152）""新媒体（67）""广告（31）""传统媒体（28）""互联网广告（27）"等，均代表了国内网络广告研究聚焦的热点话题。中介中心性反映了某一节点在网络中的重要性，若中介中心性大于0.1，说明这个节点与其他节点的关联程度较高，是连接不同领域的关键节点。从表2中可以看出，就中介中心性大小而言，"网络广告（0.54）""传统媒体（0.18）""新媒体（0.17）""广告（0.12）"这四个节点具有较高的中介中心性，均超过0.1，与其他节点之间的联结较为紧密。总体来看，国内网络广告的研究主要围绕"网络广告"展开，是整个关系网络的核心中枢，并形成了多个不同主题的集聚圈，相关研究领域之间的连线密集，联系较为紧密，并呈现出一定的聚集性，网络结构体系成熟完善。

表2　　国内网络广告研究高频次、高中介中心性关键词列表

序号	频次	中介中心性	初现年份	关键词
1	152	0.54	1998	网络广告
2	67	0.17	2007	新媒体
3	31	0.12	2000	广告
4	28	0.18	2000	传统媒体
5	27	0.08	2009	互联网广告
6	19	0.01	2001	互联网
7	18	0.03	2011	新媒体广告
8	15	0.05	1998	电视广告
9	14	0.05	1999	网络营销
10	13	0.04	2000	广告效果

（二）关键词聚类图谱

为了进一步厘清国内网络广告研究领域的知识结构，本研究在关键词共现网络的基础上，结合LLR（对数似然率算法）进行聚类分析，得到了关键词聚类图谱（见图5），并通过Cluster Explorer将聚类结果导出（见表3）。

图中形成了包括#0 网络广告、#1 新媒体、#2 互联网广告、#3 消费者、#4 广告、#5 网络营销、#6 广告效果、#7 传播效果、#8 报业广告、#9 投放效果、#10 大数据、#11 新媒体时代等在内的共12个聚类领域。其中，ModularityQ值为0.6895（大于0.3），MeanSilhouette值为0.9163（大于0.7）。根据聚类原理，说明国内网络广告聚类图谱具有非常明显的模块化特征，聚类内部的关联性较强，且结构较为

显著，聚类结果是可信服的，总体聚类质量高。

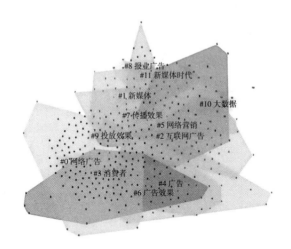

图5 国内网络广告研究关键词聚类图谱

表3 国内网络广告研究聚类高频主题词

聚类编号	聚类节点	平均轮廓值	平均年份	聚类主题词	聚类标签词
0	92	0.957	2006	网络广告 (63.18, 1.0E-4)	传播、新媒体、传统媒体、价值、公共政策、法律对策、广告类型、内容分析、对策、产品卷入度、效果、广告收入、网络媒体、发展分歧、语言态度等。
1	51	0.853	2010	新媒体 (46.48, 1.0E-4)	新媒体广告、公益广告、中央电视台、广告传播、公信力、新常态下、主流媒体、政府监管、电视媒体、信息传播、报业经营、新闻集团、地方综合性高校、强制传播、品牌传播等。
2	47	0.896	2010	互联网广告 (24.33, 1.0E-4)	广告收入、传统媒体、中国传媒业、手机网民、自我规制、广告业、广告经营额、反不正当竞争、四大传统媒体、户外广告、广告数据、移动互联网、移动平台、互联网视频、搜索引擎等。

聚类编号	聚类节点	平均轮廓值	平均年份	聚类主题词	聚类标签词
3	45	0.921	2003	消费者 (16.51, 1.0E-4)	互联网络、网上购物、互动性、阅读需求、大众期刊、旗帜广告、因特网服务提供者、网络经济、媒介环境、增值服务、广告载具、广告创意、网络贸易等。
4	41	0.807	2010	广告 (50.88, 1.0E-4)	双边市场、网络、网络游戏、互动、法治、互联网、媒体、消费者注意、价格协调、付费搜索、媒体运营商、转售价格维持、规制、中国出版集团、法律责任等。
5	28	0.932	2002	网络营销 (14.8, 0.001)	生存策略、电子商务、因特网、新闻信息、多媒体、新华社、零售商、人性化、新闻网站、售后服务、网络客户、网络购物、媒体网站、网络优化、经济管理等。
6	23	0.952	2011	广告效果 (32.95, 1.0E-4)	模式、网络传播、交互模式、社交媒体、劝服、信息流广告、微信朋友圈、认知失谐理论、富媒体广告、运作流程、SIR模型、媒体广告、个性化、心理效果等。
7	21	0.914	2007	传播效果 (10.42, 0.005)	网络视频广告、在线广告、沃尔玛、品牌形象、大众传播理论、网络新闻传播、失范现象、新旧媒体、产业化运作、愉悦度、广告发布标准、主体资格、渠道选择、监督管理等。
8	18	0.935	2010	报业广告 (13.53, 0.001)	数字化转型、发行量、日本经济新闻、新媒体产品、《广州日报》、报业数字化、生活新报、《深圳晚报》、传统媒体人、立足本土、数字业务、《京华时报》等。
9	13	0.923	2004	投放效果 (8.73, 0.005)	博客用户、广告发布、博客空间、博客读者、理想与现实、广告投放、广告商、广告效果评估、新浪网等。
10	12	0.938	2016	大数据 (32.63, 1.0E-4)	人工智能、计算广告、智能广告、广告公司、新媒体场域、产业互联网、转型路径、现实困境、精准广告、广告传播策略、新媒体产业等。

续表

聚类编号	聚类节点	平均轮廓值	平均年份	聚类主题词	聚类标签词
11	9	0.966	2016	新媒体时代（16.03，1.0E−4）	审美辩证法、《经济学人》、原生广告、创新与探索、《福布斯》模式、移动化、影视广告、视像化、可视化新闻、传统媒体转型、传统纸媒、创业新闻、印刷广告等。

（三）五大研究热点主题

通过对关键词聚类结果以及相关文献内容进行分析爬梳，将国内网络广告研究热点总结概括为五个主题，即网络广告受众研究、网络广告效果研究、网络广告经营与管理、网络广告的发展与变革以及网络广告监管。

1. 网络广告受众研究

国内对于网络广告受众的研究主要根据广告信息处理过程的关键环节来进行分析，包括外源性刺激因素、注意、认知、情感和态度、行为等。

外源性刺激因素是指网络广告自身的物理特征，例如网络广告的版面位置、尺寸规格、色彩选择、呈现方式等外在属性。部分学者从外源性刺激信号入手，来探究网络广告的外在属性对受众产生的影响。廖以臣等（2017）通过实验研究发现在线视频中嵌入广告位于屏幕右下角时，更容易引起受众的注意。[①] 蒋玉石（2014）通过实验揭示了网络广告的交互水平和尺寸大小这两个外源性特征影响消费者注意的内在规律，并就网络广告中五种不同尺寸和两种交互水平变量给出了最佳匹配关系。[②] 贾佳等（2017）通过眼动实验的方法，深度剖析了网络广告的创意程度和重复呈现次数对消费者注意的作用机制。[③]

---

① 廖以臣、杜文杰、张梦洁：《在线视频中嵌入广告位置对广告注意程度的影响研究》，《管理学报》2017年第4期。

② 蒋玉石：《网络广告交互水平和尺寸大小对消费者注意的影响研究》，《管理世界》2014年第9期。

③ 贾佳、王逸瑜、蒋玉石、李珺竹：《基于眼动的创意广告重复效应研究》，《管理学报》2017年第8期。

注意是指对部分信息进行选择性加工而忽略其他信息的行为，具有指向性和集中性。网络广告引起受众注意是外源性因素和内源性因素共同作用的结果，其中内源性因素是指人的主观因素，诸如产品卷入度、文化水平、性别年龄、认知负荷等内在属性。蒋玉石（2013）通过实验验证了产品卷入度对消费者注意网络广告有显著的正向影响作用。[①] 然而，信息过载问题的出现也引发了受众的厌烦和抵触情绪，进而导致受众对于网络广告内容的有意忽略和回避。陈素白、曹雪静（2013）基于认知、情感和行为三个层面对 2012 年伦敦奥运网络广告回避现象进行了实证分析，研究结果表明，感知广告杂乱、既往的消极经验、感知目标障碍以及奥运态度对网络广告回避的影响较为显著。[②]

受众对于网络广告的认知反映了受众对网络广告信息的加工过程，包括感知、信任、记忆以及动机等。李进华、王凯利（2018）利用 TAM 模型，分析了影响微信信息流广告受众信任的因素，并进一步探讨了信任与行为意愿的相互关系。[③] 宋思根、李永发（2018）从植入要素、植入情境和受众特征这三个维度入手，就植入式广告对受众记忆的影响因素展开了调查研究。[④]

态度表现为对特定对象的主观评价和行为倾向，根据 ABC 态度模型，态度是由认知（Cognition）、情感（Affect）以及行为意向（Behavior）构成的。受众对网络广告予以反馈并生成评价，进而影响品牌形象的塑造，同时，受众既有的态度和情感也会对网络广告效果产生反作用。李健（2013）结合网络受众的心理特征，有针对性地制定了网络广告传播策略，并指出在网络广告当中融入情感因素，能够引发受众强烈的情感投射和共鸣。[⑤] 宣长春、林升栋（2019）深入细致

① 蒋玉石：《网络广告切换速度及产品卷入度对消费者注意影响的眼动研究》，《管理世界》2013 年第 10 期。

② 陈素白、曹雪静：《网络广告回避影响因素研究——基于 2012 伦敦奥运网络广告投放的实证分析》，《新闻与传播研究》2013 年第 12 期。

③ 李进华、王凯利：《基于 TAM 的微信信息流广告受众信任实证研究》，《现代情报》2018 年第 5 期。

④ 宋思根、李永发：《植入式广告受众记忆影响因素的组合效果分析》，《江西财经大学学报》2018 年第 6 期。

⑤ 李健：《基于受众心理的网络广告传播策略》，《编辑之友》2013 年第 8 期。

地探讨了社交媒体的使用时长与用户社交广告态度之间的关系，并构建了倒"U"形曲线模型。①

行为是将内隐的意识外显化的过程，网络广告受众的行为主要包括浏览、点击、互动、购买以及躲避等。廖秉宜等（2021）以社会认知理论和社会资本理论为依据，对影响微信朋友圈用户广告分享行为的因素进行了全面解析，并在此基础上构建了在线社区广告共享模型。② 倪宁（2016）从用户角度出发，对社交媒体用户的广告参与互动行为进行了全景式展现，深入地揭示了新媒体传播背景下用户的真实形态，并强调在进行社交媒体广告效果评估的过程中应关注用户的真实体验，创新并丰富了广告效果问题的研究视角。③

2. 网络广告效果研究

国内对于网络广告效果的研究主要从两个方面展开：一是构建衡量网络广告效果的模型，二是探究网络广告效果的影响因素。在研究方法的选择方面较为单一，以实证研究方法为主。

在网络广告效果模型的构建方面，江波（2001）较早地注意到了心理效果测评，提出了网络广告心理效果模式，将网络广告的作用机理划分为认知过程、情感过程、意志过程以及交互过程四个阶段。④ 苏林森（2011）对我国目前网络广告评估研究现状做了较全面的梳理，并针对已有研究存在的问题构建了网络广告效果评估综合指标体系，包括核心指标、定性指标以及环境指标。⑤ 张华、金定海（2012）对以线型模式、反馈型模式和象限型模式为代表的传统广告效果模式进行了反思与重构，进而提出了基于网络传播的广告效果行为模式——交互模式。⑥

---

① 宣长春、林升栋：《社交媒体使用对广告态度影响的倒 U 形模式研究》，《现代传播》（中国传媒大学学报）2019 年第 9 期。

② 廖秉宜、李嫣然、刘诗韵：《微信朋友圈用户广告分享行为的影响因素研究》，《国际新闻界》2021 年第 2 期。

③ 倪宁、徐智、杨莉明：《复杂的用户：社交媒体用户参与广告行为研究》，《国际新闻界》2016 年第 10 期。

④ 江波：《网络广告心理效果模式初探》，《心理学动态》2001 年第 3 期。

⑤ 苏林森：《网络广告效果评估的现状、问题与修正》，《西南民族大学学报》（人文社会科学版）2011 年第 10 期。

⑥ 张华、金定海：《网络传播中的广告效果交互模式》，《上海师范大学学报》（哲学社会科学版）2012 年第 2 期。

在网络广告效果的影响因素研究方面，国内学者主要从品牌、消费者、媒介以及广告内容这四个方面进行了深入探究，其中消费者层面的研究又可以分为认知、态度、行为和特征四个维度。在品牌层面，喻建良、罗长青（2006）通过实证研究发现，企业知名度对网络横幅广告效果具有显著的影响。[①] 在消费者层面，陶萍、刘先伟（2013）从关注度视角出发，提出了网络广告效果影响因素模型，对态度、吸引力、可信度以及副效应进行了路径分析。[②] 另外，还有学者以传播视角[③]（杨毅等，2005）、心理认知视角[④]（吕鸿江、刘洪，2007）以及产品卷入度[⑤]（刘世雄等，2019）等为切入口进行了探索。在媒介层面，乔占军（2014）对社会化媒体之于网络广告传播效果的价值进行了系统而全面的阐释，并提出构建基于社会化媒体语境的网络广告传播效果的实现机制。[⑥] 在广告内容层面，欧阳文静、吕一林（2014）对包括广告类型、表现形式、动画、干扰性、相关性和交互性等在内的网络广告特征对广告效果影响的研究进行了回顾与总结。[⑦]

3. 网络广告经营与管理研究

广告经营与管理的主体是广告公司，内容主要涉及公司发展战略、组织架构、人力资源配置以及业务模式等。目前已有的关于网络广告经营与管理的研究主要从宏观、中观和微观三个维度来进行分析。

在宏观上结合时代背景和媒介环境对网络广告经营与管理的现状

① 喻建良、罗长青：《网络横幅广告效果影响因素研究》，《湖南大学学报》（社会科学版）2006 年第 3 期。

② 陶萍、刘先伟：《关注度视角下的网络广告效果影响因素研究》，《预测》2013 年第 6 期。

③ 杨毅、董大海、宋晓兵：《基于传播视角的广告效果实证研究》，《中国工业经济》2005 年第 1 期。

④ 吕鸿江、刘洪：《中国情景下网络广告心理效果的影响因素分析》，《南开管理评论》2007 年第 5 期。

⑤ 刘世雄、陈鹏艳、丁庚：《产品卷入度与网络语言态度对网络语言广告说服效果的影响》，《心理科学》2019 年第 1 期。

⑥ 乔占军：《社会化媒体语境下网络广告传播效果实现机制》，《中国出版》2014 年第 24 期。

⑦ 欧阳文静、吕一林：《网络广告特征对广告效果影响的研究综述》，《现代管理科学》2014 年第 11 期。

及发展进路进行了综合性研究，如陈刚、石晨旭（2016）在创意传播管理理论分析框架下，对数字化时代广告公司形态的转型与重构进行了针对性研究。① 马二伟、俞倩（2019）深刻探析了国内广告公司在大数据浪潮冲击下的经营现状和发展困境，并立足于企业战略转型理论，认为广告公司应当确立数据传播管理的发展战略以及构建基于数据驱动的广告业务模式。②

中观层面回归到具体类别的网络广告经营管理模式进行分析，如邓超明、黄迎新（2014）以互通国际传播集团这一本土知名广告企业为研究样本，提出在整合营销传播背景下，本土广告公司应朝着集团化、专业化以及品牌化的发展方向进行战略转型。③ 屈慧君（2011）从整体上对我国门户网站广告经营的现状进行了客观梳理，详细剖析了门户网站广告经营的优势和不足，并基于组织架构、产品服务和营销策略三个角度提出了发展对策。④

还有学者从微观角度入手，聚焦网络广告经营与管理的核心环节进行探究，如秦雪冰（2019）着重探讨了人工智能应用背景下广告产业人力资本的变迁路径，主要表现为一般型、技能型人力资本的贬值和需求下滑，创新型人力资本的升值、异质性人力资本的吸纳和岗位创新。⑤ 姚曦、李斐飞（2017）重点关注了数字传播背景下大数据技术对包括业务内容和业务流程在内的广告业务模式的重塑，并强调了大数据管理分析平台在广告公司业务流程中的关键作用。⑥

4. 网络广告发展与变革研究

随着以人工智能、云计算和大数据为代表的数字技术的飞速发展

---

① 陈刚、石晨旭：《数字化时代广告公司形态研究》，《湖北大学学报》（哲学社会科学版）2016 年第 2 期。

② 马二伟、俞倩：《大数据时代中国广告公司的现实困境与转型路径——基于广告从业人员的深度访谈分析》，《新闻与传播评论》2019 年第 1 期。

③ 邓超明、黄迎新：《试论整合营销传播背景下本土广告公司战略转型——以互通国际传播集团为例》，《中国地质大学学报》（社会科学版）2014 年第 3 期。

④ 屈慧君：《中国门户网站广告经营现状与发展策略》，《郑州大学学报》（哲学社会科学版）2011 年第 6 期。

⑤ 秦雪冰：《人工智能应用下广告产业的人力资本变迁研究》，《新闻大学》2019 年第 6 期。

⑥ 姚曦、李斐飞：《精准·互动——数字传播时代广告公司业务模式的重构》，《新闻大学》2017 年第 1 期。

和广泛应用，媒介传播环境发生了深刻的变化，网络广告加速迭代演进，不断催生出新的广告形态，包括程序化广告、计算广告、智能广告等。

程序化广告是指基于数字化广告交易平台，自动进行广告媒体资源购买和投放的过程，包括 RTB 实时竞价模式和 non－RTB 非实时竞价模式两种方式①（许正林、马蕊，2016），广告交易模式由传统广告按广告位采购向"购买受众"转变。在实现广告精准化、自动化投放的同时，可以有效节约广告成本，大幅提升了广告运营效率。

自 2012 年程序化广告在国内兴起以来，市场规模持续发展壮大，产业链条不断拓展和延伸。目前，已经形成了较为完善的程序化广告产业生态体系，其中生态链包括 ADX（广告交易平台）、DSP（需求方平台）、SSP（供应方平台）、DMP（数据管理平台）、PCP（程序化创意平台）以及 ADN（广告联盟）等，不断朝着垂直化、专业化的方向发展。随着国内程序化广告步入精细化运营新阶段，相应的负面问题也随之而来，引起了学界的广泛讨论。廖秉宜（2015）关注到我国程序化购买广告产业存在数据孤岛、流量作弊、跨屏识别以及品牌安全等问题。②鞠宏磊、李欢（2019）细致地梳理了当前程序化购买广告造假的治理难点问题，并提出了相应的对策和建议③。

计算广告是基于大数据和算法模型，实现在特定媒体环境下广告和消费者最优匹配的广告传播活动，目的在于通过计算的方式提高在线广告的效率④（吕尚彬、郑新刚，2019）。计算广告的基本运作逻辑是，依托数据挖掘技术，高效、实时、精准地收集消费者的个人行为数据，建立、完善用户画像并进行标签化管理，从而准确把握消费者的需求痛点，帮助品牌锁定目标消费者，并进行个性化广告推荐。同时，还可以对广告传播效果进行实时监测和精准预估，企业可以依据即时的反馈数据对广告营销策略进行动态调整，使广告效果达到最

---

① 许正林、马蕊：《程序化购买与网络广告生态圈变革》，《山西大学学报》（哲学社会科学版）2016 年第 2 期。

② 廖秉宜：《中国程序化购买广告产业现状、问题与对策》，《新闻界》2015 年第 24 期。

③ 鞠宏磊、李欢：《程序化购买广告造假问题治理难点》，《中国出版》2019 年第 2 期。

④ 吕尚彬、郑新刚：《计算广告的兴起背景、运作机理和演进轨迹》，《山东社会科学》2019 年第 11 期。

优化。然而，数字技术对广告产业带来的巨大冲击与变革也引发了学者们的关注与反思，马澈（2017）认为计算广告背后的算法和技术不是中性的，市场机制存在缺陷，应当警惕它们的偏向和失灵对互联网广告产业、广告学理以及公众带来的严峻问题和挑战。[①] 刘庆振（2016）则关注到了在产业变革背景下计算广告学的发展所面临的人才匮乏问题，指出应加快推进复合型人才培养。[②]

智能广告是指综合运用智能技术，在广告内容的生产制作、发布投放以及互动反馈等一系列广告活动中实现全面自动化、智能化和精准化。当前，国内关于智能广告的研究主要集中在以下三个方面[③]（段淳林、宋成，2020）：一是智能技术对传统广告运作流程的解构与重塑，马二伟（2020）认为大数据技术驱动包括消费者洞察、广告媒体购买、广告内容生产等在内的广告核心业务实现智能化运行[④]，秦雪冰、姜智彬（2019）发现人工智能技术对广告公司业务流程的重组体现在业务环节与业务过程两方面[⑤]；二是智能技术引发广告产业和生态的新变革，郑新刚（2019）认为智能技术的发展打破了广告产业的边界，驱动各类技术型、资源型公司强势崛起，还会助推广告产业的平台化生存，广告信息和内容也将会趋向一体化融合，"内容即广告，广告即内容"[⑥]；三是对智能技术风险的反思与规避，姜智彬、马欣（2019）指出智能广告的发展存在数据缺乏多元、数据孤岛、数据监管缺位、隐私安全保护等问题，并提供了相应的解决路径。[⑦]

---

① 马澈：《关于计算广告的反思——互联网广告产业、学理和公众层面的问题》，《新闻与写作》2017 年第 5 期。

② 刘庆振：《计算广告学：大数据时代的广告传播变革——以"互联网＋"技术经济范式的视角》，《现代经济探讨》2016 年第 2 期。

③ 段淳林、宋成：《用户需求、算法推荐与场景匹配：智能广告的理论逻辑与实践思考》，《现代传播》（中国传媒大学学报）2020 年第 8 期。

④ 马二伟：《数据驱动下广告产业的智能化发展》，《现代传播》（中国传媒大学学报）2020 年第 5 期。

⑤ 秦雪冰、姜智彬：《人工智能驱动下广告公司的业务流程重组》，《当代传播》2019 年第 2 期。

⑥ 郑新刚：《超越与重塑：智能广告的运作机制及行业影响》，《编辑之友》2019 年第 5 期。

⑦ 姜智彬、马欣：《领域、困境与对策：人工智能重构下的广告运作》，《新闻与传播评论》2019 年第 3 期。

5. 网络广告监管研究

网络广告的迅猛发展，在产生巨大经济效益的同时，也带来了诸多负面问题，如网络广告不正当竞争行为，虚假违法广告、垃圾电子邮件和强制性广告泛滥以及个人信息泄露等乱象频发。不仅严重扰乱了网络广告的市场经济秩序，还侵害了广大消费者的合法权益，各学科领域的学者纷纷就如何落实和完善我国网络广告的监管提出建设性意见。

部分学者从宏观角度着眼，分别从法律规制、行政监管、行业自律这三个角度展开研究。从法律规制来看，雷琼芳（2010）在借鉴美国网络广告法律规制实践经验的基础上，就我国现行广告法律法规存在的疏漏和缺陷加以分析，并有针对性地提出了有效的完善对策。[①]从行政监管来看，邓小兵等（2013）详细介绍了网络广告行政监管的正当性原则、法定性原则和合理性原则的内涵、必要性和要求，为具体制度的重构提供了参考。[②] 从行业自律来看，王冕（2009）总结了我国网络广告领域中存在的市场和政府双失灵现状，并引入公共治理理论，主张构建多元主体共同参与的社会治理网络，进而主张要加快行业协会建设，强化行业自律。[③] 颜春龙（2004）也认为，应加强网络服务行业的自律，各网络广告经营者应当自觉审查广告内容，营造依法经营的浓厚氛围。[④]

部分学者从微观视角聚焦细分领域，徐剑（2007）提出，要通过法律手段保障用户拒绝接收垃圾邮件的权利，对我国网络垃圾邮件治理的研究具有借鉴意义。[⑤] 钱玉文、刘永宝（2014）系统梳理了包括虚假广告在内的网络消费欺诈现象，并为规制网络消费欺诈行为给出了创见性的建议。[⑥] 朱松林（2013）详细阐述了行为定向广告中潜在

---

① 雷琼芳：《加强我国网络广告监管的立法思考——以美国网络广告法律规制为借鉴》，《湖北社会科学》2010 年第 10 期。

② 邓小兵、朱秀亮、冯渊源：《网络广告行政监管的基本原则探讨》，《科学经济社会》2013 年第 2 期。

③ 王冕：《从网络广告监管到网络广告治理——公共治理的视角分析》，《商业研究》2009 年第 1 期。

④ 颜春龙：《浅谈网络广告中的法律问题》，《新闻界》2004 年第 6 期。

⑤ 徐剑：《试论网络垃圾邮件的法律监管》，《国际新闻界》2007 年第 4 期。

⑥ 钱玉文、刘永宝：《网络消费欺诈行为的法律规制》，《法学杂志》2014 年第 8 期。

的消费者隐私安全风险，并通过研究归纳国外治理行为定向广告中消费者网络隐私问题的策略和原则，提出了我国行为定向广告治理的改进方向。①

五　国内网络广告研究演进趋势分析

（一）关键词突现图谱

突现词是指在某一时期内频次发生很大变化的关键词，用于分析研究领域的新兴前沿和发展趋势。本研究利用 CiteSpace 的突现词探测（Burst Detection）进行关键词突现分析，得到了 1998—2020 年出现的 12 个突现词，如图 6 所示。其中，Strength 代表突现强度，反映了关键词的受关注程度，Begin 和 End 分别代表关键词突变的起止年份，反映了某一关键词的兴衰迭代情况。

Top 12 Keywords with the Strongest Citation Bursts

Keywords	Year	Strength	Begin	End	1998 - 2020
网络广告	1998	3.45	1998	2001	
广告效果	1998	3.3	2010	2014	
网络	1998	3.28	2010	2012	
广告	1998	3.34	2012	2017	
新媒体	1998	6.15	2013	2016	
移动互联网	1998	4.47	2013	2015	
网络视频广告	1998	3.98	2013	2016	
大数据	1998	4.25	2014	2020	
新媒体时代	1998	3.63	2015	2017	
新媒体广告	1998	3.39	2015	2016	
信息流广告	1998	4.89	2016	2020	
互联网广告	1998	3.72	2017	2020	

图 6　国内网络广告研究关键词突现图谱

由图 6 可以看出，"新媒体""信息流广告""移动互联网""大数据"突现强度较高，突现值均大于 4。其中，突现强度最大的关键

① 朱松林：《论行为定向广告中的网络隐私保护》，《国际新闻界》2013 年第 4 期。

词为"新媒体",突现值达到了6.15,突现期为2013—2016年。自2011年以来,伴随着媒体技术的不断创新,新媒体实现了突飞猛进的发展,特别是以微博、微信为代表的移动社交平台不断涌现,广泛并深刻地影响着社会的方方面面,引起了国内学者的广泛关注和浓厚兴趣。

其次是"信息流广告",自2016年以来一直热度不减。信息流广告作为一种新型的广告形式,伴随着移动互联网的发展而兴起,凭借定向精准、流量庞大、形式多样以及内容原生等优势,逐渐成为主流的广告传播模式,被广泛应用于各大资讯、社交和视频平台。随着5G技术的商业化落地,5G环境下信息流广告的发展趋势和路径将成为新一轮的关注点。

同时,"移动互联网"也具有较高的关注度,突现期跨度(2013—2015年)达3年。2013年,随着4G牌照正式发放,4G时代到来,智能手机得到了广泛的普及和应用,我国手机网民规模增长迅猛,截至2015年12月,达到了6.20亿。此外,在2015年的政府工作报告中首次提出了"互联网+"行动计划,大力推动移动互联网快速发展,引发了学界关于移动互联网研究的热潮。

最后,"大数据"的突现期跨度最长,从2014年开始持续至今,并一直保持较高的突现强度。2015年9月国务院印发了《促进大数据发展行动纲要》,反映出了大数据在国家战略中的重要地位以及国家对大数据产业发展的重视和支持。随着以大数据为代表的新兴业态不断升温,越来越多的学者将目光聚焦于大数据赋能精准广告投放领域,以期推动网络广告升级与发展。

(二)关键词时间线和时区图谱

为了更直观地呈现国内网络广告研究领域的发展脉络和演变趋势,通过CiteSpace的TimezoneView和TimelineView功能分别得到了关键词聚类时间线图谱(见图7)和关键词时区图谱(见图8)。其中时间线图谱侧重于分析各研究主题的时间跨度,时区图谱则更注重展现各研究主题的流变和相互之间的关联。通过对词频较高的关键词进行整理分析,可以把我国网络广告研究的发展轨迹和演变进程划分为四个阶段。

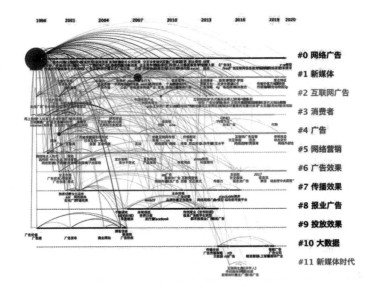

图 7　国内网络广告研究关键词聚类时间线图谱

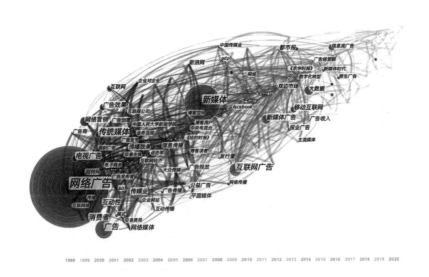

图 8　国内网络广告研究关键词时区图谱

　　1998—2004 年，Web1.0 时代门户网站广告和搜索引擎广告兴起。1998 年，国内四大门户网站网易、搜狐、新浪、腾讯相继成立，并开启了网络广告商业变现模式，标志着中国互联网门户时代的到来，"旗帜广告""千人成本""点击率"等成为了热门研究议题。

1999 年是中国电子商务的元年，以 8848 网站、易趣网、阿里巴巴、携程为代表的电子商务网站在这一时期应运而生。同年，天涯社区创办，腾讯开通即时通讯服务 OICQ，社交网络快速起步发展。伴随着电子商务和社交网络的悄然兴起，相关议题也成了学界关注的新热点。2001 年，百度推出独立搜索引擎，并在搜索引擎广告中引入了竞价排名的商业模式，快速提高广告变现效率。百度也借此逐步发展成为用户进入互联网的信息入口，并一跃成为国内最大的搜索引擎。但在这一阶段对于搜索引擎广告的研究主要集中在基本概念的界定和广告形式的分类上，且多从经济、技术的角度出发进行分析，而针对搜索引擎广告的传播策略和广告效果的研究尚待深入。

2005—2009 年，Web2.0 时代社交媒体广告崛起。由于互联网技术的发展，实现了从传统门户网站主导的 Web1.0 时代到以用户为中心的 Web2.0 时代的迭代升级，Web2.0 打破了单向度的线性传播模式，更加注重用户的互动参与。Web2.0 的相关技术包括 P2P、RSS、Widget、API 以及 SNS 等。[①] 技术的创新与发展重塑了互联网业务形态，社交媒体、电子商务、网络游戏、网络视频以及网络音频等各类新兴网络媒体大量涌现，其中社交媒体包括博客、论坛、微博和以人人网、开心网、51.com 为代表的 SNS 网站等。这也为网络广告提供了更加丰富的传播载体，开启了网络广告新变革，网络广告的形式由传统的旗帜广告、按钮广告、电子邮件广告延伸出了博客广告、富媒体广告、社区论坛广告、网络游戏广告、网络视频广告等新形式，呈多样化发展趋势。这一时期的重要关键词包括"博客空间""互动传播""个人媒体""QQ 广告"等，反映了互联网进入转型阶段网络广告研究主题的重心变化与发展。此外，值得注意的是，随着研究领域的不断拓展与深入，大量研究转向网络广告的效果监测、受众研究、定价策略以及监管治理等议题，表明我国网络广告研究正在逐步成熟、丰满起来。

2010—2013 年，Web3.0 时代移动互联网广告开始起步。2009 年，3G 牌照的正式发放，标志着我国正式进入了 3G 时代。苹果公司

---

① 彭兰：《从"大众门户"到"个人门户"——网络传播模式的关键变革》，《国际新闻界》2012 年第 10 期。

推出 iPhone 手机，开创了智能手机新时代。移动通信技术的快速发展、Wi - Fi 无线网络的广泛覆盖和以智能手机为代表的移动终端设备的规模化应用为移动互联网的发展提供了良好的环境，导致移动应用市场爆发式增长。在此背景下，以小米、美团、滴滴出行、爱奇艺等为代表的新型移动互联网企业不断涌现，在金融、娱乐、医疗、教育等多个行业领域纷纷落地，覆盖各个应用场景。与此同时，传统互联网企业也加快移动端布局，完成转型升级，积极抢占移动互联网的入口。例如，百度推出了包括手机百度、百度云、百度地图、百度手机助手等在内的多个移动端应用，并于 2013 年收购了 91 无线，争夺应用分发市场，聚焦于搜索、应用分发、地图和视频四大移动端入口，建立起了较为完善的移动生态体系；阿里巴巴启动了移动电子商务战略，发布了手机淘宝，并在支付宝推出了手机支付业务，在夯实核心业务的基础上，积极延伸业务范围，完成了对高德地图、饿了么、优酷、UC 浏览器等的收购，形成了强大的移动产品矩阵；腾讯在 2011年推出了移动即时通讯应用——微信，在移动互联网领域占据了一席之地，并大力投入布局手机 QQ、QQ 浏览器、腾讯视频、腾讯手机管家、腾讯微博等移动互联网新业务。移动互联网渗透的加速，为移动互联网广告的起步发展创造了有利环境，由此衍生出了更为丰富和多元化的广告形式，根据媒体的属性可以分为电商广告、社交广告、门户及新闻资讯广告、搜索广告、垂直广告、在线视频广告等，形成了我国网络广告发展新格局。这个阶段对于网络广告的研究呈现多学科交叉、多元化发展的趋势，从经济学、传播学、计算机科学等不同的学科视角切入，围绕移动互联网广告的商业模式、用户分析、推荐算法研究、产业模式等方面展开深度研究。

2014 年以来，Web3.0 时代移动互联网广告迎来井喷式发展。伴随着移动通信技术不断加速迭代更新，4G 进入正式商用的阶段，尤其自 2015 年国务院办公厅发布《关于加快高速宽带网络建设推进网络提速降费的指导意见》以来，网络速率全面提高、资费门槛降低，显著改善了网络环境，推动移动互联网的发展进入了新阶段。同时，随着智能手机技术、产业链的不断成熟以及智能手机市场竞争日趋激烈，以小米、中兴等为代表的国产智能手机品牌强势崛起，智能手机的价格也更加亲民。受诸多利好因素影响，网民的上网阵地由 PC 端向移动端转移。据 CNNIC 发布的《第 37 次中国互联网络发展状况统计报告》显示，截至 2015 年 12 月，我国网民规模持续稳定增长，网民总数为 6.88 亿，同时互联网普及率稳步提升，达到了 50.3%。报告还指出，手机网民规模迅速膨胀，达到 6.20 亿，占整体网民比例超九成，已成为拉动网民规模增长的重要引擎。在这一时期，随着大数据、人工智能、云计算、AR/VR 等数字技术的不断革新与渗透，广告产业格局加速重构，全新的生态体系正在形成。一方面，数据及新技术的应用推动着广告购买模式的创新，程序化购买广告产业蓬勃发展。程序化购买是指通过数字平台，自动完成广告媒体资源采买和投放的过程，是一种智能化的广告购买方式。在实现广告精准投放的同时，能够有效提升广告交易和管理的效率。另一方面，基于机器学习、数据挖掘和推荐算法技术，根据用户的需求进行个性化推荐逐渐成为主流模式。其中，个性化推荐在移动互联网广告上的主要形态是信息流广告，即在内容流中穿插广告，根据标签进行定向投放的广告形式。以成立于 2012 年的今日头条为例，作为一款主打个性化内容分发的聚合类移动新闻资讯应用，今日头条依托"算法编辑 + 智能分发"的模式，有效匹配受众多样化的需求，实现千人千面，在移动新闻资讯领域异军突起，迅速发展成长为头部企业。与此同时，今日头条依托强大的技术优势和流量优势，在 2014 年上线了资讯类信息流广告，抓住风口率先占领信息流广告市场。这一阶段的研究聚焦于"信息流广告""原生广告""智能广告""精准营销""RTB 广告"等议题，大多是在"大数据"的基础上衍化发展而来的，体现了国内关于网络广告的研究具有较强的时效性和前沿性，同时也反映出了相关研究精细化的发展趋势。

六　结论与反思

本研究基于文献计量学和科学知识图谱的方法，利用 CiteSpace 软件，对 1998—2020 年期间国内关于网络广告领域的相关文献进行计量统计和可视化分析，力图全方位呈现我国网络广告研究领域知识生产的现状、热点议题、演进脉络以及发展进路。主要发现和结论如下：

第一，在合作关系网络方面，当前我国网络广告研究领域的作者与作者之间、机构与机构之间缺乏长期稳定的合作，没有形成紧密的合作关系。合作网络格局也较为固化，大多建立在地缘或业缘关系的基础上，特别是师生合作关系。同时，研究机构以各大高校为主，学界和业界之间的对话和交流相对缺乏。因此，在今后的研究中，应进一步加强跨区域、跨专业、跨领域的交流合作，积极构建学术共同体。

第二，在研究主题方面，既有的国内网络广告研究主要围绕网络广告受众研究、网络广告效果研究、网络广告经营与管理、网络广告的发展与变革以及网络广告监管这五大主题展开。尤其是近年来随着大数据、人工智能等技术的加速创新，赋能网络广告转型升级，使得网络广告形态的更新迭代逐渐成为学界关注的焦点话题。

第三，在研究趋势方面，从门户网站广告、搜索引擎广告到社交媒体广告，再到移动互联网广告，最后到智能广告，我国网络广告研究核心议题的变迁路径反映了互联网技术从 Web1.0 到 Web2.0 再到 Web3.0 的演进逻辑。同时也说明了我国网络广告研究与技术发展和媒介传播环境的关联较为紧密，呈现出鲜明的实践导向。

第四，在研究方法选择方面，国内关于网络广告领域的研究主要运用案例分析法、调查法以及内容分析法等，研究方法较为单一，较少采用混合研究方法进行研究，且大多缺乏理论支撑。另外，从研究者的学科背景来看，主要有传播学、经济学、管理学、心理学和法学等，受限于学科背景出身，研究视角比较狭窄，学科之间的交叉融合力度有待加强。因此，应积极创新研究方法，推进跨学科交叉合作，不断开拓研究视野。

产业篇

数据智能时代中国广告产业的发展与创新

廖秉宜　张慧慧　李智佳　鲍泽文　许心枚　张浩哲[*]

广告产业是国家文化产业和创意产业的重要构成，广告产业竞争力的提升对于推进国家品牌战略实施和增强中国企业国际竞争力具有重要价值。近年来，我国政府高度重视广告产业，国家市场监督管理总局等政府相关部委出台了一系列支持广告产业发展的鼓励性政策，有力地促进了广告产业的快速发展。当前，我国已全面迎来数据化与智能化的营销传播环境，新信息技术的革新与应用不断赋予广告跃迁的能力，推动中国广告产业持续升级，在技术与政策的双重驱动下，广告产业市场格局加速重构，机遇与挑战并存，面对变化的市场环境，亟需创新发展战略，促进广告产业高质量发展。

一　中国广告产业市场格局的新态势

（一）聚集：国家广告产业园区深入发展

自 2011 年国家工商行政管理总局（现国家市场监督管理总局）与财政部联合启动国家广告产业园试点建设以来，以区域为核心、高度集聚广告产业要素的广告产业园区建设模式不仅加快了国家及地方经济的发展，也大大促进了广告创意产业的繁荣。目前我国广告产业园区建设与发展已经进入深水阶段，在政策集成效应的作用下，一批

　* 廖秉宜，武汉大学媒体发展研究中心研究员，武汉大学新闻与传播学院教授、博士生导师；张慧慧，武汉大学新闻与传播学院硕士研究生；李智佳，武汉大学新闻与传播学院硕士研究生；鲍泽文，武汉大学新闻与传播学院硕士研究生；许心枚，武汉大学新闻与传播学院硕士研究生；张浩哲，武汉大学新闻与传播学院硕士研究生。

具有鲜明特色以及差异化竞争优势的国家级广告园区格局基本形成。此外，在结合本地经济、资源以及广告产业现状的基础上，一些园区充分挖掘地方特色，打造本地区内的广告产业经营支柱，形成了面向全国乃至国际的产业增长点。

广告产业园区的聚集效应不仅体现在企业地理空间上的临近，更在于对广告业的各生产要素进行高质量、高密度、高效率的聚集，当下的广告产业不仅仅是创意密集型产业，其作为技术密集型产业的特征也越发明显。无锡国家广告产业园汇集了 321 家广告及相关企业，其中互联网广告与数据服务公司占比高达 86%；江苏广告产业园区内除了集聚众多设计、策划、咨询等创意密集型产业，更广泛吸纳了信息传输服务、信息技术服务、数字内容服务、互联网广告服务等大量技术密集型产业。如今国家广告产业园区的建设已逐步由外部干预向内生化发展的格局演进，即由政策推动下的企业扎堆、产业集中逐步向产业集群过渡。具体而言，一是根据产业规划中的定位，形成自身产业优势，通过龙头企业的带动，将广告运作的各个环节联结一体，形成上下游整合的全产业链模式。二是以广告产业为支点，整合新兴产业，拉动相关产业的迅速发展，进而构建新型广告产业生态圈而非单纯的广告公司集群。

（二）扎根：本土独立代理公司集中扩张

近年来本土独立代理公司的整体市场收入和数量占比均有所提升，即使是在整个广告市场收入下降的情况下，本土独立代理公司数量仍然大幅增长。受疫情影响，全球广告代理市场整体萎缩，跨国广告代理公司数量减少，但是中国本土独立代理公司的数量却有所增加。胜三管理咨询发布的《中国广告代理商图谱》显示，2020 年中国本土代理公司总收入由 2019 年的 888.74 亿元人民币下降到 875.21 亿元人民币，但本土代理商的数量却由 46336 家增长到 46487 家，相比之下，中国境内跨国广告代理公司总收入及数量同比均有明显下滑。

此外，本土独立代理公司还呈现出头部集中扩张的趋势。蓝色光标发布的 2020 年年报显示，该公司 2020 年营收 405.27 亿元，同比增长 44.19%；归属于上市公司股东的净利润 7.24 亿元，同比增长

1.94%；扣非净利润为 5.89 亿元，同比增长 29.79%。在本土广告市场总体收入下降的情况下，蓝色光标、省广股份、利欧数字、华扬联众、思美传媒等几家头部广告代理公司的业绩反而逆势上扬，整个广告代理业务的市场份额日益集中到本土的头部代理公司。相比之下，中国境内跨国广告代理公司收入排名靠前的 WPP 集团、电通安吉斯网络、阳狮集团等公司的收入均有不同程度的下降，其市场份额被不断蚕食，而这些丢失的市场份额则大部分被中国本土独立广告公司所获得。

当前，广告业正在经历一轮剧烈的洗牌，面对新冠肺炎疫情等"黑天鹅"事件的突然袭击和新媒体媒介环境的快速变化，中国本土广告代理公司凭借对于本土文化极高的洞察力和高度对接的优势，在与大型跨国广告代理公司的直接交锋中日益占优，成为中国广告产业市场的中坚力量。与此同时，大批资本进入市场参与兼并与收购加速了行业整合，头部的本土广告代理公司凭借人才、资金、技术等优势在动荡的市场洗牌中迅速扩大市场占有率。

（三）融合：广告代理公司边界拓展

当前互联网的发展总体呈现出增长转型、竞争升级、巨头生态与边界消逝四大特征，不断进化的广告行业也不例外。过去代理和创意是传统广告公司的两大核心业务，而随着广告主需求的多元化，其对专业化的高效整合营销服务的要求也迫使广告代理公司积极转型，开拓自己的业务象限，使得广告公司的形态日益拓宽。除了传统的 4A公司和本土广告代理公司、广告创意代理公司、媒介代理公司之外，广告咨询公司、数字营销代理公司、设计制作代理公司、公关行业代理公司、创意热店、MCN 机构、OTT 广告代理公司、"DSP、SSP、ADX、DMP 平台"以及各种策略服务商、渠道代理商、技术服务商、监测服务商也陆续加入，多元形态共同构成了一个更大的广告代理生态，这些新兴的广告代理公司的加入不断推动着广告行业的变革。

进一步，随着越来越多新形态的服务公司被纳入广告营销的矩阵，广告代理生态的变化势必带来广告公司格局的变迁，虽然以广告主、广告公司和广告媒体为主的基本结构依然存在，但已经不足以构成广告业的中心位。有数据表明，2019 年，阿里、腾讯、新浪、百度、头条五大巨头占据了中国互联网广告收入份额的 72.46%，广告已成为新型互联网公司的主要收入来源。这些集广告主、广告公司和广告媒体三方于一体的互联网平台型与技术型公司掌握着强大的资本和流量的同时，还具备丰富的广告产品线等竞争优势，无论是在市场竞争力抑或是行业话语权方面都占据了主导性地位，并成为新的广告业中心。由此，以大型互联网公司为核心的广告作业流程与协作模式也应运而生，与平台合作成为很多广告代理商及服务商的出路。

（四）崛起：资源型、技术型代理公司更具竞争力

随着广告代理公司形态的日益丰富，广告产业融合进一步加深，以资源和技术为优势的广告代理公司更具显著的市场竞争力。资源型广告代理公司通常拥有广泛的媒体资源、客户资源以及数据资源，然而在数智时代下，这些资源日益集中在大型互联网平台手中，使得依托平台而建立的广告营销公司迅速崛起，如阿里妈妈、腾讯广告、百度营销、巨量引擎、磁力引擎等。巨量引擎是字节跳动旗下综合的数字化营销服务平台，基于多元化的产品矩阵，聚合了今日头条、抖音、西瓜视频、懂车帝、番茄小说、轻颜相机、穿山甲等多产品资源，能够为企业提供综合型数字营销解决方案并满足品牌个性化的投放需求，同时，巨量引擎凭借丰富且稳定的流量资源，几乎实现了全场景用户覆盖。

技术型广告代理公司的崛起则集中体现了大数据、云计算和人工智能等新技术对广告产业的变革与重构，Essence、品友互动、聚胜万合、悠易互通等典型技术背景出身的公司目前已经在用户洞察、策略制定、数据管理、创意生成、智能投放、效果分析等各个环节中嵌套智能技术，形成了算法推荐广告、程序化广告交易平台、营销云平台、智能客户数据管理、智能广告优化等多形态产品，不断推动着广告传播向个性化、精准化、高效化、智能化发展。品友互动作为一家基于大数据的广告智能营销决策平台，于 2017 年发布了人工智能营销决策产品 MIP，即全链路智能营销决策引擎，它以深度学习、自然语言处理、知识图谱等人工智能技术为核心，将人工智能赋能营销决策，帮助品牌实现用户增长，全面提升广告投放效率。未来技术的革新还将重点解决广告产业所面临的数据欺诈、繁杂的营销中间环节以

及数据安全等问题，这也为技术型广告代理公司提供了广阔的发展空间。

（五）分化：专精化、整合型代理公司依然强势

广告公司在市场竞争中正逐步走向分化，一方面，专精化的中小型公司凭借其敏捷快速、短时高效的突出能力，深耕细分领域，建立起了自己的护城河。另一方面，国内外老牌广告公司、集团面对不断分流的市场份额也做出了适应性调整，而缺乏突出能力与庞大市场资源的中间型广告公司面临着双向挤压。

近年来，创意热店正成为广告代理市场的一股新兴力量，并日益受到广告主的青睐，创造了众多互联网刷屏级的广告营销案例。创意热店在人员构成上多是由一批脱离 4A 的行业精英领队，广泛集聚高质量人才，具有较强专业素养与业务能力。从组织架构看，创意热店打通了传统媒体和新媒体之间的传播通道，将 4A 广告公司、数字营销公司和公关公司重新整合为一个独立的创意事业群，能够与广告主直接接触，缩短沟通环节，灵活反映市场需求。从专业细分看，这些区域独立传播机构涉猎创意、互动、媒介等各项细分领域，各独立代理商又在不断拓宽自己的业务范畴以适应不同品牌主的需求。此外，目前广告市场也在集中被短视频 MCN 机构所渗透，在产出优质内容、孵化网络红人的同时顺势承接广告业务，为品牌运营提供整合营销服务。一些广告公司正在向 MCN 机构转型，专业的广告公司也在兼并 MCN 机构或拓展具有 MCN 职能的模块业务，实现优势互补和自我更新。

在疫情冲击以及国内各类独立代理机构的竞争下，即使是头部企业也面临着客户增长疲软的困境，许多大型广告公司通过内部与外部的兼并收购提高市场集中度，积极进行资源整合与优化包装，提升广告市场的服务能力与竞争优势。例如以传统广告业务为主的日本电通广告公司合并了以媒体和数字营销为核心的传播集团安吉斯；利欧兼并了琥珀传播、万圣伟业等 7 家广告公司；蓝色光标投资了优易互通、多盟、亿动广告传媒（Madhouse）等技术公司，通过将最先进的技术资源、数据资源纳入既有的广告运作体系，满足客户的全方位需求。

二 中国广告产业发展战略的新路径

（一）"纵向 + 横向"：产业资源全面聚合

当前，广告创意设计、公关咨询等单一业务代理模式已经无法适应更加全面的营销传播代理需求，而新技术的发展又为聚焦某一细分领域的广告公司扩展业务带来了可能，这些新变化倒逼广告公司对传统业务模式进行转型升级和重塑，全面聚合产业资源成为主要手段。

1. 纵向整合：汇集垂直领域资源

技术进步为在传统广告市场中处于"长尾"部分的广告公司提供了快速发展的可能，使得广告代理聚焦单一市场也能发展壮大。我国户外广告分布范围广且比较分散，不同区域的户外广告一般由不同的公司代理，而互联网技术为减小区域隔离、更好地优化资源利用提供了支持，一批跨区域、专精某一垂直领域的广告公司应运而生。分众传媒作为一家聚焦电梯媒体广告的代理商，通过在电梯电视屏幕上加装 wifi 和 ibeacon，推动分众屏幕与用户手机端的互动，占据了中国电梯电视市场超 95% 的份额。同样地，悠易互通选择发力 OTT 营销服务，整合了一大批智能电视厂商资源。除了整合某一细分市场资源的广告运营，还有一些广告公司选择专精于广告技术，深耕 DMP 平台，把分散的多方数据进行整合纳入统一的技术系统，为广告主提供全方位的数据支持与决策帮助。萃弈作为一家全球性的广告技术公司，在程序化广告业务领域精耕细作，通过将程序化的广告购买能力打包集成，为买方提供全渠道程序化广告购买服务，这些选择纵向整合资源、深耕某一细分领域或技术的广告公司都在激烈的市场竞争中占有了一席之地。

2. 横向整合：提供一站式服务

随着市场变化和广告行业的发展，广告代理公司的业务已经不仅仅停留在企业宣传的执行以及对产品和服务进行推广的层面，而是致力于打造一站式服务体验，实现由代理商向服务商的角色转换。所谓的"一站式服务"，其实质就是整合广告业务的横向资源，优化资源配置，为广告主提供从战略、创意到用户体验、移动营销、电商和数据分析的全案服务，全力解决客户满意度问题。利欧数字作为行业领先的数字传播集团，一方面整合集团旗下营销事业群、媒介代理事业群、孵化平台和战略投资四大板块，另一方面通过外延式并购的方式，积极整合上下游产业链，目前已经构建起了完善的数字营销服务生态，为客户提供包括数字策略和数据、数字创意、数字媒体、社会化媒体和娱乐内容营销等在内的一站式数字驱动的整合营销服务。未来，即使是专精于某一细分领域的企业想要获取长足发展，也势必要在系统整合广告业务的横向资源方面有所侧重。

（二）"智能＋广告"：业务流程技术化驱动

2017年3月，"人工智能"首次被写入我国政府工作报告。7月，国务院发布《新一代人工智能发展规划》，将人工智能提升至国家战略层面。人工智能技术在广告领域的广泛应用不仅对广告代理公司业务模式产生了深刻影响，也驱动着广告公司一整套业务流程的新变革。

在广告调查方面，摆脱传统广告主要通过问卷与访谈获取信息的超长调查周期，借助AI不仅能够更全面、更实时、更精准地获取消费者的相关信息，还能够对包括文件、图像、音频、视频等在内的非结构化数据进行处理。在广告策划与内容创意方面，过去主要依靠创意人员的经验判断和创意思维，而人工智能技术的应用推动着传统广告创意模式的创新，利用大数据构建消费者画像，提炼消费者洞察，为策划与创意提供决策支持，实现了广告创意从"千人一面"到"千人千面"的升级。在广告制作方面，AI不仅可以快速、批量地进行图片设计，还能自动完成广告文案的写作，让广告创意的制作和实现更加高效。在广告媒介投放方面，依托人工智能技术，广告公司能够追踪消费者的行为轨迹，整合消费者的行为数据，全方位深度分析及洞察消费者，实现目标受众的精准定位，此外还能够充分挖掘消费需求，向消费者推荐个性化的广告内容，使广告能高效触达消费者，实现广告媒体与目标消费者之间的精准匹配。在广告效果监测方面，广告代理公司可以利用AI对广告效果进行实时跟踪、全面分析，同时，还可以根据用户的反馈，有针对性地对广告内容和营销策略进行优化。

（三）"创意 + 咨询"：业务范畴双向拓展

创意一直是广告行业屹立不倒的旗帜，但推动市场发展的商业逻辑和品牌服务的专业性才是立身之本。对于广告公司而言，无论是老牌广告集团还是新兴独立机构，项目制合作的模式始终难以上升到与客户建立长期合作关系的企业品牌战略管理层面，而这一空隙正好是咨询公司的用武之地。

1. 咨询公司涉足创意营销业务

相较于广告公司，咨询公司可以为品牌提供战略层级的规划咨询服务，充分挖掘既有的商业资源，从而更好地指导旗下广告代理机构完成代理执行。如埃森哲互动、IBM iX、PwC 数字、德勤数字都是咨询公司跨界广告的产物，未来也会有越来越多的咨询公司将营销和设计纳入业务版图，提供从战略到执行的整套服务，在兼顾品牌客户长效利益的同时为其带来业务增长。近年来包括 WPP 在内的广告公司整体业务均在下降，但咨询公司的业绩增长迅速，通过收购和兼并逐步涉猎创意和设计业务的咨询公司已经成为广告代理商名副其实的竞争对手。咨询公司如埃森哲、德勤正在进入互动营销领域，Salesforce、甲骨文、Adobe 也在布局广告营销业务，甚至战略咨询公司如麦肯锡、波士顿咨询和贝恩也在进军这一领域。

2. 广告公司进入企业品牌战略管理层面

为了应对上述挑战，包括阳狮在内的广告集团纷纷推出咨询业务，反向拓展以增强自身竞争力。例如阳狮集团在 2020 年发布的计划中表示，未来三年将专注拓展三大关键增长领域，其中之一便是由其数字业务转型部门 Publicis. Sapient 领导的技术和咨询业务。对于以灵动创意见长的中小型独立代理机构而言，日趋理性的广告主在疫情冲击后更加注重实效，当广告巨头纷纷将咨询业务作为重点进行布局之时，以有氧 YOYA 为代表的创意热店也及时进行战略调整，通过咨询赋能创意，放大创意格局，创造新的商业价值。当前的广告业，亟须专注于解决品牌发展各阶段、各节点面临的市场问题，在创意的同时兼顾品牌长效发展战略，咨询和创意双驱动是符合未来市场需求的广告产业形态，在以创意制胜的同时更专业地解决生意问题将是各类广告代理机构的共同目标。

（四）"存量＋增量"：广告代理发力下沉市场

据麦肯锡预测，未来中国城市家庭中，中产阶级及富裕阶层的占比将大幅提升并在2022年达到81%，其中来自三四线城市的中产阶级将成为占比增长最快的群体，随着消费市场下沉，广告公司也必须同步进行结构性调整。

1. 广告创意下沉

对于广告行业来说，在一线城市扎根，辐射周边是大部分公司的选择，但随着以公众号、短视频为核心的新媒体创意生态的崛起，内容创意工作在二三线城市相比一线城市不再有资源、媒介等方面的巨大差距，整个创意市场开始由一线城市逐步下沉至二三线城市，这一点从MCN机构分布情况就可见一斑。目前，虽然北京、上海、广州、杭州拥有的MCN机构数量依然占据优势，但是二三线城市也涌现了大批实力强劲的MCN机构，例如杭州的如涵、谦寻、二更，成都的洋葱视频、白羊文化，苏州的大禹网络，青岛的谷麦嘉禾等。借助抖音、快手、B站、淘宝直播等新媒体渠道，通过孵化和收购内容创意者，建立自身对于品牌方的影响力，具有很强的地域性，并且低成本、易操作、成效显著也是吸引广告创意下沉的关键因素。

2. 广告预算下沉

随着下沉市场的消费崛起，广告代理公司的客户构成向低线城市发展，用户、消费和平台的下沉，直接导致广告预算下沉。一线城市用户红利消失后，互联网增量用户几乎全部来自于下沉市场。根据QuestMobile发布的《2020下沉市场营销洞察报告》显示，截至2020年10月，下沉用户已经占据中国移动互联网大盘的58%，拼多多、趣头条、快手等平台的下沉市场用户规模占比均在50%以上，阿里巴巴2020财年超70%的新增活跃用户主要来自下沉市场。基于此，规模可观的下沉广告市场正在成型，且有可能成为中国互联网广告市场最具增长潜能的新兴市场。目前二三线城市和新型城镇已成为各大互联网平台和广告主追逐资源的蓝海市场，广告主营销预算大幅向互联网媒体转移。

（五）"线上＋内容"：寻求新业务增长点

疫情成为 2020 年以来世界宏观环境中的不确定因素之一，虽然对全球范围内的经济发展造成了严重冲击，但也加速了全社会的数字化进程，电商直播、短视频热度不断攀升，广告代理业务迎来新的机遇与挑战。

1. 广告代理业务重心向线上倾斜

从媒体广告市场表现来看，受疫情影响，2020 年整体呈现出上半年骤然遇冷、大幅下滑到下半年逐步复苏的特征。从不同类型的媒体来看，传统的电视、广播、户外媒体经历了由大幅下滑到逐步实现正增长，而互联网广告则增长势头强劲。恒大研究院数据显示，2020 年春节期间，餐饮、旅游、电影等三大行业直接经济损失超过 1 万亿元人民币，相较于线下行业的惨重损失，线上行业迎来爆发式增长，众多刚需类产品，如健康防护、消毒清洁、食品等线上销量在短期内急速上涨。移动互联网日活跃用户规模、日均用户时长均创历史新高，针对消费者的消费场景在疫情期间从线下转至线上，企业也顺势加大线上营销场景的布局，而广告代理业务的重心也自然而然地向电商直播、在线教育、在线问诊等线上产业倾斜。

2. 广告代理商深入内容产业

社交媒体时代，广告和内容之间的界限逐渐被打破，从被动接受广告到如今主动参与广告传播过程，用户自身已成为内容传播的渠道，一些广告代理公司认识到这种现象背后的商业价值，开始制作一些自带流量的内容信息，借助社交网络产生现象级传播。内容营销研究所（CMI）发布的 2019 年广告代理商调查报告显示，在接受调查的近 200 家机构中，61% 的机构提供全方位的内容营销服务，近七成的机构在过去一年中扩大了他们提供的内容营销服务的范围以及客户的数量。但从商业模式和逻辑的角度来看，可持续的内容生产与提供能力以及可持续的盈利能力是未来保持竞争力的关键，以胜加为代表的内容创意广告代理商在此方面已经进行了有益的尝试，并取得了显著成效。

三 结语

纵观改革开放以来中国广告产业的发展历程，技术、制度、市场、资本、公众等要素发挥了重要作用，在不同历史阶段，这些要素所占的比重又有所不同。技术的发展带来传媒形态的变迁与广告形态的变化，进而影响广告市场的经营运作、业务模式和组织结构；政府的鼓励性政策和约束性法律规制，对于推动广告产业发展，规范广告市场主体行为，具有积极作用；广告产业的市场主体广告主、广告公司、广告媒体和新兴的广告技术公司等，是广告产业的主导力量，广告公司的专业化代理服务与规模竞争实力提升，成为衡量广告产业竞争力水平的重要标志；社会资本对广告产业的投入，对于优化广告市场资本配置起到了关键性作用，成为推动中国广告产业规模化和集约化发展的决定性因素；公众既是广告的传播对象，也是广告的消费者，公众数量及公众对广告的信任度，对广告效果以及广告生态会产生重要影响。

综上所述，随着中国广告产业的健康发展与产业竞争力的提升，一是需要政府制定规制政策为广告产业发展创造良好的外部环境，同时要发挥广告行业协会的作用，引导和支持广告企业提升专业代理能力，规范广告市场行为；二是广告产业的市场主体需要充分利用国家政策提供的有利条件，适应广告产业发展的新变化和新趋势，不断调整经营战略并提升竞争力，建设一批具有全球知名度和影响力的中国广告集团和营销传播集团，服务国家经济战略和国家品牌战略。

数字广告产业新业态与新消费的价值共创

廖秉宜　狄鹤仙*

中国互联网络信息中心（CNNIC）发布的《第49次中国互联网络发展状况统计报告》显示，截至2021年12月，我国网民规模达10.32亿，较2020年12月增长4296万，互联网普及率达73%。① 中国已然形成了全球规模最大、数字应用渗透最强的数字社会。数字社会中的新需求、新技术、新战略也为数字广告产业新业态的发展提供了新机遇，产业数字化转型更是成为国家"十四五"期间经济发展的重要规划。由此可见，数字广告产业在新旧业态交织下，必然展现出强劲势头。与此同时，近年来，消费已成为中国经济发展的主引擎，持续成为经济增长第一驱动力，而在疫情期间迅速发展壮大的由数字技术、新商业模式以及新消费关系所驱动的新消费更是表现出迅猛发展势头，成为经济发展的"加速器"，具有更广阔的增长潜力。新消费和数字广告产业新业态的形成与发展具有相同的技术逻辑和社会背景，在发展过程中，也呈现出相互交织、建构的强联结关系。理清两者关系，有利于构建新消费、激活新业态，新业态引领新消费的良好环境和长效机制，对促进数字广告产业高质量发展、建设"数字中国"具有重要意义。

---

　　* 武汉大学媒体发展研究中心研究员，武汉大学新闻与传播学院教授、博士生导师；狄鹤仙，武汉大学新闻与传播学院硕士研究生。
　　① 中国互联网络信息中心：《第49次中国互联网络发展状况统计报告》，http://www.cnnic.net.cn/hlwfzyj/hlwxzbg/hlwtjbg/202202/P020220407403488048001.pdf，2022年2月25日。

一 数字广告产业新业态的内涵与特征

培育数字广告产业新业态，需要先明晰数字广告产业新业态的基本内涵和主要特征。当前，数字广告产业新业态呈现出技术驱动、深耕用户、虚实交错、边界延展的显著特征。

（一）基本内涵

数字广告是指呈现广告信息内容的载体为数字媒体的广告。其中的数字媒体不仅包括互联网在内的传统在线媒体，还包括 IPTV、数字标牌、智能电视以及 AR、VR 新数字媒体等线下渠道在内的所有互动媒体。[①] 数字广告依托于信息技术、计算机图形图像技术、人机交互工程技术、虚拟现实技术等多技术领域，借助数字媒体来呈现与消费者进行互动的信息（包括产品、服务和想法等）。

当前，以数字广告代理商、互联网企业、软件服务商、第三方数据监测机构、MCN 机构等数字广告组织构建的数字广告产业已经初步形成。作为数字广告产业运作的行动主体，这些成员分布在数字广告产业链上下游各个环节中，共同构建了我国数字广告产业链。当下我国数字广告产业发展分为三种模式，即依托大型互联网企业的发展模式、依托大型营销传播集团的发展模式和独立型的数字广告公司发展模式。[②]

"业态"一词最早起源于日本的零售业，狭义上指零售企业的经营形态，[③] 后广泛用于形容各行业的产业组织和经营模式[④]。产业新业态是指产业在发展和创新过程中产生的新的产品形态、生产方式、

---

① Heejun Lee, Chang – Hoan Cho. "Digital Advertising: Present and Future Prospects", *International Journal of Advertising*, 2020, 39（3）, p. 335.

② 廖秉宜：《大数据时代数字广告产业的发展模式与战略》，《广告大观》（理论版）2015 年第 4 期。

③ 陈慈、陈俊红、龚晶、孙素芬：《农业新产业新业态的特征、类型与作用》，《农业经济》2018 年第 1 期。

④ 王作功：《基于新产业新业态的高校专业和课程设置优化研究》，《产业与科技论坛》2018 年第 2 期。

产业组织和经营模式。数字广告产业新业态是指以新广告形态为表现形式，以新生产流程为生产方式，以新产业链成员为产业组织，以新型精细化运营方向和提供整合营销服务为经营方式的具有主体多元化、生产智能化、传播数字化等特征的新型产业形态。其中，新数字广告形态以"短视频原生广告、直播广告、VR、AR 场景式体验广告"为代表；新数字广告产业流程具体表现为"精准化创意—数字化采集—网络化传输—智能化计算"[①]；新数字广告产业链成员以"数字广告代理商、互联网企业、软件服务商、数据监测平台"为代表；新数字广告精细化运营方向以"数据采集、智能创作、数据监测、智能投放"为代表。

（二）主要特征

数字广告产业新业态的形成与发展已然呈现出一定的显著特征，具体而言表现在以下四个方面。

一是技术驱动。技术是数字广告产业新业态发展壮大最大的引擎。从消费者智能洞察、广告智能创作、广告智能投放到广告效果监测等多方面，无不以技术为底层逻辑。数字广告基于算法模型的消费者画像分析，结合广告效果的可测量性，最终实现基于数据自动化导航、精准化匹配、全景参与式互动的广告智能投放。此外，数字技术还颠覆了广告服务方式，重塑广告营销模式。[②] 数字广告的整体系统以大数据技术为核心来运作，数据采集技术、数据存储技术、数据处理技术决定了受众定向和广告匹配的效率。另一方面，虚拟现实技术、三维互动技术等新型技术在数字广告中的应用，直接创造了 VR 广告、互动广告等新的广告形式。从广告生产形式到广告用户匹配、场景匹配再到广告精准分发、多元展现，都涌现出新机遇，需要进一步加快技术研发。可以说，技术能力将决定数字广告新业态的创新力和发展进程，技术驱动是数字广告产业新业态的首要特征。

二是深耕用户。从连接用户到深耕用户，数字广告产业新业态将

---

① 郝挺雷、黄永林：《论双循环新发展格局下的数字文化产业链现代化》，《江汉论坛》2021 年第 4 期。

② 张殿宫、张殿元：《技术·制度·文化：数字时代中国广告创新的影响机制》，《社会科学战线》2021 年第 10 期。

用户生态关系的塑造置于更为重要的位置。在互联网发展的上半场，网民数量快速增加，给数字广告带来了人口红利，而伴随着大数据、人工智能和5G等技术引领的产业升级，互联网下半场不可逆转地到来。① 随着万物互联的推进，用户参与广告互动、分享广告的行为将更加便利，用户可以与品牌直接就生产服务的内容在媒介平台中沟通，用户的需求场景所指即是数字广告的应用场景所在。在这一背景下发展的数字广告产业新业态进一步更新和重塑用户生态关系。在场景化、精细化、定制化的新消费环境下，数字广告产业新业态已经明晰深耕用户的必要性，发掘用户场景，满足用户需求，优化用户体验，探寻并培育新消费主体，是数字广告产业业态创新的必然特征。

三是虚实交错。数字社会呈现一种通过"网联—物联—智联"实现的"虚实相存"状态，人与社会的交往能够通过智能信息中介来达到某种意向中的真实。② 基于虚拟现实技术的新型数字广告也因其场景化、沉浸性和互动性等特征引发了消费者的广泛关注与参与，在产品信息传递、品牌塑造、消费者认知度与好感度提升等方面发挥了重要作用。③ 数字广告还通过虚拟现实技术与广告设计相结合，在虚拟环境中植入广告，使之和虚拟环境无缝衔接，再现了真实的现实场景，消费者可以在虚拟环境中接触产品，感受产品带来的使用体验，和产品产生互动。例如，宜家针对年轻消费者推出了自己的 VR 游戏广告《IKEA VR Experience》，用户可以按照自己的喜好设计具有个人风格的理想厨房，放心大胆地尽情设计自己想要的理想厨房，比如，调换橱柜的摆设、颜色、材质，还可以调整其他样式的橱柜等。再如，雅诗兰黛借助百度 AI 技术，通过百度 App 的扫一扫功能，即可实现用户虚拟试装，用户可以通过面部角度移动来操纵虚拟场景检查妆效。诸如此类，数字广告与虚拟现实技术的结合为塑造数字广告新形态提供了创造力与可能性，虚实交错成为数字广告产业新业态的重要特征。

四是边界延展。互联网引发的数字革命，使得广告产业具备了高

---

① 刘涛、卜彦芳：《新动态·新业态·新生态：传媒经济研究的新思维构建》，《中国广播》2020 年第 1 期。

② 杨效宏、徐丹：《广告作为话语方式的社会实践过程》，《中国广告》2021 年第 7 期。

③ 丁慧玲：《虚拟现实技术在广告中的运用分析》，《新闻研究导刊》2017 年第 8 期。

度的开放性，在数字广告产业从"生产到传播再到生产"的环节中，技术、平台、用户、资本等要素的接口纷纷打开，数字广告产业的边界不断延展。首先，内容生产的边界不断延展。广告主通过社会化媒体平台直接生产、发布广告信息，参与到广告内容生产中，海量意见领袖通过短视频等平台以种草广告的独特形式参与广告内容生产，用户通过在线评论、转发的方式参与广告内容生产与广告信息再传播。传受方式的改变，使广告内容生产展现出全面社会化的趋势。其次，技术运用的边界不断延展。人工智能让技术生产内容成为可能，AI 广告、VR 广告、虚拟电商主播等技术形成了新的内容生产力和生产场景。再次，广告产业的边界不断延展。广告与其他行业交叉共生，形成了行业大融合的新业态，如广告业向数字内容产业的延伸融合，电通安吉斯实施新内容营销，加强与内容供应方的多种合作，包括游戏开发、IP 运作、动画制作发行、电影、体育赛事、机器人艺人项目等。再如广告主入局广告行业，直接介入消费者数据的数据分析和开发，如 2013 年可口可乐与微软联合成立大数据中心。[1]

二 数字广告产业新业态与新消费的共生

审视数字广告产业新业态和新消费的关系，需要将数字广告产业新业态与新消费置于产业发展和消费转型的基本逻辑中去考虑，需求变动、技术发展、价值增值是产业发展和消费转型的基本逻辑。

（一）需求变动催生新业态与新消费

需求是产业发展和消费转型的根源性动力。我国社会需求的变化同时催生了数字广告产业新业态和新消费。进入 21 世纪，我国人民生活消费水平大幅提高，人们对美好生活的向往更加强烈，社会需求呈现出提质、转型、分化、创新等新趋势、新特征。[2] 具体来看，已

---

[1] 李名亮：《数字时代广告产业融合的效应与结局》，《山西大学学报》（哲学社会科学版）2017 年第 5 期。

[2] 王微：《新消费为构建新发展格局注入强大动能》，《新经济导刊》2020 年第 4 期。

有一半的中国家庭跻身较富裕家庭行列。消费者收入的增长，使其基本生活需求得到满足后，更加注重产品的个性化、品质化、绿色化与体验化①，衍生出更多信息服务、场景体验、智能服务等新的消费需求，而这些新的需求，一方面催生了体验消费、电商消费、定制消费、共享消费等新消费模式，另一方面催生了场景广告、直播广告、种草广告等数字广告新形态。可以说，新消费是在消费市场中，人们为了满足新需求的直观表现，而数字广告产业新业态则是发现这些需求并且满足这些需求的广告产业自我升级的结果。

（二）技术发展同塑新业态和新消费

技术腾飞为产业转型和消费升级提供了强有力的支撑。人工智能、大数据、云计算、物联网、XR 技术（扩展现实技术，VR、AR与 MR 技术的统称）等现代科技的飞速发展与现实应用，几乎同步塑造了数字广告产业新业态和新消费，实现了新消费和新业态的提质扩容。数字技术在人们日常生活中的广泛应用，使得以网络购物、移动支付、直播电商、在线教育为代表的新兴消费模式得以产生。而技术对数字广告新业态的塑造，则更加反映在整个数字广告产业链中，从大数据等技术支持消费者智能洞察到 AI、XR 等技术赋能数字广告智能创作再到算法加持广告智能分发以及互联网、物联网丰富数字广告形态。在数字广告整个产业链中，无一不展现出技术对产业形态的塑造与赋能作用。现代科技在新消费和数字广告中的广泛应用，使得新消费与数字广告新业态展现出"数据化""移动化""智能化"等趋同的特征，这些共同特征的交织使得新消费和数字广告新业态之间能够为彼此的发展赋能。

（三）价值共创联结新业态和新消费

文化企业的价值创造不仅包含从供给到需求的单向增值，而且包括消费者需求导向下的价值共创。以消费者体验为核心的价值共创理

---

① 董庆前、柳源、李治宇：《"双循环"视域下国内居民新消费趋势及引导政策研究》，《重庆社会科学》2022 年第 2 期。

论强调了消费者在产业价值创造中的重要地位。① 而广告产业归根到底还是以吸引和维护消费者为目的的服务性行业。② 消费者的消费观念、消费模式都会直接决定广告行业价值增值的幅度，消费者需求也会反向渗透到广告的生产与传播等环节中，从而实现消费者需求引导下的价值创造。这意味着新消费和数字广告产业新业态是因价值共创而联结的，新消费的发展方向和模式改变会决定数字广告产业新业态价值增值的方向，而数字广告产业新业态也会反向拉动消费需求增长，从而实现新的价值增值。基于"广告生产和社会消费"双向促进的价值循环和价值共创联结着新消费和数字广告产业新业态。

三　数字广告产业新业态与新消费的互构

需求变动共同催生的、技术发展同步塑造的、价值共创双向联结的新消费与数字广告产业新业态在初步形成之时，就展现出强大的共生性和联结性。二者在后续的发展中，也体现出交相构建的态势。

（一）新消费主体与数字广告新形态的相互培育

马克思主义政治经济学认为生产消费最终受个人消费的限制。资本作为生产出来的产品，会遇到消费量或消费能力的限制。③ 因此，新消费也只能在具备一定消费能力的消费主体中得到发展，新消费主体的培育是新消费发展的基础。而数字广告新形态快人一步地培育和壮大了新消费群体。直播电商使得不能线下购物的消费群体不再依赖传统消费模式，培育了一批热衷于直播间购物的新消费人群；具有趣味性的互动广告使得消费者沉浸在有趣好玩的互动体验中，培育了一批乐于尝试，愿意交互的新消费人群；能够远程操纵、个性定制的场景购满足了消费者获得远程虚拟购物的体验，培育了一批希望个性化

---

① 潘爱玲、刘文楷、邱金龙：《困境与突破：新旧动能转换背景下文化企业商业模式创新研究》，《山东大学学报》（哲学社会科学版）2018 年第 2 期。

② 姚曦、晋艺菡：《国内外广告产业统计范围的比较》，《统计与决策》2017 年第 5 期。

③ 李秀辉、韦森：《重温马克思的货币、信用与经济周期理论》，《山东大学学报》（哲学社会科学版）2021 年第 5 期。

定制产品的新消费人群。与此同时，新的消费主体也培育出新的数字广告形态，如追求新鲜刺激的年轻消费群体更加重视感官体验带来的新鲜感，培育了 ASMR（自发性知觉经络反应，又名颅内高潮）的新广告形态；乐于与他人分享购物经验的新消费群体，培育了短视频种草的新广告形态。新消费主体和数字广告新形态总是在相互培育中形成与壮大，为新消费带来活力，也为数字广告带来创新的呈现方式。

（二）新消费关系与数字广告新逻辑的相互影响

在马克思主义政治经济学视域中，个人是处于一定社会关系下的个人，个体处于一种社会关系中且存在一定社会归属的群体。[①] 新消费在满足个体需求的同时，也随着个体之间的互联而影响他人，从而衍生出新的消费关系[②]。新消费不再是以"商品"为核心的消费关系，转变为以"人"为核心、以"平台"为依托的消费关系，这与数字广告产业新业态以"用户"为核心，以"平台"为支持的发展逻辑之间存在相互影响的关系。一方面，在新消费中，个体通过在社交网络中主动分享商品信息和查询他人分享的商品信息来制定购买决策，甚至依据特定的喜好，产生纽带关系并形成网络社群。这改变了数字广告的分发逻辑，数字广告从定向"个体"转变为定向"个体的社交网络"。"社交化"成为数字广告的新逻辑。另一方面，网络购物直播的数字广告新形态也改变了商家与消费者、消费者与消费者之间的消费关系。在直播间，商家可以通过直播间与消费者在特定的时空场域下互动，消费者也能够通过在线评论直接与其他消费者进行沟通。这种开放的、互动性强的新型消费关系使得直播电商成为一种数字广告新形态。而电商平台则可以通过收取店铺支付的用于进行线上直播的数字广告费用，成功扩展数字广告业务。这种经营模式为数字广告带来了一种新的逻辑，即平台化逻辑，大型互联网平台可以为用户提供有关生产数字广告的技术和渠道，由平台用户来支付数字广告费用。

---

① 万光侠：《马克思"现实的个人"的唯物史观审思》，《中国高校社会科学》2021年第 1 期。

② 毛中根、谢迟、叶胥：《新时代中国新消费：理论内涵、发展特点与政策取向》，《经济学家》2020 年第 9 期。

（三）新消费领域与数字广告新场景的相互拓展

《第 49 次中国互联网络发展状况统计报告》显示，截至 2021 年 12 月，我国有 8.42 亿人进行网购、7.03 亿人在线观看网络直播、5.44 亿人购买外卖服务、3.97 亿人使用在线旅游预订、2.98 亿人使用在线医疗。庞大数据的背后不仅仅体现了消费者在相关领域的需求升级，更直接反映出新消费领域与数字广告新场景的相互拓展。在各种新型消费领域萌芽之际，数字广告为其快速拓展提供了渠道。以在线旅游预订为例，文旅消费需求的增加以及虚拟门票、虚拟导游等旅游业服务技术的发展使在线旅游预订作为新型消费领域得以产生，而数字广告则是真正使在线旅游预订得以快速发展的加速器。朋友圈广告、直播间广告、旅游打卡种草广告等数字广告新场景都作为文旅消费多元展现和精准曝光的数字场景。数字广告将基于消费者的精准洞察与算法加持下的精准分发，将在线旅游预订的信息定向曝光在有出游需求的人群中，使得在线旅游预订这一新消费领域得以快速发展。而另一方面，新消费领域的出现及发展也助力形成了新的数字广告场景，文旅消费的发展，使得各地城市火车站、高铁站、飞机场、博物馆、图书馆等场景中出现了大量的线下户外数字广告。新消费不再拘泥传统线下购物的单一场景，也不再局限于网店购物的简单场景，而是不断演进到短视频平台直播场景，以及最新的 VR 购、互联网造车、区块链应用等新领域，这些都必将带来数字广告的新应用场景。

（四）新消费制度与数字广告新制度的协调互补

制度经济学认为，制度对于经济运行绩效至关重要，是重要的生产要素。制度构造了人们在政治、社会或经济方面发生交换的激励结构，制度变迁决定了社会演进的方式。[①] 讨论新消费和数字广告产业新业态二者的关系，必须将其置于国家制度层面去思考。新消费和数字广告产业新业态尚处于发展初期，国家政策、制度的支持是二者发展壮大重要的动力要素。随着平台型消费、共享经济等新消费模式的

---

① 韩淑芳：《中国广告产业不均衡发展问题探析——基于产业经济学的视角》，《湖北大学学报》（哲学社会科学版）2016 年第 2 期。

出现，相关运营规则和权责边界也随之产生并逐步明晰，我国相继出台鼓励新消费以及数字广告产业新业态发展的政策，二者相互完善、相互补充，成为为彼此发展保驾护航的政策支持。以上海市为例，上海市先后发布了《上海市建设国际消费中心城市实施方案》与《关于推动上海市数字广告业高质量发展的指导意见》，分别从消费和数字广告两个领域推动新消费和新业态提质扩容。

四　数字广告产业新业态的价值增值路径

从根本上讲，广告产业的演进是由一对矛盾所规定的。广告客体价值属性和广告主体需要的对立统一从价值关系的主客体两个向度规定着广告演进的方向——价值增值。[①] 即广告形态总是沿着价值增值的方向演进，而价值增值的方向是作为广告客体的消费者和作为广告主体的广告产业所共同影响的。前文也指出数字广告产业新业态和新消费是价值共创、共生互构的联结体，新消费培育了数字广告新形态，构建了数字广告新场景，影响数字广告的发展逻辑，并致使数字广告新规则得以完善。因此，实现数字广告产业新业态的价值增值，离不开新消费的作用。数字广告产业新业态的高质量发展，需要迎合新消费的发展态势，抓住新消费带来的机遇，实现数字广告产业新业态的价值增值。

（一）培育壮大新消费市场主体

市场主体是经济运行最基本的单元，也是经济增长的源头。新消费成为我国经济发展和产业转型的"加速器"，培育壮大新消费市场主体对于加快推动产业高质量发展具有重大战略意义。数字广告能够为新消费的市场主体提供技术和渠道，使其精细化定位消费者、精准化曝光产品信息并与消费者深度沟通品牌价值观。因此，数字广告产业应当广泛利用这一优势，以特有的力量鼓励新消费市场主体的发展壮大。在当下的消费市场中，虽然新消费品类、品牌已经呈现出"现

---

① 黎明：《基于价值论视角的广告形态演进规律》，《当代传播》2016 年第 2 期。

象级"爆发的趋势,但是在消费持续升级、消费总量不断增长的大趋势下,新的增长机会依旧存在。数字广告产业中的广告组织应该预见性地洞察市场行情,主动培育处于萌芽期的新消费品牌,为新消费主体的发展壮大提供良好的市场环境和与消费者进行沟通互动的展现渠道,同时与新消费品牌建立长期的战略合作关系。对新消费市场主体的培育,也是对数字广告产业中广告主的培育,能够为数字广告产业新业态的发展积蓄新兴动力。

(二)拓展数字广告的增量市场

随着新消费的进一步发展,新消费将逐渐在国内一二线城市形成存量市场,国内的三四线城市以及出海市场将成为我国新消费发展的增量市场,数字广告当与新消费一道,拓展增量市场。一方面,随着互联网的普及,信息消费成本降低,我国新消费受众呈现出由一二线城市向三四线城市以及县、乡、村下沉的趋势。由于以往消费水平的限制,下沉市场的部分新消费需求被压制,数字技术的快速发展释放了非一二线城市的新消费需求,使新消费打破了城乡之间的消费壁垒,找到了新的巨大增量空间。另一方面,在国内国外双循环相互促进的发展格局下,出海成为新消费另一增长风口,随着我国品牌在国际市场中品牌声量逐渐增长,国际市场成为我国新消费的另一增量市场。在国际市场中,我国的数字广告业务领域正在不断拓展,从最早依托游戏领域的营销出海逐渐拓展至社交娱乐、跨境电商、服饰时尚等新消费领域。其中,占比最大的是社交娱乐及电商两大方向。新消费逐渐向国内下沉市场、国际广阔市场发展,这为数字广告产业拓展增量市场提供了方向,数字广告产业应当积极迎接市场变化,抓住机遇,拓展下沉市场和国际市场作为新的价值创造风口。

(三)优化数字广告的价值体系

在数字广告发展之初,广告效果可量化为数字广告得以发展的强大优势,而以送达数据和点击数据等数据结果为标准的单一数字广告价值体系,也随着数据作假、创意缺失等问题逐渐暴露出缺陷。数字广告带来了广告投放价值的清晰化,并且随着技术的提升出现了更加科学的、严谨的"曝光系数"评估指标,但只以可见曝光来衡量广告效果，而忽视消费情绪层面、心理层面不可见的认知影响，容易使数字广告陷入价值单一的数据化黑洞。在数据作假、唯数据论充斥数字广告行业时，反而导致了广告主对广告效果不信任、消费者对大数据广告产生回避心理等广告公信力的下降。而随着新消费领域的不断拓展，数字广告新业态呈现的广告形式和应用场景都更加多元，得到的广告效果也更加难以量化，比如场景体验式广告带来的感官滋养和情绪价值将难以在短时间内用数据来衡量。基于此，优化数字广告价值体系的需求在新消费的时代背景下更为迫切，将情感层面的增加认知、获得情绪价值、传递品牌价值观、沉淀品牌资产的广告效果以及社会价值层面的倡导绿色消费、促进环保消费等广告价值列入数字广告的价值体系，在理论逻辑和行业实践中重构数字广告的价值体系，是未来数字广告产业高质量发展的必要举措。

（四）构建"技术、创意、创新"三位一体的驱动模式

在数字广告产业新业态亟须提质扩容的当下，构建"技术、创意、创新"三位一体、缺一不可的驱动模式，能够形成数字广告产业高质量发展的动力机制。"技术"提高数字广告生产、展示的效率和效果，"创意"提升数字广告的工具价值和社会价值，"创新"指向微观的数字广告形式创新、应用场景创新和宏观的数字广告产业模式创新、制度创新等，这是激发新业态活力、持续培育新业态的逻辑所在。培育数字广告产业新业态，在数字广告产业新业态全产业链中的各个环节，包括生产、展示以及推广等多个环节，都离不开"技术、创意、创新"三位一体的驱动。数字广告产业新业态，要与全球新兴科技成果相结合，形成新的生产方式，最大化发挥技术对数字广告在生产、传播各环节中启发和提效的双重作用，大数据技术为创意提供消费者洞察的启发，人工智能等技术提高选题策划和内容设计的效率，虚拟现实技术为数字广告展示环节的临场体验提供了更多可能。但是，我们需要平衡和控制技术介入广告各个环节的边界，广告人的"创意"是使数字广告发挥"人—机—物"协同价值的控制要素。"创意"赋予数字广告联结数据与人心的能力，技术可以读懂人的需求，却读不懂新消费主体在不同时空下的情绪变化，是"创意"为数字广告加入了新奇、温度、善意，提升了广告的工具价值和社会价

值。"技术""创意"是驱动数字广告产业高质量发展的关键力量，"创新"是推动数字广告产业新业态提质增速的实质内核，只有将技术和创意创新性地用于数字广告形式创新、应用场景创新、产业模式创新中去，才能完整地形成数字广告产业新业态发展的动力机制。同时，培育数字广告产业新业态，需要匹配新业态发展速度的制度创新，从制度创新层面提升治理效率，回应数字广告产业新业态发展中遇到的数据隐私问题、版权问题、边界问题等。

基于价值创造逻辑的广告业嬗变

王松茂　吴　霞[*]

广告业反映提供广告业务及相关的营销传播服务的广告公司与承揽发布广告的广告媒介之间的关系。从价值链、价值网到价值星系的视角检视广告业业态的演变，折射着不同理念下的价值创造逻辑。

一　价值内生的广告价值链业态

传统的广告业主要是由广告主付费的、基于大众媒介之上的商品信息传播。包括广告主、广告公司、广告媒介，广告公司主要由综合类、媒介类广告公司组成，市场主体较为简单。在传统零售商业时代，人们获取信息的渠道相对有限，策划和媒介主导一切，品牌和广告公司提炼和展示产品卖点，用户通过特定渠道购买他们需要的产品。广告服务的角色设定是企业产品或服务的推销者。广告业发展初期，由于市场需求的特点，传者本位的特点突出，因此广告服务强调注重功能，更多从广告主或者自身的角度需求提供广告服务，广告服务主题集中于展现商品本身特性或是围绕产品生产的过程及企业展开，广告创意则主要聚焦于同商品本身产生勾连的范围进行创造，广告价值创造过程呈现为线性的代理关系，广告业态的特征表现为追求规模化。

根据迈克尔·波特的价值链理论，线性的广告价值创造过程其中

---

* 王松茂，武汉大学新闻与传播学院副教授；吴霞，武汉大学新闻与传播学院硕士研究生。

包括但不限于设计、生产、出售、运输、服务等活动，这些生产经营活动内容各不相同，但又互相联系，从而构成了一个完整的价值创造过程，也就是价值链。在价值创造的链性逻辑中，广告服务价值流动的方向与顺序固定不变，不同环节的主体是按产品流程在价值链环节的连接点相联系的，具有明显的线性秩序。体现为以广告公司为核心的链条状的价值创造，在业务的开展上倾向于按照既定的分工流程展开广告业务，各工作板块在关注各自业务分工的前提下，仅与自身的上下游进行对接的业务形态，在这个过程中，围绕广告的生产便架构起了一条直线性的业务形态。围绕广告价值创造的线性逻辑，广告业态呈现以下特点：

（一）线性业务模式

广告线性业务模式指在相对固定的程序化业务分工模式下，不同业务环节按照既定的分工流程展开广告业务，各工作板块在关注各自业务分工的前提下，仅与自身的上下游进行对接的业务形态。线性的广告生产有着相对固化的程序性分工，业务板块之间构建起来的是一条直线性的业务流动链条，特定的业务板块只关注自身业务的具体内容，业务衔接也仅限于自身的上下游，其业态发展特性呈现的便是一种线性化的业务生产模式。

广告业初期的线性化运作模式，表现出对业务流程的规范，一般不对偏离流程规范的广告内容进行灵活的生产调试，进而使广告业无法真正构建起灵活高效的价值流通生态。一方面，广告生产过程中上下联动的不足拉低了广告的业务运作效率，使个业务分工部门的价值创造过程趋于被动，无法实现真正的一体化价值运作；另一方面，分工固化的线性广告生产模式，制碍着各业务部门更多的价值创造可能性，各部门只关注自身的业务职能，往往不益于业务部门价值创造的最大化。比如从事市场调查的业务部门不应该只是依照既定方案对产品用户数据进行简单机械化的收集，而更应该在收集数据的过程中分析和构建起数据背后间的关联，将数据间的关联性作为指导自己进行进一步数据收集工作的指导信号，从而为广告创作及策划制定业务部门提供更多有价值的可参考数据。在这个过程中，广告的市场调查部门不仅完成了自身职能的价值创造，还为广告创意部、广告策划部、广告执行部门提供了部门价值放大的有用信息，为广告一体化价值生产提供了可能。传统广告依照程序性的线性化价值创造模式，无法实现价值创造的最大化，科层式的业务价值创造链条，难以适应不断变化的市场，这便导致了广告企业在面对多样化的市场业务形态时，无法灵活高效的应对，进而还会威胁到广告业自身的市场生存。

（二）企业内职能专业化

广告价值创造过程在企业内部完成。价值创造链条围绕广告公司统揽的业务展开，广告活动的开展涉及多个业务板块，各业务板块往往需要在精细化业务分工的前提下相互协作，共同完成广告公司所承接的业务。常规的广告公司的内部组织机构一般由六部分组成，分别为客户部、市场调查和研究部、创意部和制作部、媒介策划与购买部、营销服务部以及公共职能部位。其中客户服务的主要任务为对接广告主，与广告主共同商定合适的广告模式；市场调查和研究部负责对广告实施前的有关产品、消费者、市场等进行调查分析；创意部和制作部的职责为用有趣而难忘的方式表达产品或企业品牌的价值；媒介策划与购买部负责发布广告；营销服务部的业务包括销售推广、活动赞助、直效营销和公共关系；公共职能部主要负责管理自身的商务活动。

广告公司在职能专业化的过程中也会对价值链不断进行重构，以促使广告业更好地发挥自身优势，承担整合营销传播中的核心角色。广告业价值链的重构主要包括水平一体化（对同行业内的企业进行兼并收购）和垂直一体化（对产业上下游产业链的不同环节进行整合，实现产、供、销各个方面的渗透和扩张）两种方式，虽然横向和纵向并行的扩张状态彰显出一种网络化的特征，但广告公司通过收购不同类型的公司，形成内部价值链，广告公司仍然有着较高的决策权，发挥着主导性的作用。

总体来看，广告价值链模式的形成，无法解决广告价值链上游层出不穷的新兴营销代理机构从广告公司手上分割大量业务，广告产业链上异质性的公司涌现以广告主、广告公司、广告媒介为价值传导与供应复杂关系网络关系的传统广告产业链中的广告公司，主要包括综合代理公司与媒介代理公司。在价值链的下游，大量媒介购买集团凭借雄厚的资金实力大批量购买媒介资源,不仅价格低廉也形成垄断,切断了广告公司在媒介代理方面的业务。传统广告公司的旧有组织结构在新的营销环境下显露出一系列的弊端,营销发展的趋势要求广告公司的组织作出相应的变革。

二 价值协作的广告价值网业态

在价值链的广告业态中,广告公司主要对接广告主,服务于广告主的商品销售诉求,其业务范围相对集中,广告在这个时期的行业竞争力主要体现为广告策划方案以及广告创意的制作,竞争对象主要集中为提供同类型业务的广告公司。迈入消费者主张的新广告时代,广告公司仅凭创意策划已难以适配市场的运作生态,"消费者本位"的营销观念要求广告业务深入消费者内层,洞悉其消费行为和规律,基于充分的消费者信息展开用户画像,以此作为其广告创作的依据。在用户画像的过程中,广告公司不再具备业务优势性,更多深耕数据挖掘、数据收集与检测、媒介组织及交易平台开始布局广告业务领域,赋能与广告业"消费者本位"的理念实践,以往的链性化价值创造逻辑,在其业务生态不断复杂化的情景下受到颠覆。从广告产业价值链中解构出来的企业以新的规则和秩序,依据资源和能力组成创新价值创造逻辑,形成一个新的包含多个成员和具体功能相互协作的系统。在广告企业内部,信息技术的发展使企业各模块之间的资源整合共享效率提高,企业内各环节都可以及时获取对等的信息并根据其进行调整,各自创造价值的能力增强,在企业外部,广告业的价值创造形式向多样化发展,更多的价值创造环节出现,因此广告产业吸纳了更多具有不同能力的企业进入价值网络,如数据公司、技术公司、监测公司、程序化购买公司、创意公司、咨询公司。企业之间需要达成更加复杂的合作竞争联系,过去线性的价值链模式已经无法满足当下广告产业的发展需求,各企业从价值链中解构出来,根据核心能力联合其他节点企业形成了不同的价值模块,广告业参与者甚至包括竞争者打破了各自组织边界,彼此相互联结、实时互动构成了价值链,不同的价值链相互交织、协同互助形成了连接紧密、范围广泛的价值网络，资源和信息等通过价值网络在生态系统成员间流动和循环。

（一）基于价值模块的企业协作

价值网作为新的商业模式，它以用户价值为核心，形成了更复杂的合作关系通过灵活、高效和低成本的方式满足客户日益严格的要求，数字化技术的应用使信息共享的效率提高。广告产业链的不同环节进行拆分，从而产生一些较为简单的、有着特定功能的、能独立进行工作的单元的过程。在产业价值结构的分解过程中，价值链的解构是基础，在此基础上价值模块又按一定原则组合起来形成新的价值模块。

其中，用户价值模块是广告业态演变的基础产业进行生产和发展的前提。在广告产业中，用户价值不仅包含着用户对广告产业提出需求，并在需求得到满足后对广告产品进行付费，还包含着用户对广告产品进行再创作所产生的价值。广告公司内部价值链无法完成用户价值的创造和开发，需要用户数据、数字技术、市场咨询等公司的协作与支持。一类是由传统广告公司转型或网络广告公司不断发展壮大而形成的，具有广告创意、程序化购买、广告营销服务等全面广告业务能力法人综合性服务公司。第二类是数据公司。数据公司是通过爬虫技术或其他技术形式开发、加工、销售数据的第三方公司。广告公司根据数据公司的数据标签购买数据。第三类是技术公司。技术公司为广告业务提供技术支持，包括程序化购买平台的技术公司、广告工具公司、监测公司。第四类是程序化购买公司。第五类是创意公司。创意公司专注于互动类创意，主要是抓住用户的注意力与公众感兴趣的社会议题进行构思。互动类创意可以产生交互、实时替换素材，能够被点击追踪、社交分享与购买。

具有不同价值链的广告企业将自己的价值链模块化，并同其他企业的价值模块联系起来，从而达成合作联盟。他们以数字化平台为基础，实现了不同资源能力要素的最佳组合和共享协作，形成了一个动态的、不断发展的广告产业价值生态网络。价值网络中的每个成员专注于提升自己的核心能力，将核心优势最大限度地发挥出来。

（二）业态转变：企业间职能分化

随着业务生态的转变，广告业的发展步入多企业协作的智能化广告协作生产格局，技术的迭代发展不断赋能广告业的业务革新，广告业务有了多种类多性质企业的加入，助力更多优质化广告内容的生成。

广告技术赋能广告业多形式新业务的可能，多媒介形态的融合，也在不断丰富着广告的呈现形式，广告业在技术与经济赋能的发展背景下，开始在各企业间架构起网络化的价值内容生产生态。广告业根据其业务类别可划分为全面广告代理公司、创意公司、媒介购买公司、企业或媒介专属公司等，多类别的广告基于自身的广告特性会与外援公司形成不同程度上的业务合作，广告的互动性、场景化投放以及多模态业务呈现在这样的企业业务合作中间得以实现，而各企业在业务及价值上的流动，便编织起了广告业网格化的业务发展格局。媒体形态也在随着科学技术的发展不断革新。早期广告业遵照"二次销售"的业务逻辑，依赖传统媒介的内容传播影响力进行广告头发的单一广告模式得到颠覆，媒体形态由单一的、简单的、固定的媒介形态向着多样化、融合化以及移动化转变，在这个过程中广告业务的开展对传统媒介内容影响力的依赖性降低，转而侧向于媒介渠道的影响力的关注。随着广告投放逻辑的转变，广告公司跟各类型企业间的沟通协作开始增强，广告业的业务合作开始遍及媒介组织、媒介平台、媒介购买、数据调查、数据检测等多种业务合作领域。

（三）业务细分：精细化业务分工下的差异化竞争

差异化服务要求广告进行精准的业务定位，而精细化的业务分工使各企业主体在深耕自身业务领域的同时，也为市场经济的入局者提供更多的机会。价值网逻辑下的广告业所遵循的业务定位与早先的定位原则存有因出发角度不同而产生的主体差异，早期的广告业以"传者本位"的角度出发开展广告定位业务，是一种自上而下的业务运作逻辑；在由经济与科技艺术的发展而架构起来的网格化价值分布生态下，广告业更多从市场消费者角度出发展开业务定位，这个过程中广告业将消费者个性化的诉求作为业务运作的出发点，不论是基于消费者行为、消费者习惯、消费者偏好，还是消费者场景、消费者差异化的人口统计学数据所建构起来的用户画像，都成为了广告业想要极致追求的广告创意来源。其次，在精细化业务分工下，更多"长尾"企业得以抓住市场契机纷纷入局，业务分工的精细化为广告业的发展架构起更加完备的业务价值网，而架构起来的业务网是广告业实现精准性、差异化广告服务的基础。精细化业务分工同时使得企业间建构起来的价值网更加紧密且复杂，不同业务间的排列组合为更多的业务创造提供了前提基础。

首先，消费者作为广告业价值创造的始发端，其深度的用户诉求，并未能在价值协作逻辑中得到实现。多价值主体构建起来的价值网生态，使得专攻广告策划的公司须借助数据挖掘公司展开用户画像，业务上的衔接由于利益关系的中介作用往往会使广告对消费者的服务效果打上折扣，因此消费者真正的深度诉求难以得到充分满足。其次，网络化生态难以有效解决不同业务主体间价值利益分配问题。

第二，多业务主体间的合作在丰富了广告创作、投放、呈现形式，使其实现多项业务可能性的同时，也使得广告业陷入由业务壁垒产生的发展困境当中。首先，网络化价值生产往往是基于一次性的业务承诺开展合作，这样的合作形式下企业彼此间的业务忠诚度难以得到保证，在市场规律的作用下往往会产生价值传递的断层，导致广告无法实现长远的、可持续性的业务发展。其次，网络化价值协作中，广告业不再掌握广告业务的主导权，广告公司与其说是与各类型企业间建立起更加紧密的关系，更体现为对其他企业业务上的依赖，这样的业态发展逻辑下，广告公司反而容易陷入被动性的业务发展境况中。尤其体现为在以消费者为主导的广告创作理念中，广告公司完成广告业务需要进行的市场调查，调查过程中的用户数据往往掌握在数据公司受众，业务上的壁垒增强了广告公司对合作企业依赖，这个过程使得广告自身的业务发展趋于被动。

第三，由差异化业务主体及消费者诉求共同促成的网络化价值协作，同时暴露出一些问题：首先，业务的精细化分工招徕更多中小型企业入局市场，非稳定性的业务合作构建起来的价值协同关系难以实现市场价值创造关系稳步持续发展的同时，也为市场规模化管控带来巨大的压力。其次，业务细分的前提是入局企业精准找到自身在业务市场的定位，建立自身的业务排他性从而获得竞争优势，在强强竞争的业务市场，刚刚发展起来的中小型企业往往很难建立起自身的业务竞争力。

三　价值共创的广告价值星系模式

数字经济对广告业的"传者本位"、"用户价值"的价值创造逻辑产生了巨大冲击，用户可以成为营销者，营销者也可以成为用户。迫使企业站在消费者的角度进行"共情"，同消费者合作，以争取内外部资源最佳配置效果。社会化媒体同样改变着消费者对企业的看法。当企业和消费者能和谐的开展价值共创的时候，企业不再是利益的代表，而是消费者意志的体现。广告企业与互补者、竞争者的价值共创企业与互补者的价值共创成为广告业态突出的特征。共生型组织是一种基于顾客价值创造和跨领域价值网的高效合作组织形态，所形成的网络成员实现了互为主体、资源共通、价值共创、利润共享，形成广告业态的价值星系，以"恒星"企业为主导的、多个利益体整体统筹的运作模式。

一是个性化的需求取代规模化的生产。价值链模式的典型特征是规模化，信息时代则是要柔性定制，满足各种个性化和差异化的需求。这就要求工业化生产的企业在个性化与规模化之间达到一个平衡，信息时代的大数据积累和算法分析技术，为满足消费者个性化需求和工业化企业的规模需求提供了平衡的支撑数据。

二是信息的过载与营销方式的立体化。信息时代的一个明显特征就是信息过载，在互联网的每一秒钟都会产生大量的数据和信息，这构成了大数据分析的基础，同时也导致了大量的信息过载。人们过多地淹没在信息的海洋中，传统的营销方式很难在海量的信息中脱颖而出，户外广告和传统媒体逐渐没落，消费者的时间被碎片化切割，抖音、快手等微视频平台的崛起则标志着营销形式向声色光电混合等立体化、多元化发展，随着 5G 等基础设施的完善，VR、AR、MR 等技术的发展会推动虚拟与现实进一步的营销互动。

三是个性而有弹性的组织结构。与信息时代的组织相适应，传统的科层制和事业部制的金字塔结构正在瓦解，基于信息传递的网络和项目制的组织结构开始形成。这种组织结构可以让营销信息获得更有效和更快速的流动，从而不必像传统的组织架构那样自上而下或自下而上的单向流动。通过微信公众号、微博等开放式平台，消费者获得.传播入口。企业的边界也变得模糊，对于外界信息的接收和传播也变得更加容易，

基于信息的反馈而产生的营销变化也会更迅速。信息时代的组织结构越来越像细胞之类的功能模块，以模块化的方式融入互联网的母体之中。在互联网这个无国界的世界里，新技术对营销的方式、手段、内容与理论等都产生了深刻而久远的变化，使营销的世界呈现了与工业时代完全不同的全新发展趋势。

基于 LBS 技术、物联网技术、大数据技术、云计算、VR、AR、5G、智能识别、算法推荐等多形式的新媒体技术加持，广告业的发展开始迈入一个全新的阶段，各细分企业依载媒体平台构建起业务价值的运作生态，大、中、小、微型企业都能在平台的合理化规制中找打自身的定位，而不至于被市场经济的运作规则所淘汰；用户作为广告内容服务的对象，其诉求得以在新型的价值创造逻辑中真正满足；基于合理化业务生态的搭建，广告业务中各企业彼此间的联结更紧密，能够生成更加良性的市场竞争关系。

新媒体时代的广告业发展，更趋向于一种星系价值创造体系，在这个星系中，各天体象征着不同的企业，整个价值星系等同于企业的一个中间组织，反映着各企业间组织的关系。区分各企业在星系中的位置往往按照企业所拥有的要素资源来决定，低位资源的企业属于"卫星"企业，通常具备资源优势、区位优势、规模优势、劳动力的支持等；那些具有技术优势、知识优势等中位资源的企业划分为"行星"企业；而那些具有高位资源的企业，例如具有商誉、品牌、顾客关系、组织能力等系统优势，则属于"恒星"企业。通常情况下"恒星"企业具有垄断性质，"行星"企业与"卫星"企业往往要借助"恒星"企业才能展现出其具备的优势，三类企业的关系依旧由向心力和离心力彼此牵连，二者力度的变更直接影响着整个价值创造系统中各利益主体之间的关系以及整个系统规模的大小。

进入新媒体时代，广告业开始迈向智能化的业务运作模式，基于

LBS 技术、物联网技术、大数据技术、云计算、VR、AR、5G、智能识别、算法推荐等多形式的新媒体技术加持，广告业的发展开始迈入一个全新的阶段。技术加持下广告业的发展，更趋向于一种星系价值创造体系，在这个星系中各天体象征着不同的企业，整个价值星系等同于企业的一个中间组织，反映着各企业间组织的关系。区分各企业在星系中的位置往往按照企业所拥有的要素资源来决定，低位资源的企业属于"卫星"企业，通常具备资源优势、区位优势、规模优势、劳动力的支持等；那些具有技术优势、知识优势等中位资源的企业划分为"行星"企业；而那些具有高位资源的企业，例如具有商誉、品牌、顾客关系、组织能力等系统优势，则属于"恒星"企业。通常情况下"恒星"企业具有垄断性质，"行星"企业与"卫星"企业往往要借助"恒星"企业才能展现出其具备的优势，三类企业的关系依旧由向心力和离心力彼此牵连，二者力度的变更直接影响着整个价值创造系统中各利益主体之间的关系以及整个系统规模的大小。价值星系的构建，其目的是为了更好满足顾客需求，赢得顾客忠诚，实现长期利益，构建价值星系的目的就在于强调充分利用价值星系内的丰富资源，所有成员共同创造价值。因为价值链是一种静态思维，认为不同环节的主体是按产品的流程在价值链环节的联结点相联系的，具有明显的线性秩序，而价值星系的生存与发展不是静止不变的。

按照星系形态进行价值创造的广告业具有三种特性，分别是平台化背景下多元利益主体间的联结、协调机制下企业间的紧密协作以及超企业机构领航市场良性运作。

首先，媒体的平台化发展，为广告业务运作铺展了一片崭新的天地，以往的广告业务主要面向市场消费者展开，而基于平台媒体的搭建，广告立足于平台生态进行差异化的广告业务调整，其业务运作主要围绕不同媒体平台的用户展开。在平台化业务运作逻辑下，广告的各业务主体必须遵循平台的运作规则，在平台运作准则的规制下，各广告业务主体之间利益价值的传递开始趋向合理化，协作关系更加智能，更紧密的联结关系得以展开。

其次，柔性的契约性质是企业间形成更加紧密的相互协作。随着市场的不断发展，企业间的交易开始涌入更多的复杂因素以及不确定性，导致企业间硬性的职能分工模式难以适应变化市场的诉求，柔性的契约模式则很好的解决了这个问题。柔性契约主要依载形式形态、价值信念、伦理道德等因素来达成企业彼此间的理解与联通，从而避免了程序化的规约对市场灵活应变的约束。企业基于彼此间共通的价值观念与信任来开展业务，能够有效降低沟通、协调、监管、控制等事项的操作成本，缩短彼此间相互协作的窒碍，强化利益共通体间的协作联结关系。

最后，以"恒星"企业为核心的良性运作能够建起一个良性的市场运作生态，各企业在其中能够在行业自律的前提下实现业务互补，并拓展和连接其更加多样化的服务，业务上的协作和互补能够使超企业构建起来的价值生态的场景适配性更强，能够满足更多用户的差异化服务诉求，从而给公众带去更佳的服务体验。良性的市场运作生态，最根本在于对市场消费者的把握，广告业可通过强化信息沟通来加深对消费者的理解，从而提供更加适配他们诉求的广告服务来提升行业的核心竞争力。信息传播经历了人际传播到大众传播，乃至当下网络传播的模式更迭，同样我们的广告业也应该改换观念走向广告传播的创新。目前走在广告传播前列的传播模式包括计算广告、植入广告、人工智能广告等，与此同时，在广告投放模式上，智能算法能辅助广告实现个性化的广告投放，场景化广告、植入式广告以及软文广告都是广告走向精细化市场投放的体现。强化广告与受众的沟通，能够帮助企业与消费者打通认知上的隔膜，从而建立其更加稳固的联结，进而推动市场走向良性化运作。

按照星系形态进行价值共创的广告业态主要表现为：

（一）平台媒体的搭建：合理化规制下多元利益主体间的联结

媒体的平台化发展，为广告业务运作铺展了一片崭新的天地，以往的广告业务主要面向市场消费者展开，而基于平台媒体的搭建，广告立足于平台生态进行差异化的广告业务调整，其业务运作主要围绕不同媒体平台的用户展开。在平台化业务运作逻辑下，广告的各业务主体必须遵循平台的运作规则，在平台运作准则的规制下，各广告业务主体之间利益价值的传递开始趋向合理化，协作关系更加智能，更紧密的联结关系得以展开。

平台生态的搭建，首先为中小微型广告业务公司提供市场有效参与的契机。在平台媒体的运作规则中，各类型的企业都能在合理化平台规则下找准自身的业务价值定位，平台不会抛弃任何和一个有价值意义的微小企业，也会使优质的广告业务提供主体获得更多价值放大的机会，"大鱼吃小鱼"残酷的市场竞争规律不会在平台媒体的规制下产生恶性循环。其次，平台生态通过自身的运作准则，在大中小微企业间架构起星系分布的价值传递链，使企业间构建起来的联结关系更加紧密，良性的竞争关系得以形塑，广告业的价值生态走向发展的可持续化。

（二）柔性的契约性质使企业间形成更加紧密的相互协作

价值星系的协调机制不同于传统产业链，在硬性契约的基础上具有柔性契约作为协调机制。硬性契约通常以合同分工的形式与价值参与主体进行明确化、程式化的分工，各主体围绕自身所处环节在职能范围内进行业务运作。基于契约关系的价值运作能使各利益主体形成长期稳定的业务关系。然而随着市场的不断发展，企业间的交易开始涌入更多的复杂因素以及不确定性，导致企业间硬性的职能分工模式难以适应变化市场的诉求，柔性的契约模式则很好的解决了这个问题。柔性契约主要依载形式形态、价值信念、伦理道德等因素来达成企业彼此间的理解与联通，从而避免了程序化的规约对市场灵活应变的约束。企业基于彼此间共通的价值观念与信任来开展业务，能够有效降低沟通、协调、监管、控制等事项的操作成本，缩短彼此间相互协作的窒碍，强化利益共通体间的协作联结关系。

柔性契约的价值理念，有助于广告业向着更深侧面拓展。首先，有赖于共通价值理念下的目标聚集模式，广告业作为营销中的关键环节可以实现跨越职能分工上的业务协作，例如广告开展营销业务的过程中往往对消费者的产品诉求有着深刻的洞察，为达到理想的营销效果，广告从业者还可以将市场信息反馈到产品的生产和促销环节，实现各价值创造主体产生产品理念上的联动，达到共赢互通的价值串联。营销业务本身，随着数字技术、融媒体等多模态信息加工技术的出现，营销行业也开始涌入种类丰富的企业巨头对这一行业开展业务上的蚕食和细分。如在智能广告业中，广告业务的参与主体就包括智能广告技术公司、智能广告媒体、智能广告监测公司、智能广告数据管理公司、智能广告交易平台等（优化与重构：中国智能广告产业发展研究），如何将柔性契约嵌入到业务越发精细化的广告业务发展。

（三）超企业机构领航市场良性运作

超企业并非仅仅指企业规模的大小，而是如同"超文本"一样具有超链接的作用，它从价值星系中不断获取竞争优势。其中"恒星"企业作为核心企业不仅能够管控整个星系系统的流程，还能够制定相关的协议、标准促使其他企业以此为焦点进行聚合。超企业的功能并不在于制定刚性化的规则约束和指导企业间业务的流动和开展，超企业最主要的意义在于构建起一个良性的市场运作生态，各企业在其中能够在行业自律的前提下实现业务互补，并拓展和连接其更加多样化的服务，业务上的协作和互补能够使超企业构建起来的价值生态的场景适配性更强，能够满足更多用户的差异化服务诉求，从而给公众带去更佳的服务体验。

良性的市场运作生态，最根本在于对市场消费者的把握，广告业可通过强化信息沟通来加深对消费者的理解，从而提供更加适配他们诉求的广告服务来提升行业的核心竞争力。信息传播经历了人际传播到大众传播，乃至当下网络传播的模式更迭，同样我们的广告业也应该改换观念走向广告传播的创新。目前走在广告传播前列的传播模式包括计算广告、植入广告、人工智能广告等，与此同时，在广告投放模式上，智能算法能辅助广告实现个性化的广告投放，场景化广告、植入式广告以及软文广告都是广告走向精细化市场投放的体现。强化广告与受众的沟通，能够帮助企业与消费者打通认知上的隔膜，从而建立其更加稳固的联结，进而推动市场走向良性化运作。

算法视阈下短视频行业生态与发展路径

廖秉宜　张慧慧[*]

廖秉宜　张慧慧*

　　得益于移动终端的快速发展，短视频成为今天视频传播的重要形态，中国互联网络信息中心（CNNIC）发布的《第47次中国互联网络发展状况统计报告》显示，截至2020年12月，我国网络视频用户规模达9.27亿，其中短视频用户规模达8.73亿，占网民整体的88.3%，仅次于即时通讯。[①] 中国网络视听节目服务协会发布的《2021中国网络视听发展研究报告》指出，当前短视频已成为我国网络视听行业中占比最大、增速最快的细分领域[②]，尤其是以抖音、快手为代表的分发平台型企业在短视频行业中占据着突出位置，其原因在于短视频具有天然的算法"基因"。算法推荐本质上是促进人与信息的连接，相较于长视频，短视频这一"短"的特性意味着庞大的新增内容产量以及碎片化与低成本消费，这使信息得以在产销者之间高速流动，而这种高频交互产生的数据又能进一步反哺平台算法，实现人与信息的高效匹配。

　　近年来，短视频的快速崛起正深刻改变着视频行业的传播逻辑与规则，一方面算法机制成为短视频平台争抢用户时长的重要竞争力，另一方面产品、流量、用户和数据正逐渐形成以内容算法为逻辑的变现闭环，可以说算法推动甚至主导着整个行业的变迁与发展。虽然目

---

　　* 武汉大学媒体发展研究中心研究员，武汉大学新闻与传播学院教授、博士生导师；张慧慧，武汉大学新闻与传播学院硕士研究生。

　　① 中国互联网络信息中心：《第47次中国互联网络发展状况统计报告》，http://www.cac.gov.cn/2021-02/03/c_1613923423079314.html，2021年2月3日。

　　② 中国网络视听节目服务协会：《2021中国网络视听发展研究报告》，https://n.znds.com/mip/54323.html，2021年6月2日。

前学界尚未对短视频行业生态进行明确统一的界定，但对其的探讨首先离不开构建生态的基础性要素，即平台、用户与内容创作者三大参与主体，况且在当前的媒介环境下，这三大主体之间并非孤立存在，而是围绕算法进行着一系列的交互作用，因此全面理解短视频的行业生态，厘清短视频背后的算法逻辑，势必要从各主体入手对这种互动予以整体性的考察。

一 平台：内部因素与外部环境的双重影响

平台作为产销连接的中介，主要依托平台算法的先进性发挥作用，是短视频行业生态主体中最为重要的部分，其发展一方面受到平台自身内驱动力的影响，另一方面也受到平台之间的竞争压力以及平台外部的种种限制，主要表现为差异化生存、动态式生存与合法性生存三种样态。

（一）基于平台调性的差异化生存

抖音、快手、视频号是目前我国三大典型的头部短视频平台，基于不同的产品定位以及资源优势，彼此间已形成了较为明显的差异化竞争，而回归到技术底层，平台调性差异的背后实则是算法目标以及算法推荐权重的不同。

1. 抖音：热度至上的层级推荐

抖音定位于年轻人的音乐短视频创作分享，其目标导向是筛选出时尚、流行的优质爆款以增加用户时长和产品黏性。抖音的崛起得益于头条系算法的加持，其分发机制主要是利用标签匹配系统与层级流量推进算法。具体而言，系统首先会通过特征识别对内容和用户分别进行标签化，新发布的内容经过机器及人工审核后，会依照标签分配进入初始流量池，平台根据初始流量池中的用户行为反馈数据，即完播率、复播率、点赞量、评论量、转发量等来判断内容是否受欢迎，反馈数据好的内容被推进更大的流量池，以此类推，经过层层筛选，最终进入热门流量池的精品内容将攫取平台大部分流量。因此抖音实际上采用的是一种相对中心化的分发方式，它以内容本身被市场检验的反馈为首要标准，将大量高热度视频不断推荐给画像相似的用户。

2. 快手：基于基尼系数调控流量

不同于抖音的"看见美好"，致力于"看见每一种生活"的快手算法更加强调结果的普惠公平，内容分发的目的是让每个用户都有机会被看见，因此快手引入"基尼系数"概念对流量分配进行调控，当视频热度达到一定阈值，其曝光率会不断被降低，从而有效将内容的"贫富差距"控制在合理范围内。① 平台中只有30%的流量分配给头部内容，而剩下主要用于长尾作品的分发与长尾用户的连接，鼓励分享的同时限制了头部，这也就是为何快手并不容易出爆款，但极易沉淀出各种各样的社群。此外，快手采用去中心化的算法逻辑以及双列瀑布流式的界面设计，更大程度地赋予用户主动交互的权力进而获取数据反馈实现内容推荐，与抖音采用单列信息流式的界面设计所带来的沉浸感截然不同，后者用户的可选择空间实则被极大压缩。

3. 视频号：社交冷启动与算法热推荐

与抖音、快手相比，视频号的最大特点就是延续了微信的熟人社交属性。在众多短视频应用中，只有视频号的默认进入页面是"朋友"，用户进入视频号首先看到的并非自己的喜好，也不是平台推荐的热门，而是微信好友在看的内容，这决定了视频号更加重视运营能力，即作品需要在内容创作者的社交圈中完成冷启动，当社交行为的助力达到一定热度才会被系统算法识别并给予更大的推荐流量，也就是依靠私域流量撬动公域流量。算法介入的时机相对滞后导致许多优质内容不一定会被及时推荐，但是前期粉丝运营如果精准有效，一旦通过朋友圈扩散出去就极易形成病毒式传播，因而能塑造出众多现象级的刷屏产品。

随着短视频市场的不断拓宽，作为行业头部的抖音、快手在用户构成、产品功能等方面已开始有所趋同，视频号凭借强大的用户基数或将成为最具不确定性的新变量，而市场上其他短视频平台的算法机制也都没能脱离上述三种模式。

---

① 余敬中：《快手：普惠 + 基尼系数的网络社区实验》，《传媒》2019 年第 5 期。

（二）基于算法优化的动态式生存

算法作为短视频的核心竞争力以及吸引用户的手段，在适应市场需求的同时保证了算法的先进性是驱动短视频平台发展的根本动力，因此不断迭代与优化算法也是平台生存的常态。

1. 多重推荐算法叠加

短视频平台大多需要具备一套强大的算法系统以便支持多种算法组合以及算法模型的架构调整。为了解决传统的 wide（线性模型）推荐对大规模的稀疏数据解释性强但预测性弱的问题，智能时代背景下推荐算法的优化已经进入到 deep（深度学习模型）推荐的阶段。目前得到广泛运用的热度算法、协同过滤以及基于内容、知识和网络结构的推荐在 wide&deep 模型的加持下极大促进了对用户隐性特征及需求的挖掘，平台个性化推荐的能力得以显著提升。短视频平台往往将以上多个方法组合在一起，主要采用（1）整体式：将多种推荐策略整合到一个算法中实现混合设计；（2）并行式：整合多个推荐系统独立运行产生的推荐结果；（3）流水线式：多个推荐系统按照流水线架构连接，将一个推荐机制的结果作为另一个的输入，从而综合各推荐机制的优缺点。总之算法机制并不是一成不变的，平台正在通过动态调整各推荐算法之间的组合权重来综合结果，或在不同的计算环节中运用不同的算法进行混合，以便适应各种业务场景，避免单一推荐算法带来的匹配偏差及信息茧房等问题，从而优化用户的整体体验。

2. 多元数据特殊处理

内容分析和用户标签是推荐系统的两大基石。从提取视频中的文本内容到分析视频的关键帧以及语义和情感，算法对于海量视频内容的识别和处理日益精细化。为了保证内容的安全性、多样性和原创性，平台算法会将视频内容的多重特征与数据库中已有的作品进行匹配消重，对疑似违规作品进行拦截并提醒人工注意，一些被算法判定为"优质"的老内容根据历史规律还会被人工挖掘予以重新推荐。至于用户侧，除了常规的用户画像之外，算法的优化还涉及一些特殊的数据处理策略，以抖音为例主要包括：（1）过滤噪声：过滤平均播放进度偏低或跳出率较高的视频以打击标题党；（2）热点惩罚：对用户在一些热门视频上的行为做降权处理；（3）时间衰减：算法策略跟随用户兴趣偏移，旧特征权重衰减而新行为特征权重增加；（4）惩罚展现：对反馈不佳的相关特征权重予以惩罚，如不相关内容推送较多致使用户点击"不感兴趣"。[①]

3. 评估体系持续改进

内容集合的变化、召回模块的改进、推荐特征的增加、规则策略的更改等一系列因素都会影响算法推荐的效果，评估的意义就在于对算法优化产生的负向效果予以规避。仍以抖音为例，其内部强大的实验平台与便捷的分析工具能够对大规模数据模型进行实时训练并智能分析数据指标的置信度，除了完播率、停留时长、点赞、评论、转发这些表面的量化指标之外，平台一直在尝试综合利用尽可能多的指标让评估体系变得更加科学完备。一是兼顾数据指标与用户体验的差异，高热度的视频在用户体验上并不一定最佳，因此对一些非量化指标的考量往往采用人工分析；二是兼顾用户指标与平台商业利益，短视频平台既要为内容创作者提供价值，也有义务满足用户，还需要满足广告主的利益，在多方博弈的过程中寻求平衡；三是兼顾短期收益与长期目标，事实上短视频平台已经开始有所察觉，很多优化调整在短期内用户觉得新鲜，但从长远看其实没有任何助益，而限于目前算法技术对用户新需求及成长性需求的探索能力，绝大多数平台仍然只能以满足用户的即时快感为优化方向。

（三）基于社会价值的合法性生存

早期学界出现了大量关于算法中立的探讨，然而随着研究的深入以及对算法认知的清晰化，一种普遍共识正在形成，即承认技术本身是中立的，但基于人的主观设计的算法不可避免存在价值偏向。算法分发带来的把关权力让渡使平台形成了流量至上的算法价值观，却忽略了自身实际扮演的媒体角色以及需要承担的社会责任和导向作用。在经历几次重大约谈事件后，短视频平台纷纷采取了调整措施，开始致力于实现流量价值与社会价值的兼顾与平衡，树立算法的主流价值观，并以此获得自身的合法性地位。例如各大平台开始进军 ToG 业

---

① 《今日头条算法原理（全文）》，https://www.toutiao.com/i6511211182064402951/，2018 年 1 月 16 日。

务，吸引大批党政机关及媒体入驻，缓解了平台内容过度娱乐化的倾向，助推舆论传播效果升级。平台通过"技术＋人工"的手段进行内容干预，将重要新闻进行强插，对热门话题探讨和解读性内容进行加权，在满足个性需求的基础上提高社会公共性内容的比例，同时强化算法对风险内容和泛低质内容的识别与打击力度。

如今短视频平台的发展已经跨过了爆发式增长的阶段，人口红利散去，用户量变累积的结束也意味着审美质变的开始，单纯凭借噱头、新奇等表面取巧的作品不再讨喜，受众开始更关注优质化的内容以及价值观的传递，这也倒逼了短视频平台内容品质与质量的整体上行。同时短视频推荐的内容涵盖面也在扩大，进一步深入到众多垂直领域与行业，知识科普、观点输出性内容占比显著提升，此外，2020年受新冠肺炎疫情影响，短视频成为公益直播与精准扶贫的主要战场，这表明平台已经开始思考自身的社会价值，在娱乐的基础上不断搭建生活服务设施。

二 内容创作者：平台规则与用户反馈的双重考量

短视频时代的到来见证了内容创作群体的整体繁荣，但其各自的生存状态并不相同，有人凭借独特的风格、持续的输出迅速成为头部，也有人充满着如何应对同质化、实现粉丝增长以及商业变现的焦虑，在激烈竞争的短视频生态中，创作者不得不从平台与用户的双重视角重新思考内容的传播逻辑。

（一）解码"黑箱"：逆向分析平台算法机制

如今算法推荐以其强大的算力超越人工编辑逐步掌握内容传播的主导权，而在扩大内容的传播力与影响力这一点上，创作者与平台可以说利益相通，因此他们会积极适应短视频生态中层出不穷的平台、玩法和规则。如果说通过投放"DOU＋"上热门还只是平台对创作者的引导，那么平台扶植的 MCN 机构的出现则真正将短视频行业推向了组织化的规模生产阶段，它使得创作者能够借助专业化的运营流程与平台算法提供的特权更好地引流变现。然而这种标准化工业生产的可复制性也使得创作者们很快意识到，打造垂直账号、吸引粉丝、获取流量、快速变现似乎正成为一种有迹可循的规律，于是为了迎合需求，互联网中出现了大量关于短视频算法的"解读"，了解内容推荐系统与平台算法机制已经成为内容创作者的一种标配。

事实上，算法时代的短视频生产困境就在于当前各大平台都以算法作为核心技术为由不予公开，但"算法黑箱"产生的根源还不完全是因为技术公司排他性的商业政策，而是出于技术本身的复杂性。在数据输入和结果输出之间存在着的"隐层"甚至连程序员自身都无法破解，即使是帮助创作者打造出无数爆款的专业 MCN 机构对于平台算法的理解也是经过大量的实践摸索形成的，因此算法透明度是否可能是一个伪命题值得思考。然而这并不妨碍内容创作者们从视频点赞、评论、转发等各种显性的量化指标以及平台提供的内容生产数据报告中去寻求热门内容的创作题材与生产模式，并在不间断的经验尝试中去逆推平台的算法机制直至找到自身的生存空间。

算法机制的引入使得内容生产经历了从解码文本到解码技术的过程，算法机制的"可见性"增加了内容创作者的生产动力，但爆款内容毕竟是少数。伴随着用户从围观走向参与，内容创作者比例不断提升，在短视频内容生态中更广泛的存在是算法推荐倒逼生产者调适内容以适应分发规则，内容创作向技术规则让步，而那些失败的尝试在无形中也催生了大量模仿、搬运甚至抄袭的内容产生，创作题材扎堆、版权问题泛滥对整个短视频的内容创作生态无疑造成了巨大损害。

（二）权衡与妥协：用户需求与内容可识别性的冲突

除了逆向分析算法机制，内容创作者还面临新的困境，在基于标签的算法推荐机制下，用户生产的视频内容既要能被算法所识别，同时又要兼顾受众需求，但某种程度上，创作者与受众之间对话的渠道实际被平台的算法机制所切割。一方面创作的内容能否被算法识别并分发出去在很多时候需要打一个问号，相较于文本内容，机器对短视频内容的识别能力还有待进一步开发，加之短视频的分发规则更加多元且复杂，创作者们刻意设置的关键词对于算法推荐只具有引导作用而无法决定分发之后的走向。另一方面创作者们并不知道自己的内容具体会被推荐给哪些用户，但又不得不对这些未知用户的反馈予以回应，这导致创作者们根据用户需求进行的改进很可能会影响后续算法对内容的推荐力度，内容被发现和传播的难度及不确定性反而增大。

算法分发虽然提高了用户获取信息的效率，但订阅行为被弱化后，内容创作者与平台算法的互动关系本质上构成了一种非完全信息博弈。平台内部海量信息被生产的同时越来越多的算法被创造出来，如何让内容被更好地识别与理解、如何获取平台的流量支持、如何开发并维护内容与受众之间的关系变得更为重要，但用户需求与内容可识别性之间的冲突却将内容创作者推入一种两难境地：想获得流量，就不得不放弃只顾自我的表达，而迎合算法并不完全等价于迎合受众。为了扩大内容的传播范围，创作者往往更加重视内容可识别性而轻视用户需求，这也导致了用户只能在算法推荐的有限内容中被动选择，而平台却将此视作用户想看并喜欢的内容，从而进入一种算法"自嗨"的恶性循环，最终导致算法推荐内容与用户需求的断层。

三　用户：媒介依赖性与人的主体性的双重考验

推荐算法的初衷是提高用户的信息获取效率，但如今短视频平台为了获取更多的用户流量与商业利益，将算法变成是一种工具，解决算力的同时也强化了社交产品中那些原本就容易让人上瘾的特质。然而用户与平台之间的互动关系并不仅仅是媒介依赖，实证调查显示用户虽然并不能清楚地知道平台背后的运行机制，但这并不影响他们对推荐算法存在的感知。[①] 在充斥着海量信息的网络世界中，算法解决了信息超载，同时也形塑了用户的思维模式，面对无法摆脱的算法环境，越来越多的用户在与短视频平台的互动中开始有意识地警惕并对抗算法，人的主体性逐渐回归。

（一）自我保护：克制互动行为

网络中已经存在的许多自我保护方式都是经过了用户意识觉醒之

---

① 黄忻渊：《用户对于算法新闻的认知与态度研究——基于 1075 名算法推荐资讯平台使用者的实证调查》，《编辑之友》2019 年第 6 期。

后的主动探索并被广泛应用在各种短视频平台的使用情景中。例如一些用户会在下载视频软件的同时主动关闭手机通讯录、位置、语音、图片的授权，避免平台抓取过多个人数据，使自己被平台算法打上各式各样的标签。在视频浏览的过程中，用户会避免随意点开一些不喜欢的内容，或者及时退出以免算法进一步获取错误信息，更有甚者采取"不登录、不点赞、不评论、不关注"的"四不原则"，尽量避免在短视频平台上留下痕迹。克制互动行为的本质是拒绝为算法提供数据，但事实上，显性的互动行为被克制，隐性的浏览数据仍能被平台算法所识别，因此并不能从根本上对抗短视频个性化推荐带来的沉迷。

（二）反向训练：主动干预算法

既然隐性的浏览数据不可避免会被记录，因而绝大多数用户转向了对算法的主动干预。为了让平台推荐更多符合自身需要或者新的内容，用户会在短视频的搜索界面主动输入兴趣关键词来引导算法对需求的识别，这种带有目的性的搜索虽然能减少对算法推荐的依赖，但平台提供的搜索结果往往不尽如人意。进一步地，为了降低获取喜欢内容的成本，用户会主动点击"不感兴趣"以降低算法对此内容推荐的权重，相应地在感兴趣的内容上增加点击与停留时长，通过点赞、关注、评论、转发、下载等行为来修正自己的用户画像。

当用户的认知与算法推荐产生冲突时，用户倾向于将其结果归咎于自身的兴趣、使用行为等主观因素而非质疑算法本身。① 尽管用户无法访问算法程序，但他们能够操纵自己提供给平台的数据，将自身的兴趣偏好以明确的方式"告知"给算法。主动干预行为的产生建立在用户对算法推荐基本原理有一定的认知基础之上，但这更多是出于对算法机制的想象，因为这些行为数据只作用于基于内容的推荐，而正如上文所提到的，推荐结果受多重算法叠加影响，用户有限的反馈对后续推荐行为的修正作用究竟有多大不得而知，很多操作只是为推荐算法增加了一条数据而已。但总之，无论用户对于算法的理解是否

---

① 皇甫博媛：《"算法崩溃"时分：从可供性视角理解用户与算法的互动》，《新闻记者》2021 年第 4 期。

准确，都会影响他们与算法之间的互动行为，用户通过自我调适来弥合认知与算法推荐的差距，这本身就是能动性的体现。

（三）反连接：高学历人群的离场

企鹅智库发布的《2020—2021年数字内容产业趋势报告》指出，用户对平台算法推荐的信任度开始下降。[①] Fastdata 极数发布的《2019年中国短视频行业发展趋势报告》显示，在不同学历的短视频用户增速中，大专及以下学历同比增速为正数，并且学历越高增速越慢，而本科及以上学历的用户同比增速则为负数，其中硕士学历用户为－11.4％，博士学历用户高达－15.2％。[②] 这些高学历人群的离场说明自我意识更加突出的用户对短视频的逆反心理更加强烈。当前平台算法正处于一种信息精度高但信息增量弱的状态，算法精准的另一面是用户认知的窄化与感知能力的弱化，短视频带来的个性化体验与即时快感的获得是以一定的意义让渡为代价的，长期不成体系的信息输入会使用户丧失系统性思考的能力以及主动探索的兴趣和动力，"无止境地上下滑"之后是陷入时间黑洞引发的焦虑，这一切都让用户开始反思花大量时间在短视频上是否值得。无论这种反连接是出于对自我约束力的不信任，还是对短视频逻辑的深谙以及对平台算法的偏见，抑或是其他复杂的心理动因，对于用户来说，摆脱媒介依赖的最好方式就是离开。

四 技术、人性与社会共治的短视频发展路径

随着行业的深入发展，在算法机制影响之下，短视频三大主体相比于初期均作出了不同程度的适应性改变，整体呈现出一种因果嵌入、互动关联的博弈状态，但短视频行业生态中存在的上述互动行为本质上都是在技术、人性与社会因素的共同作用下逐步形成的。从行

---

① 企鹅智库：《2020—2021年数字内容产业趋势报告》，http://www.199it.com/archives/1166462.html，2020年12月9日。

② Fastdata极数：《2019年中国短视频行业发展趋势报告》，http://www.199it.com/archives/1007147.html，2020年2月17日。

业规模与发展趋势来看，未来短视频还将会是内容输出的主要形式，因此更需要以共治的观念进行规范和引导，让平台、内容创作者、用户在围绕算法的博弈中避免囚徒困境，开创互利共赢的新局面。

（一）分发升级：实现用户与内容的高质连接

技术的发展一直遵循着"为解决问题发明新技术——新技术产生新问题"的循环逻辑，正如算法在解决"信息过载"的同时也走向了"分发过载"的极端，导致人们在烟尘化的信息中难以寻找到有价值的那部分。虽然平台纷纷对优质内容给予了更大的补贴，但如何让这些优质内容更精准地触达用户，还需回归到内容分发的路径上。为应对个性化分发中存在的内容低质、需求偏差、效率衰减、视野孤岛以及过度沉溺等问题，企鹅智库发布的《2019—2020 内容产业趋势报告》提出以多层价值标准的"集束分发"代替投其所好式的信息分发，一是融入内容价值判断和用户审美判断双维度数据，对内容质量和目标人群进行精细化综合评判；二是最大化集成用户的感知信息，立体化构建用户需求；三是对用户反馈和态度、情绪进行动态分析，确保每一次集束分发过程中用户的体验都在持续优化；四是综合评估用户需求领域和潜在需求方向，以头部限流、长尾托底的方式，确保用户信息消费兼顾兴趣、效率和质量。[①]

作为互联网媒介形态之一的短视频，其根本属性依然是连接，数据和算力是连接系统的基础和能力，算法则是连接系统的灵魂，因此平台需要不断优化算法技术、创新分发模式，充分尊重创作者诉求，减少创作者和用户的错配和冲突，此外要增强人机协作水平，将公平适配的原则引入平台算法分发机制的各个环节中，避免算法偏见的产生，在实现高效连接的基础上朝着高质量连接的方向发展。

（二）规制匹配：加强制度建设保障

目前，我国网络视频产业规制主要以行政规章为主、行业规范为

---

① 企鹅智库：《2019—2020 内容产业趋势报告》，http：//www.199it.com/archives/975262.html，2019 年 12 月 4 日。

辅，缺少效力大，具有全面性、长期性的法律法规[①]，专门针对短视频行业的规制也仅见于 2019 年 1 月 9 日中国网络视听节目服务协会发布的《网络短视频平台管理规范》。移动互联网的发展见证了短视频行业的急速扩张，但关于短视频及其算法的一些制度性安排显然是滞后的，发展与规制之间的不同步导致了一系列问题的凸显，其中最主要的就是版权这一核心问题。虽然短视频平台正在加紧音视频版权及 IP 的购买，促进版权平台化，为创作者提供更广阔的创作空间，但对于短视频原创性的界定、素材使用与二次创作的边界问题仍需要学界业界共同研判，尽快扩充版权法的适用范围，防止"避风港"原则的滥用，净化短视频行业的内容生态。

除了严把内容关，平台技术也应被纳入规制的范畴。政府有必要建立第三方监管机构，对算法风险予以评估，监督行业自审自查，树立合格的算法价值观，进一步完善平台问责机制，将法律规范的执行落到实处，而平台也应对监管机构履行算法解释义务，最大限度地促进算法公开，确保用户数据的合理合法使用。此外，规制应具备一定的前瞻性，鼓励短视频平台进行多元竞争的同时对行业乱象应起到预防性作用，只有与行业发展进程相匹配的制度才能有效保障行业的良性循环与长远发展。

（三）风险防范：提升全民算法素养

有学者认为，为避免陷入算法的结构性缺陷，短视频监管应从多方把关主体入手，全面提升各方主体的主观能动性，用户更加需要在其过程中扮演重要角色。[②] 当下算法的外部性风险正随其嵌入社会的广度与深度的不断增加而累积，算法素养的概念应运而生。它是一种与算法社会相匹配的素养，既涉及算法的设计开发者，也涉及算法的使用者，其根本目的就是在算法无可回避的媒介环境中培养人们与算

---

① 廖秉宜、姜佳妮：《中国网络视频产业组织优化与规制政策研究》，《新闻与传播评论》2019 年第 3 期。

② 匡文波、邓颖：《短视频监管与多重把关主体的范式转型：把关理论的研究视角》，《中国编辑》2021 年第 4 期。

法的共存能力。① 在对算法进行伦理约束以及制度变革的基础上，人是应对一切网络社会风险的最后一道防线，一旦人的主体性坍塌，任何措施都将无法抵挡技术的侵害。人们虽然身处技术化的时代，但认知能力并不会随着技术的跨越式发展呈几何式的上升，素养更是一种需要长期培养并高度自律的能力，技术与社会层面对算法的规制不能解决所有问题，所以提升全民最基本的算法素养是必要的，尤其是在认识和理解算法的基础上，培养用户识别风险、驾驭算法的能力。当前用户对算法的种种对抗行为还停留在对算法机制的想象中，应对算法风险的方式并不科学，自律性不足也使用户很难摆脱算法的"囚禁"。算法素养要求用户对于算法推荐的内容具备自我把关意识，无论未来的算法推荐机制进化到何种程度，用户都不应该以一种被动的姿态全盘接收，与此同时，用户还应该具备足够的权利意识，警惕算法对个人数据的获取，自觉抵制侵犯隐私和版权等行为。

①　彭兰：《如何实现"与算法共存"——算法社会中的算法素养及其两大面向》，《探索与争鸣》2021 年第 3 期。

智媒时代中国传媒产业创新的战略选择

廖秉宜　董君亚[*]

智媒时代，中国传媒产业面临着重大发展机遇和严峻挑战，亟须从传媒产业创新战略高度审视中国传媒产业的创新发展路径。

一　构建全媒体传播体系与内容生态

媒体融合是传媒适应新技术发展的战略选择，内容创新是媒体融合的内核，打造适合全媒体传播的内容生产机制，是实现媒体融合的关键。媒体融合不仅仅是传播媒介的多样化，同时也需要传媒组织打破功能壁垒，构建适于全媒体传播的体制机制。以往报社出版报纸，电视台播出视频，电台播放广播，媒体之间功能界限分明。智媒时代，用户对传媒内容和形式的新需求推动着媒介融合的深入，即打破不同媒体之间的界限，实现全媒体传播。5G 技术在传媒产业的应用会进一步提高传播效率，为全媒体传播提供技术支持。媒体不再只进行单一形态新闻产品的生产，而是要进行图文、音频、视频等多种形式的内容生产与传播。这就需要传媒组织建立专门的新媒体内容生产部门，培养全媒体新闻记者和编辑，围绕用户的媒介消费习惯，进行内容的生产和传播。新闻记者必须深入一线，真实、及时、深度地报道新闻，占据原创深度新闻内容的制高点，提升社会化媒体环境下新闻媒体的传播力、影响力和公信力。

---

* 廖秉宜，武汉大学媒体发展研究中心研究员，武汉大学新闻与传播学院教授、博士生导师；董君亚，《工人日报》河南省记者站记者。

随着人工智能、大数据、云计算、区块链和 5G 等新信息技术的发展，机器智能生产新闻（MGC）会部分替代新闻记者和编辑的工作。传媒可以进一步探索在采编方面的自动化操作，用机器承担部分工作量，在较为模式化、数据化的新闻信息处理中，可以利用机器人去写作。例如，新华社 2017 年就利用"媒体大脑"生产了第一条 MGC 视频新闻，之后又开发设计了写作机器人"快笔小新"，可以做到 24 小时不间断报道，实时生产新闻，在财经、体育报道等方面，机器人写作的准确度很高。MGC 无法完全取代新闻从业人员的新闻生产工作，在发现新闻线索，赴一线采访，撰写深度报道等方面，新闻记者具有不可替代的作用。MGC 与新闻记者深度报道相结合，可以大大提升传媒的专业性和权威性。

二 面向用户建立快速反应的组织结构

我国传媒组织有着较为成熟的组织架构和运作流程，这种组织结构分工明确、层级分明。在传统媒体占主导的时代，这种结构能够保证内容的专业性和权威性。随着网络媒体的快速发展，传媒产业组织结构面临极大挑战，层级结构的反应速度相对较慢，不能完全适应快速信息传播的需要。传媒组织结构亟待优化，传媒组织需要打造灵活的组织结构，做到小而精，小而灵活，应对热点事件，快速反应，快速行动。

传媒是用户向的组织，传媒无论是组织结构设置还是内容产品设计，都需要将吸引用户和满足用户信息需求作为核心目标。例如，越来越多的青少年喜爱看直播和短视频，对此传媒可以考虑在新媒体组织部门中建立直播和短视频采编播工作组。传媒组织拥有专业的采编队伍，是传媒内容生产的主要力量。传媒组织需要激发新闻记者和编辑的创造力，打造高互联网流量的名记者和编辑。传媒采编人员具有新闻信息生产的专业能力，传媒组织可以鼓励新闻从业人员发挥其个人潜力，在媒体平台上开辟个人账户，为媒体平台吸引流量。同时，传媒也需要整合 PGC、OGC、UGC 的力量拓展新闻内容生产能力，形成流动的、灵活的新闻生产组织。

三　采编播同步缩短制作和传播周期

技术的变革带来传播方式的变化，传媒组织需要适应新技术变革要求升级技术设备。随着通信技术从 1G 逐渐发展到 5G，传播形式也经历了从文字、图文到语音、短视频、网络直播等的变化。作为信息传播的重要组织，新闻媒体技术设备需要不断更新。例如，人民日报智慧媒体研究院推出的全新 5G + AI 模式，用"智能"助力两会报道，智能眼镜"化身"为采访设备，记者可以实时了解人物信息资料，还可以进行现场直播，记者只用手势或语音就可以完成拍照、视频的录制、直播等工作，同时还能与后方编辑实现屏幕共享、实时互动。新华社推出的 5G 全息异地同屏系列访谈，使用 5G 网络传输和全息成像技术实现异地同屏，让两个不同空间的人大代表和记者在同一时空"相见"并进行访谈。

5G 技术为采编播的实时制作与传播提供了便利条件，传媒组织利用 5G 技术可以缩短制作播出周期，提升传播效率。传媒内容制作一般有完整的流程，经由记者采访到的素材到达编辑手中，再由编辑审核或者经专门的部门审核后播出，层层把关的流程保障了信息的真实可靠。在 5G 技术的加持下，信息传输速度更快，传媒需要缩短制作周期。内容质量是其公信力和影响力的重要来源，采写、编辑和审核是必要的流程，因而可以缩短流程进行的时间，促进采编播同步进行。基于 5G 信息传输的高速率和低延时特点可以进一步缩短制作和传播周期，记者边采访就可以向后方同步传回采访素材，后方人员也可以与一线记者同步沟通，获取想要的素材，同步进行编辑和传播。直播是电视媒体实现采编播同步的信息传播方式，随着用户对新闻在场感、参与感要求的不断提升，直播成为重要的信息传播方式。在 5G 技术加持下，直播的形式将会更加多样，并利用 VR 等技术增强用户获取信息的在场感，提升对用户的吸引力。

四 整合传媒业资源建设智能媒体平台

智媒时代传媒面临的最大挑战就是有影响力和传播力的平台缺失以及由此导致的话语权弱化，若要重新掌握主动权，传媒需要自主或联合建设汇聚海量新闻信息、知识信息和娱乐信息的平台型智能媒体。在互联网平台竞争格局下，传媒产业只有打造具有传播力的媒体平台，才能真正提升其影响力。目前，互联网企业平台占据主导地位，传媒组织在内容生产上的优势不足以撼动互联网企业平台的地位。传媒在平台建设上，可以利用其资源优势，整合现有的传媒组织内容资源。平台的搭建可由中央级、省级媒体或者有实力的市县级媒体主导进行。有实力的中央级媒体和省级媒体可以自建平台，同时整合国内传媒行业内容资源，提升新闻内容服务能力。可以将县级融媒体中心纳入其行政区划所属的省级媒体所建的平台当中，作为平台内容生态的一部分，不仅可以保障智能媒体平台内容的丰富性，同时也可以为县级融媒体带来流量收益。

媒体平台不仅仅是单一的内容传播平台，也需要不断拓展服务功能。传媒组织建立起平台之后，需要把服务当成平台运营的重要战略方向，不断地扩展平台业务，打破行业边界，多方合作，使平台变成入口，将平台建设成集多种服务于一体的多功能型平台。传媒需要利用自身优势，以优质内容为核心业务进行服务拓展。如主流媒体在开发和运用政务资源、公共数据等资源方面具有独特优势，可以整合这些公共资源与优质内容形成"资讯＋服务"类产品、平台，再辅之以技术、资本和文化等进行持续创新。

五 互联网流量资源整合开发与运营

传媒受到互联网平台企业的挑战，纷纷开设头条号、抖音号、百家号等，将其内容置于互联网平台上进行播出，以期提升传媒的传播力和影响力。虽然取得了一些传播效果，但是从传媒产业整体角度而言，也削弱了传媒行业的营收能力。媒体账号尽管可以与互联网平台企业分享部分广告收益，却无法沉淀用户数据，也无法为媒体平台引流用户。同时，随着互联网平台不断地吸收包括传媒在内的更多主体入驻，互联网平台的内容优势进一步彰显。为此，政府主管部门和传媒行业协会需要规范传媒内容版权交易行为，鼓励新闻内容资源在新闻传媒行业内进行交易与共享；传媒组织需要积极建设平台型智能媒体，整合新闻传媒行业内的内容资源，并拓展服务功能；一些有实力的传媒集团可以牵头组建传媒新媒体广告资源联盟，对传媒新媒体广告资源进行整合推广与销售。

传媒产业已经构建起两微一端一抖等互联网媒体矩阵，但单个传媒的互联网媒体账号用户规模有限，对广告主缺乏吸引力，传媒很难通过销售单个互联网媒体流量获利。互联网流量资源目前一般与传统媒体广告资源捆绑销售或免费赠送给广告主，无法产生经济效益，这也极大地限制了传媒集团新媒体的发展。由于无法构建可持续运营的商业模式，传媒集团新媒体运营当前面临着极大困难，而这些分散的传媒新媒体流量资源如果整合起来将是巨大的流量资源和用户资源。传媒集团之间可以通过战略合作组建流量运营联盟，将各自拥有的新媒体流量资源进行整合销售，并组建广告供应方平台（SSP）、广告交易平台（ADX），与广告代理公司和需求方平台（DSP）开展商业合作，以此提升传媒新媒体流量资源变现能力。

营销篇

智能技术演进对智能营销的
影响探析：基于黑箱理论

张　津　宋昱晓[*]

一　问题的提出与理论溯源

（一）研究背景

近年来，人工智能、大数据、云计算等技术发展迅速，无论是学界还是业界对于新兴技术的关注、研究与投入使用等情况变得更为普遍。根据中国信息通信研究院发布的《云计算白皮书（2021年）》，5G、物联网等技术推动云网边一体化，企业数字化转型的趋势十分明显。2020年受到新冠肺炎疫情的影响，云上办公等需求提升，我国云计算市场整体规模达到2091亿，增速56.6%，其中，SaaS增长稳定，IaaS和PaaS获得了增长上的突破。与此同时，在人工智能与大数据等领域，早在2015年国务院就发布了《促进大数据发展行动纲要》，并且2017年与2018年的政府工作报告都对人工智能有所提及，可见，新兴技术的发展对于国家的产业及经济的重要影响，从政策的角度已经将技术的发展提升至国家战略层面。

那么，从传媒领域来看，大多数技术都在逐渐向传媒行业靠近，作者认为传媒领域在技术的影响下发生的变化是十分显著的。技术的迭代速度加快，过往的营销模式与新兴媒体环境及媒介技术之间开始

---

* 张津，中国传媒大学广告学院讲师，教学青年拔尖人才，广告实践教学中心主任；宋昱晓，中国传媒大学广告学院硕士研究生。

失衡，为了适应技术发展所带来的变化，传媒领域在积极转型，智能化趋势显现。2019 年，在中国 IT 领袖峰会上，腾讯董事会主席马化腾发表了主题为"5G 与 AI 推动产业互联网"的演讲，提到了"智能＋"的概念，主张要依托于技术变革，推动各个产业进行"数字化、网络化和智能化"的转型升级。[①] 2017 年阿里推出 AI 设计应用鲁班（2018 年更名为鹿班），在双十一期间制作了约 4 亿张 banner 海报，可见，各类技术为媒体的智能化以及智能营销传播提供了直接支持，同时也是实现智能营销传播的重要前提。

（二）相关理论与文献综述

1. 相关理论：黑箱理论

黑箱理论见于美国数学家 N. 维纳（Norbert Wiener）在 1948 年所著《控制论》一书中，形象而方便地论述了"黑箱"与"白箱"的概念，其中黑箱用于表示尚未分析出或不能直接观察的系统或事物，白箱则表示已知结构的系统或事物。而黑箱所具有的"输入"与"输出"代表着它对于外部产生的影响与反馈。也就是说，当人们无法对事物进行全面的认知时，这一事物将被认为是一个黑盒子，只能被人们从外部感知。

哲学上通常把通过整体和环境相互关系，来考察对象的系统科学方法叫做黑箱方法，当人们无法观测到事物内部，便把所要研究的事物放在更大的系统中，考察它在整体中的地位、功能和作用，探究客体对环境输出以及输出对于输入的关系。[②] 黑箱方法被运用在各个领域的研究中，在此期间不涉及系统内部的结构和相互关系，仅从其输入输出的特点了解该系统规律，用黑箱方法得到的是对一个系统规律的认识。[③] 各个领域中大多存在尚不能被完全认知或占据非重要位置的客观事物，将它们看作"黑箱"则可以为研究者提供不同的视角。这一理论广泛应用于人们的生产与生活，沿用至今。

---

① 搜狐网：《2019 IT 领袖峰会｜"5G 与人工智能"成趋势》，https://www.sohu.com/a/305796528_162577，2019 年 4 月 3 日。

② 杜栋：《管理控制论》，中国矿业大学出版社 2000 年版，第 43 页。

③ 郑晓华：《基于黑箱理论谈高校无接触财务服务体系构建》，《经济研究导刊》2021 年第 13 期。

图 1　黑箱理论示意图

2. 文献综述

关于智能技术的相关研究，从 2016 年起上升情况显著，每年相关研究的数量都在增加。其中关于人工智能和大数据技术的研究占据主要比例。大多数文章以智能技术、大数据技术、人工智能、5G 等作为研究背景或文章背书，在技术的语境下，探讨广告、媒介、营销传播等受到的影响、改变以及发展趋势。如沈浩[1]等（2020）从智能媒体的发展历程出发，探索智能技术对于媒体平台的融合产生的打破渠道壁垒与消融内容边界等影响。也有学者以广告的运作流程作为研究对象，段淳林[2]等（2020）从用户需求、算法推荐以及场景匹配的视角探索智能广告的理论逻辑，并提出了探索路径：构建平等互惠的数据利益共享机制，融入品牌精神价值观实现深层次沟通、避免"时空侵犯"，让广告成为有用的信息等。

关于智能营销的研究，目前所呈现的研究以现状描述、案例分析和未来趋势展望为主。其中丁俊杰[3]（2018）在《中国广告》杂志上发表的文章《智能营销，新物种？》对于智能营销的产生、价值以及在营销传播中所扮演的角色进行了阐释，对智能营销的基本特征进行了总结，并对智能营销的后续发展起到引领作用。随后，刘珊等（2020）将"数算力"作为切入点，引入国内外智能技术相关的案例进行例证，对人工智能和大数据对于智能营销产生的影响进行了较为全面的分析。同时，也有部分研究者针对特定领域或特定媒介探索智

---

① 沈浩、袁璐：《智能媒体：智能技术助力媒体融合纵深发展》，《人工智能》2020 年第 2 期。

② 段淳林、宋成：《用户需求、算法推荐与场景匹配：智能广告的理论逻辑与实践思考》，《现代传播（中国传媒大学学报）》2020 年第 8 期。

③ 丁俊杰：《智能营销，新物种？》，《中国广告》2018 年第 11 期。

能营销所发挥的作用，如智能大屏带来家庭大屏产业的重构，精准触达消费者的同时发觉更多 OTT 组合营销的方式。此外，有学者以消费者作为研究视角，探索智能营销如何提升消费者的消费体验。赵若曦①（2017）从智能化营销案例出发，总结了以智能化营销提升消费者体验的策略，如数据洞察了解消费者需求、技术互动激发消费者心理体验等。

综上，目前，关于智能技术与智能营销的相关研究中，学者大多从行业现状出发，对于现有的发展情况进行分析，并对未来的发展趋势进行展望。

（三）研究意义与研究问题

智能技术对于营销领域的影响逐渐加深，在技术迭代迅速、媒体环境日新月异、营销方式多变的背景下，对于智能营销传播的研究已经成为一个重要课题。与此同时，黑箱概念的引入，将为学者提供不同的理论视角，对现有智能营销理论提供有益补充。因此，本文试图探寻技术黑箱对于营销本质的改变，进一步探究其对于智能营销传播产生的影响，以期为依托于智能技术的智能营销传播提出建议。对此，本文探寻的问题有：

在技术黑箱化视角下，营销的本质发生了哪些变化？

技术黑箱对于智能营销传播产生了哪些影响？

二 技术黑箱的特征

技术黑箱被认为是人为创造的结果，但是并不被所有人知晓，也就是一部分人了解其内部构造，一部分人对此并不了解。智能音箱的出现其实就是一种"黑箱"，曾经的语音控制使用者需要知道如何打开、设定、选项、开关等一系列流程，但是使用智能音箱，只需要输入指令就可以获得结果，中间的运作流程对于使用者而言并不重要。

---

① 赵若曦：《人工智能时代下智能化营销提升消费者消费体验策略研究》，《中国市场》2017 年第 11 期。

这一部分将从黑箱的视角来理解技术的发展，同时，基于营销领域的发展现状，将该领域的技术黑箱特征总结为：模块化、专业化、普遍化。

（一）模块化：简化系统

基于黑箱理论，我们将技术置于更大的系统中，探索其发挥的作用，以及在系统中与其他要素的连接方式、输入与输出端分别代表的含义，甚至该技术的基本使用方法。这样一种思维类似于搭建建筑物的过程，将系统中的各个部分视作一块块积木。在多数情况下，我们会把注意力集中在重点问题上，将其他部分视作黑箱，从而达到简化系统的效果。

比如 Facebook 设计出 Edge Rank，根据对用户数据的分析，形成了决定用户在用户提要中将会看到的信息顺序，每次 Edge Rank 算法工作的时候都会分析该用户过往的行为，类似于与作者的互动情况，与相类似的帖子互动的情况，以及一些负面反馈。早期 Edge Rank 算法主要包括亲和度、权重和时间三个维度，最终得出信息的排列顺序。在此过程中，算法的设计大多不来自于营销人员，我们也无法要求营销人员对于算法都有深刻理解，那么，不被重点关注或不被理解的问题将被营销人员视作黑箱，或者亟须解决的问题将以黑箱的形式来处理。在具体的操作中，为了实现预期目标，或许会产生新的技术黑箱，类似于在进行内容精准推荐的过程中，需要加入其他衡量标准或者将现有标准细化，那么此时交给技术人员将其解决，而对于营销人员只需要将其视作黑箱，了解其与整体系统之间的连接即可。

因此，技术黑箱的模块化特征旨在满足应用场景特定需求的同时简化系统，其中的技术黑箱既可以是现有的技术设备，同时也可以是待研发的技术。

（二）专业化：提升技术水平

其他领域的工作人员对于技术的理解并不深入，比如在搭建计算机系统的时候，需要芯片、集成电路、主板等零部件，我们或许只需要了解接口是什么，系统搭建需要什么元素，就可以将系统搭建成功，这同样运用了技术黑箱的思维。而对于其中的各个元素或许不必有深入的了解，甚至可以交给专业团队或下游厂商进行研发与生产。

这里以直播为例，在直播搭建的过程中经常遇到零件之间的不适配问题，传输质量较低的情况也时有发生，那么在黑箱思维的引导下，提升各个模块之间的匹配程度，甚至于将其视作一个用于直播系统搭建的"大"的黑箱或用于解决传输质量低的问题的黑箱。在运用技术黑箱思维的过程中，或许将为黑箱内部的构造以及未来的研发趋势提供一定启示，目前已经出现专业的直播设备产品。因此，可以将黑箱内部的研发交给更为专业的团队，从而提升系统内各个模块的专业性，进而提升整个系统的运作效率与呈现效果。

（三）普遍化：降低使用门槛

技术黑箱的内部趋于专业化，而系统的搭建趋于简单化，也就是说技术黑箱的存在正在消除技术壁垒，降低使用门槛。从媒介技术的演变过程来思考，早期印刷技术的产生，主要依赖于印刷工人的人工制作以及排版，到了现在人们可以在文字处理软件中进行操作，比如1979年微处理公司（MicroPro）推出的产品 WordStar 就是第一款运行可靠、功能齐全的相关软件，同时使用组合键，为用户盲打提供了可能。其中的组合键可以视作输入端，触发组合键带来的效果则可以视为输出端，对于用户而言，了解这两者就可以使用。从印刷技术依托于专业工人到几乎每个人都可以利用软件进行操作，人们不必了解软件是如何开发的，只需要了解其中的功能，或者根据自己的需求利用软件来实现即可。电视媒体刚刚出现的时候被大多数人认为是小盒子，这其实也是一种"黑箱"，只是大多数人只需要了解开关、电源的位置以及遥控器的使用方法就可以。互联网与电子设备的使用依然如此，可见，随着技术的发展，普通用户也可以接触到新兴技术，甚至可以自如地使用，以满足自身的需求。

综上，技术黑箱化其实是一种模块化积木式的理解方式，在此过程中，与之相关的非技术人员或许不必了解技术背后的逻辑或运作方式。以此作为前提，技术黑箱的内部构建则可以交给更为专业的团队进行开发与制作，从而形成技术黑箱专业化的特征，最终降低使用门槛，使得技术黑箱被越来越多的人使用。

三 技术黑箱对营销本质产生的影响

上文对技术黑箱的基本特征进行描述，对"技术黑箱"的理解方式为丰富现阶段的营销手段带来了契机，并不了解技术的人员依然可以用黑箱的方法来理解技术并运用它，这一现状使得我们需要重新审视营销与技术的关系。因此，这一部分旨在分析技术黑箱对于营销产生的影响。

营销的本质在于有效连接供给与需求，而如何提高传播效率、优化连接效果则是大多数营销人员力求达到的目标。在技术迅速发展的背景下，越来越多的新兴技术被应用到营销领域，其中大数据技术、云计算、人工智能、物联网、5G 等近几年发展较为迅速、影响范围深远，此外移动互联网技术、个性推荐、人脸识别、VR/AR、H5、AIoT 等技术在营销领域产生了具体应用，旨在满足消费者在不同场景下的需求，从而提升消费者体验。各类智能终端产品的出现，比如可穿戴设备，也加入了营销环节，以获取消费者的使用场景、使用习惯、个人偏好等用户数据，从而进行更为深入的消费者洞察。值得注意的是，在此期间，国内外高校积极开办数字营销专业，以适应技术环境、媒体环境、营销环境等发生的变化，培养相应的营销人才。

可见，为了适应营销过程中各个环节的变化，无论是学界还是业界，都在积极行动。然而，这些改变大多依赖于技术的发展，也就是说过往的营销作业流程在于，等待技术的出现，营销人员对此进行理解与学习，即把新兴技术引入到营销领域，充分运用它，形成新的营销手段甚至营销模式。比如，AIoT 技术在为消费者提供智慧互联的生活方式的同时催生了众多智能产品，为家庭环境下的营销传播提供了发展前景。此外，将 VR 等技术嵌入直播或在 App 内加入实景功能，以及线上试妆等方式已经在业内有所使用。

目前，如果以黑箱理论作为理解技术的方式，那么营销的本质或许会发生一些变化。我们将不理解的技术或尚未出现的技术视作黑箱，从营销本身，即连接供给和需求以及消费者的需求等方面作为思考的原点，接着由营销人员主导设计，如希望采用的营销手段是什么，达到的营销目标是什么。但是在实现的过程中有些许障碍，那么将各种障碍视作技术黑箱，此时由开发人员或者技术人员去解决，也就是说将其中的未知领域以技术黑箱的方式置入整体营销系统。

综上，基于黑箱理论来探寻营销的本质发生的变化，从曾经的以技术为导向，跟随技术发展的脚步调整营销的手段与流程，演变为以营销为导向，根据营销人员的设计，根据需求置入技术，或者引导技术的开发方向，抛开技术的限制，这也是一种降低营销门槛的方式。

四 技术黑箱对于智能营销传播趋势的影响

（一）营销思维：从被动接受到主动引导

智能技术在营销领域的探索十分广泛，但其中的具体应用环节依然处于初级阶段，比如依托于大数据进行的个性化推荐内容，在消费者购买结束后依然推荐相同或相似的产品广告，在时效上总有"延时"的情况，反而给消费者带来不佳的体验。与此同时，技术领域的突破也在时刻影响着营销环境，甚至成为营销传播发展的趋势导向。

然而，在黑箱理论的支持下，营销思维理应从以上述的被动接受技术的突破带来的营销环境变革，即以技术为导向转变为以技术黑箱解决营销过程中遇到的问题，进而引领甚至主导营销技术的发展方向，而不仅仅依托于现有的技术进行创作的营销导向。营销人员在进行创作的过程中，可以不必基于现有技术，从整体的营销目标出发，提出需要哪些技术上的支持，将黑箱搭建在营销体系中，即交给专业人员进行解决，最终推动营销领域的技术发展，并创作出更具有创造力的营销传播方式，即实现"营销"与"技术"的相互促进、相互补充。

（二）营销工具：引导营销技术发展的方向

从营销工具的层面来看，大多数的营销案例依托于已经存在的技术，但是我们无法避免的问题是部分营销人员对于技术的不理解，甚至是逃避心理。可以以黑箱的方式来理解技术，了解该技术发挥的作用，而不必理解技术背后的逻辑，只需要像"积木"一样存在于营销系统中，积极运用技术，从而实现更好的营销模式。因此，从营销思维的层面来看，将营销作为主体，将技术作为实现营销目标的工具，其中的技术既可以是现有的技术，同时，也可以是有待开发的技术。

基于上述营销思维，自助式营销将成为智能营销的主要模式，其中的"自助"一方面在于以营销人员的思维作为导向，根据营销需求来选择合适的营销手段，引导技术发展的方向，比如为了实现更加高质量的传输效果，将产生更多适合 4k、5G 等技术使用的终端。此外，部分公司开始收购新兴技术公司，比如 2020 年苹果公司收购了 NextVR 公司，将 VR 技术加入自身体系中，无论是产品研发还是营销传播，都将嵌入这一技术，是企业较为长远的战略部署。

另一方面，中间平台的出现助力自助式营销方式的形成。根据企业或营销的特定需求，部分平台已经形成了半自动化的内容生产。比如 Wochit 系统中，使用者输入一个网址或者关键词，便可搜集到相关的视频素材，例如图片、视频片段、推文或者图标等，接着使用者可以在智能 Timeline 上编辑视频，并一键生成适配各个分享平台的视频内容。① 也就是说，各类软件、插件等同样可以视作技术黑箱，使用者不必了解其研发过程，只需要满足需求即可，提升了内容生产效率的同时也展现出了其巨大的市场应用潜力。此外，在线广告交易平台为自助式营销提供了更为直接的路径，广告主一方根据目标消费者的描述，如在平台填写性别、年龄、地域等信息，并告知系统预算，帮助广告主进行预算的使用与管理。同时，也可以进行自行修改，让输入的环节变得更加简单，符合智能时代的精准广告制作与投放需求。

可见，目前中间平台是被广泛使用的"技术黑箱"，它们大多不是被营销人员研发，但是却可以满足不同阶段的营销需求，被营销人员广泛使用。与此同时，对于技术的运用趋于理性，对于技术的态度更加积极，勇于探索与尝试。上文提到，技术黑箱具有降低营销门槛

---

① 刘珊、黄升民：《人工智能：营销传播"数算力"时代的到来》，《现代传播》（中国传媒大学学报）2019 年第 1 期。

的作用，同时也使得智能营销的应用更加广泛，并为更多营销方式的出现提供了可能。

（三）营销人才：弥补当前复合型人才不足的缺陷

技术黑箱的存在有助于解决缺少复合型人才的现实问题。2020年，我国为适应文科教育发展和人才培养需求，发布《新文科建设宣言》，强调，推动人工智能、大数据等信息技术与文科专业的融合，推动原有文科专业改造升级，实现文科与理工农医的深度交叉融合。[①] 具体到营销领域，营销人才要对技术领域和营销领域都有所涉及。然而，由于技术的发展速度较快，复合型人才的培养周期较长，往往无法满足业内的需求。倘若加入"技术黑箱"，营销人员不必理解黑箱内部的知识，只需理解黑箱的接口，比如输入与输出即可，就可以让更多的人投入营销之中，实现人尽其才。尽管长期而言，复合型人才更加符合智能营销传播的需求，但是从短期来看，在复合型人才不足的现实条件下，采用与技术人员合作的模式，即营销人员主导大方向，技术人员实现黑箱功能，也不失一种合理的方法。

最后，新技术与营销结合被认为是目前的营销潮流，而作为营销人员，了解新技术的发展与应用则是必修课，但是如果在新技术上花费过多时间和精力而忽略营销本身则就是舍本逐末。加入黑箱的概念，营销人员可以集中探索新技术能够实现的功能，了解其输入与输出的内容，将人们从技术领域中解放出来，从而更多地去思考如何将技术黑箱融于营销中。

五　结语

本文从"技术黑箱"的视角来解释技术在营销领域的发展，我们了解到"技术黑箱"的基本特征并分析了其对于营销本质产生的影响，进而对于智能营销趋势进行了探索。这些问题可以帮助我们更好

---

① 中华人民共和国教育部：《新文科建设工作会在山东大学召开》，http：//www.moe. gov. cn/jyb_ xwfb/gzdt_ gzdt/s5987/202011/t20201103_ 498067. html，2021 年 8 月 22 日。

地看清在"技术黑箱"视角下营销的本质，即营销思维的转变，从过往的以技术为导向转变为以营销为导向，利用现有技术或技术黑箱来实现营销目标。

社会发展的本质在于人的发展，而智能化于消费者而言是回归本心，所想即所得，比如消费者希望获得哪些信息，那么这些信息就将呈现在他们的面前。消费者只关心产品的价格或内容的质量，而对于其如何呈现在自己的面前，并不需要知道，这也是一种黑箱思维，这与人工智能技术希望解决的问题是一致的。依托于"技术黑箱"的智能营销传播，消费者对于智能技术与智能营销的接受程度如何？其中所涉及的伦理问题，以及未来如果能够针对技术黑箱在智能营销传播中的作用机制进行深入研究，将会是很有意义的。

最后，在技术迭代迅速的今天，智能化的脚步始终在前进，智能营销的发展依然充满未知，本文引入"技术黑箱"作为分析原点，丰富了读者对于技术、营销与智能营销的探索方向。

新员工在朋友圈中的企业信息转发角色选择研究

刘友芝　李行芩[*]

一　引言

自微信朋友圈商用化以来，微信朋友圈的企业营销功能逐步凸显，一些企业在不同程度上要求员工在微信朋友圈转发企业相关信息，希望利用员工的线上人际关系提升企业信息的传播力。同时，入职一年以内的企业新员工是企业发展的活力和新动力，也是企业宣传的新生力量。在"全民营销"的号召下，企业员工尤其新员工的朋友圈成了转发企业信息的重要社交媒体场域，许多新员工的好友"朋友圈"甚至被迫成了工作之外的"工作圈"。

针对近年来出现的员工尤其是朋友圈中新员工频繁转发企业信息的现象，本研究通过作者朋友圈，收集作为企业新员工身份的好友转发与企业相关的信息，如企业宣传信息（形象、文化、活动、业务）、招聘信息、行业信息的相关样本案例，并以半结构化访谈法为基础，初步发现，微信朋友圈的主导权始终掌握在员工的手中，他们可以选择转发或者不转发、在多大范围转发企业信息内容。如一家眼镜公司在"三八节"当天策划了一个促销活动，公司老板要求全体员工必须将此消息发到自己的朋友圈，这件事在公司内部引起了不小骚动。有

* 刘友芝，武汉大学新闻与传播学院教授；李行芩，武汉大学新闻与传播学院硕士研究生。

一部分同事转发了，但另一部分同事却认为"这是我的朋友圈，不是公司的发布平台"，认为老板的要求并不合理而拒绝转发。其实，有这类想法的人不在少数①，新员工可以选择成为企业"宣传者"，积极主动地转发企业信息；也可以选择成为自己朋友圈的"把关人"，尽量避免在企业信息转发过程中打扰与工作无关的好友。针对新员工在个人朋友圈转发企业信息过程中的多种角色选择现象，本研究进一步基于半结构访谈法和扎根理论的研究方法，深入系统地探寻新员工在个人朋友圈中企业信息转发意愿、动机、行为过程中深层次的主导驱动机制——角色选择的驱动机制。

二　文献综述与研究问题

根据上述研究对象（企业新员工）和研究主题（员工使用个人化的朋友圈转发企业信息的意愿和动机、行为的角色选择机制），本研究展开了相关文献调研，发现并没有直接相关的研究成果。研究者齐二娜尽管以企业员工的微信朋友圈作为研究情境，但其研究目的，却在于揭示企业员工微信朋友圈好友的再次转发意愿（即再次分享意愿）②，并没有直接揭示企业员工利用自身朋友圈对于企业信息初次转发意愿和动机的影响因素。已有的研究成果，也没有关于角色选择的直接理论研究成果。

通过进一步的文献调研，我们发现，与本研究相关的文献，主要体现为以下几个方面：

（一）关于微信用户的社交媒体使用及其影响因素的研究

对于这一研究议题的研究，呈现出伴随微信使用环境变化而变化的"历时性"特征：2016—2018 年，属于微信用户使用个体社交媒体热情高涨时期，研究者大多探讨微信用户转发、分享信息的主要影

---

① 话题讨论：《该用自己的微信朋友圈发公司信息吗?》，《中国眼镜科技杂志》2019年第 4 期。

② 齐二娜：《"人际关系"还是"信息内容"? ——微信转发意愿核心影响要素研究》，《广告大观》（理论版）2020 年第 2 期。

响因素，这一期间，代表性的研究成果：一方面认为，专业性、可依赖性和关系强度的信源特征，整体对信息特征，转发动机及转发意愿均具有显著正向影响，感知风险通过转发动机的中介作用影响转发意愿①；另一方面认为，微信朋友圈信息文本特征略区别于传统社交网站，主题趋向生活化；朋友圈中用户对"社交需要""寻求认同"的分享动机与分享行为之间呈现出显著相关，安全因素是影响人们进行分享行为的消极因素②。

自2018年起，移动社交媒体的用户尤其是青年用户群体呈现出社交媒体使用倦怠现象，并进入学界研究视野，学者们从不同视角对这一现象产生的原因或影响因素进行了深入探讨，首先探讨了显性的影响机理：如移动社交媒体中的信息过载、社交过载、服务过载进而影响用户的认知负荷——倦怠情绪——消极使用行为（潜水，屏蔽，忽略，退出）③④⑤；而后逐步深入到其内在的深层次的人际关系视角，牛静、张娜通过研究发现，大学生建构的微信人际关系具有易生易死性和不确定性；同时通过讯息控制和情境控制来缓解微信人际关系维护中的紧张和矛盾，从而建构网络人际交往中的"我—你"之关系⑥；薛静、洪杰文认为，在青年群体中，存在着较强程度的角色冲突和角色超载的角色压力、社交媒体倦怠、隐退行为⑦；赵启南则进一步从关系性压力的视角研究发现，在青年群体中，社交媒体倦怠可能并非由人际互动方面的因素造成，而是源于人机互动和自我沉浸；社交媒体倦怠可能会造成用户消极使用（社交冷淡化，SNS操作消极

① 叶忠楷：《微信朋友圈消息转发意愿影响因素研究》，硕士学位论文，北京邮电大学，2016年，第65页。

② 李照：《微信朋友圈信息分享行为研究》，硕士学位论文，2015年，第34页。

③ 李旭、刘鲁川、张冰倩：《认知负荷视角下社交媒体用户倦怠及消极使用行为研究——以微信为例》，《图书馆论坛》2018年第11期。

④ 朱建珍：《SOR理论视角下用户社交媒体倦怠成因及消极使用行为研究》，硕士学位论文，深圳大学，2019年，第40页。

⑤ 洪杰文、段梦蓉《朋友圈泛化下的社交媒体倦怠和网络社交自我》，《现代传播》（中国传媒大学学报）2020年第2期。

⑥ 牛静、张娜：《社交媒介微信的日常使用与人际关系的建构——一项基于扎根理论的探索性研究》，《新媒体与社会》2018年第1期。

⑦ 薛静、洪杰文：《角色压力视角下青年群体社交媒体倦怠影响因素研究——以微信朋友圈为例》，《新闻界》2020年第7期。

化，SNS 回避)①。

（二）关于社交媒体在企业组织传播中的作用与使用研究

早期主要是关于企业社交媒体的概念、范围及其在企业组织传播中的作用研究：随着信息技术的快速发展，社交媒体的功能也在不断更新迭代，除了即时通讯与休闲娱乐等功能，社交媒体的组织传播功能受到众多企业的关注并被广泛使用，最初主要是以企业社交媒体（Enterprise Social Media，简称 ESM）形式展开的，在 Mcafee 关于企业社交媒体的定义中，他使用企业 2.0 这样的术语，建立于 web2.0 技术上的社会技术，是企业内部、企业与其合作伙伴或客户之间自然出现的社会化软件平台的应用。② 学术界使用不同的术语描述 ESM，比如企业社会化软件、企业社交网络、企业社交网站等。Turban 等认为企业参与公共社交媒体和企业内部使用社交媒体都属于 ESM 的范畴③，Richter 等也支持这种观点。④ 王雨等则基于上述两种观点把 ESM 分为两类：企业外部公用社会化媒体和企业内部专用社会化媒体。⑤

在企业社交媒体早期研究中，学者们更倾向于针对组织内部社交媒体，其主要用途在于内部沟通、任务管理、团队合作等方面⑥，ESM 实证研究却更倾向于针对组织内部社交媒体⑦；国外学者对于企

① 赵启南：《关系性压力下青年使用者社交媒体倦怠影响及其行为结果》，《新闻与传播研究》2019 年第 6 期。

② Mcafee A P. Enterprise 2.0：the dawn of emergent collaboration ［J］. IEEE Engineering Management Review，vol. 34，2006（3）.

③ Turban E，Bolloju N，Liang T P. Enterprise Social Networking：Opportunities，Adoption，and Risk Mitigation ［J］. Journal of Organizational Computing and Electronic Commerce，vol. 21，2011（3）.

④ Richter D，Riemer K，Vom Brocke J. Internet Social Networking：Research State of the Art and Implications for Enterprise 2.0 ［J］. Business & Information Systems Engineering，vol. 3，2011（2）.

⑤ 王雨、郑大庆、黄林、黄丽华：《企业社会化媒体的内涵、特征及研究趋势》，《科技管理研究》2019 年第 1 期。

⑥ Leonardi P M，Huysman M，Steinfield C. Enterprise Social Media：Definition，History，and Prospects for the Study of Social Technologies in Organizations ［J］. Journal of Computer – Mediated Communication，vol. 19，2013（1）.

⑦ Neeley T B，Leonardi P M. Enacting Knowledges Strategy through Social Media：Passable Trust and the Paradox of Nonwork Interactions ［J］. Strategic Management Journal，vol. 39，2018（3）.

业组织内部社交媒体在知识管理、员工绩效、创新过程中的作用进行了实证研究①②③；而国内学者对于员工创新行为、员工潜力、员工幸福感进行了实证研究④⑤⑥；认为企业参与公共社交媒体的主要目的是面向消费者⑦，与传统的传播方式相比，现在的消费者更看重社交媒体这种传播媒介，因而许多品牌都利用社交媒体网络与消费者建立联系⑧，主要体现为企业对外的社交媒体（如企业微信公众号甚至企业微信朋友圈）在品牌宣传和营销中的独特作用。首先，社交媒体是传播企业信息的强大催化剂，能够提高企业知名度，帮助企业与消费者建立良好的互动关系，从而为企业建立起更加亲和的企业形象⑨；社交媒体是沟通企业与消费者的重要网络平台⑩。此后，进一步深入关于员工社交媒体使用与企业组织传播的关系研究。

学者们主要倾向于对企业内部社交网络媒体的应用进行研究，从员工使用企业内部社交媒体的目的和需求来看，分为工作和社交两个层面，除寻求工作问题的解决、想法和工作讨论、事件和更新、任务管理等与工作相关的使用之外，非正式讨论是企业社交媒体其他使用

① Huang Y, Singh P V, Ghose A. A Structural Model of Employee Behavioral Dynamics in Enterprise Social Media [J]. Ssrn Electronic Journal, 2011, 61 (12).

② Kuegler M, Smolnik S, Kane G. What's in IT for employees? Understanding the relationship between use and performance in enterprise social software [J]. Journal of Strategic Information Systems, vol. 24, 2015 (2).

③ Mäntymäki M, Kai R. Enterprise social networking: A knowledge management perspective [J]. International Journal of Information Management, vol. 36, 2016 (6).

④ 陈琴洁:《企业社交媒体任务技术匹配对员工创新行为的影响——基于知识整合视角》，硕士学位论文，浙江工商大学，2017年。

⑤ 齐伟:《基于企业社交网络的员工潜力研究》，硕士学位论文，北京邮电大学，2014年。

⑥ 叶航:《基于企业社交网络的员工幸福感研究》，硕士学位论文，北京邮电大学，2014年。

⑦ Leonardi P M, Huysman M, Steinfield C. Enterprise Social Media: Definition, History, and Prospects for the Study of Social Technologies in Organizations [J]. Journal of Computer – Mediated Communication, vol. 19, 2013 (1).

⑧ Nisar T M, Whitehead C. Brand interactions and social media: Enhancing user loyalty through social networking sites [J]. Computers in Human Behavior, vol. 62, 2016 (9).

⑨ Ellison N B, Charles S, Cliff L. The Benefits of Facebook " Friends:" Social Capital and College Students´Use of Online Social Network Sites [J]. Journal of Computer Mediated Communication, vol. 12, 2007 (4).

⑩ 白丽娟:《社交媒体参与对企业绩效的影响研究》，硕士学位论文，哈尔滨工业大学，2020年。

用途的润滑剂①，从员工使用企业社交媒体的时间和地点场所来看，主要集中于工作场所中的社交媒体使用研究。一些研究使用社会影响和社会资本解释用户（这里指员工）的社会心理动机。这包括主观规范、群体规范和社会认同的社会影响模型，经常用于研究用户或客户追求某些行为的动机。② 社会资本模型，包括社会关系、社会互动、信任和互惠，也被用作各种社交媒体研究的前因变量③；李昳、张向前通过评述已有的社交媒体相关研究，构建了工作场所中社交媒体研究的理论框架。该框架关注社交媒体的驱动机制、过程机制和效应机制三个环节。④

（三）员工社交媒体使用与员工在企业对外组织传播中的角色研究

在企业管理者看来，与潜在客户、现有客户和其他利益相关者进行企业品牌宣传时，员工是完美的资源，也是一种竞争优势。⑤ 在社交媒体时代尤其如此，数字技术不仅促进了员工之间的交流，也促进了员工与外部公众之间的互动。员工与外部公众的互动会影响组织—公共关系的质量和组织声誉。⑥ 以特纳为代表的过程角色论者以社会互动作为基本出发点，围绕互动中的角色扮演过程，展开对角色扮演、角色期望、角色冲突与角色紧张等问题的研究。⑦ 通过对当前文献进行分析，可以发现员工与组织传播目的相关的社交媒体使用行为，可以分为主动型和被动型。在企业的组织传播问题中，学者们较

---

① Mäntymäki M, Kai R. Enterprise social networking: A knowledge management perspective [J]. International Journal of Information Management, vol. 36, 2016 (6).

② Bagozzi R P, Dholakia U M.. Intentional social action in virtual communities [J]. Journal of Interactive Marketing, vol. 16, 2002 (2).

③ Hossain L, de Silva A.. Exploring user acceptance of technology using social networks [J]. Journal of High Technology Management Research, vol. 20, 2009 (1).

④ 李昳、张向前：《工作场所中的社交媒体使用研究分析》，《企业经济》2017 年第10 期。

⑤ Angelo, P. M. Strengthening Your Corporate Reputation, The Gallery, International Association of Business Communicators, Detroit, MI, available at: http//www. iabcdetroit. com (accessed February 2005).

⑥ Kim J, Rhee Y. Strategic thinking about employee communication behavior (ECB) in public relations: Testing the models of megaphoning and scouting effects in Korea. Journal of Public Relations Research, vol. 23, 2010 (3).

⑦ 乐国安：《社会心理学》，中国人民大学出版社 2009 年版，第69—72 页。

为关心如何通过优化内部组织管理来提升组织声誉。如通过建立良好的内部沟通渠道①、提升领导者领导力等来建立良好的员工—组织关系，促使员工主动发挥其在组织传播中的正面作用。在员工主动型社交媒体使用行为中，员工—组织关系质量与个人行为动机是影响员工分享企业积极信息的重要因素。当员工对公司产生信任感、责任感并对公司感到满意时，就会主动在社交媒体等个人网络空间中传播对公司有利的信息，而公司积极形象的展示和声誉的提升，也能够让员工获得他人的赞赏（享受主义）、提升其个人形象（即自我提升）或为公司提供利益和支持（即利他主义）。② 同时，个人行为动机中的情绪发泄需求，是影响员工在社交媒体上分享企业负面信息的因素。当员工想要发泄工作上的愤怒或其他工作带来的负面影响时，他们可能会选择在匿名的社交媒体发布相关信息进行情绪的宣泄。③ 有趣的是，个体因素中对于成功的渴望并不会影响员工在 Twitter 上对于企业信息的分享，而仅会促使其对专业知识进行分享，以此来为自己打造一种有能力、有经验、专业的形象，从而增加他们被考虑其他职位的机会。④ 员工的被动型社交媒体使用，则是出于完成企业相关考核指标而不得不采取的行动，企业广告分享是最常见的一种形式。随着社交媒体在工作环境中的进一步渗透，员工与领导也成了社交媒体上的好友，如此一来，员工在社交媒体上（比如微信朋友圈）则处于领导的"监视"之下，如未达到企业信息转发分享要求，则会面临个人收益受损的风险。⑤ 然而，这种强制员工转发广告，在熟人关系网中进行传播的组织实践可能会触发员工角色间冲突，即两个或多个角色之间

---

① Dortok, Arin. A Managerial Look at the Interaction Between Internal Communication and Corporate Reputation [J]. Corporate Reputation Review, vol. 8, 2006 (4).

② Lee Y. Motivations of employees′communicative behaviors on social media: Individual, interpersonal, and organizational factors [J]. Internet Research, vol. 30, 2020 (3).

③ Lee Y. Motivations of employees′communicative behaviors on social media: Individual, interpersonal, and organizational factors [J]. Internet Research, vol. 30, 2020 (3).

④ Zoonen W V, Tre Em J W. The role of organizational identification and the desire to succeed in employees' use of personal twitter accounts for work [J]. Computers in Human Behavior, vol. 100, 2019.

⑤ Yuan B, Li J, Zeng G. Trapped as a Good Worker: The Influence of Coercive Acquaintance Advertising on Work Outcomes [J]. Cornell Hospitality Quarterly, vol. 59, 2018 (4).

同时发生不相容的角色压力①；同时扮演员工角色和"朋友"角色，将导致员工的负面工作结果②。

综合现有研究成果来看，学者们普遍关注到了企业利用社交媒体这一具有强大影响力的媒介来开展组织传播活动的现象和员工在工作场所中的企业社交媒体研究，实证研究倾向于针对组织内部社交媒体研究，而对企业外部社交媒体的实证研究较少，近年来，伴随着我国企业微信（朋友圈）和员工个人微信朋友圈功能的打通，企业积极寻找有效途径以激励员工主动发布有利于企业组织的信息，然而，伴随着近年来个人微信朋友圈的社交媒体倦怠和消极使用环境，企业新员工事实上不得不既扮演企业的员工身份角色，同时又扮演朋友圈好友，一些新员工认为两种角色可保持和谐一致。但有时也会发生角色冲突，部分新员工认为利用个人朋友圈转发企业信息是无奈的"被迫"转发行为，而较少有学者关注到员工的"被迫"转发行为，且当前相关文献都是基于国内现象开展研究，尚未发现国外学者对于这一现象的研究，这也与我国工作与生活"边界不明"的社会现象相关。已有的研究也只关注了旅游和酒店行业关于熟人广告的情况③，尚未拓展到其他行业和企业信息类型。

基于这一研究现状，本研究提出如下具体研究问题：1. 新员工利用个人化的"朋友圈"在企业信息转发行为中持何种态度？愿意主动转还是被迫转？抑或不愿意转发？2. 如果转，出于何种角色目的采取转发行为？即影响其转发角色选择的主要心理驱动因素如何？3. 随着入职时间的变化，员工对于企业信息转发的态度、动机的角色选择是否有所改变？即角色转换，原因是什么？

---

① House R J，Rizzo J R. Role conflict and ambiguity as critical variables in a model of organizational behavior. Organizational Behavior and Human Performance，vol. 7，1972（3）.

② Yuan B，Li J，Zeng G. Trapped as a Good Worker：The Influence of Coercive Acquaintance Advertising on Work Outcomes［J］. Cornell Hospitality Quarterly，vol. 59，2018（4）.

③ Yuan B，Li J，Zeng G. Trapped as a Good Worker：The Influence of Coercive Acquaintance Advertising on Work Outcomes［J］. Cornell Hospitality Quarterly，vol. 59，2018（4）.

三 研究设计与研究过程

（一）研究方法

本研究采用扎根理论和半结构化访谈法来展开研究。选择对"新员工在个人朋友圈中企业信息转发的角色选择过程驱动机制"进行研究，由于在朋友圈中可以观察到身边已入职工作的同学的企业信息转发行为，事先未作出理论假设。笔者运用半结构化访谈法获取原始资料，并通过转录等操作，生成文本资料，在此基础上，按照扎根理论三级编码要求对访谈文本资料进行编码分析，提取各级范畴，形成下一步研究的基础。

（二）样本选择及数据收集

依从理论饱和原则，本研究将被研究者提供的信息内容达到饱和时所确定的样本数量确定为研究样本。本研究对 13 名入职时间不足一年的新员工（编号为 S1—S13）进行了 45—90 分钟的微信语音电话访谈，其中 7 名与笔者具有面识关系，另 6 名通过网络关系寻得，以尽量避免面识关系对研究结论产生扭曲性影响。其中有 7 名女生，6 名男生，学历为本科或硕士，年龄范围从 21 岁到 24 岁。受访者的工作领域具有多样性，涉及教育（2 人）、地产（5 人）、咨询（1 人）、贸易（1 人）、传媒（1 人）、通信（1 人）、金融（1人）、制造（1 人）等不同行业（见表 1），避免了因为受访者工作行业性质的同质化而导致的研究偏差。访谈使用语音为普通话和重庆话，所有访谈均在被访者同意的前提下进行录音，并通过讯飞软件转为逐字稿，再由笔者对照录音进行修正，最终形成近 2 万字的访谈稿件。

访谈问题主要被分为两部分。第一部分主要涉及被访者的基本工作情况，其中包括加入该企业的时间、工作感受，以及对企业氛围的感知和对企业的态度。第二部分主要涉及被访者的企业信息转发分享情况，包括其转发内容类型、转发频率、转发动因、个人感受、分享范围等。如表 1 所示。

表1 　　　　　　　　　　受访者基本信息表

序号	性别	年龄	学历	行业	访谈时间（分钟）
S1	男	22	本科	地产	53
S2	男	22	本科	地产	46
S3	男	23	本科	教育	50
S4	女	24	硕士	咨询	78
S5	女	24	硕士	传媒	52
S6	男	23	本科	通信	64
S7	女	21	本科	地产	48
S8	男	22	本科	地产	81
S9	男	22	本科	地产	72
S10	女	22	本科	教育	87
S11	女	22	本科	金融	62
S12	女	23	本科	制造	53
S13	女	22	本科	贸易	47

（三）数据处理与分析

根据扎根理论方法的研究过程，本研究分为初始编码（Initial Coding）、聚焦编码（Focused Coding）、轴心编码（Axial Coding）、理论饱和度检验四个部分：

1. 初始编码

初始编码是扎根理论建构的初级阶段，笔者采用逐行编码（Line - by - Line Coding）的方式进行，最终形成如"筛选偏专业性、有知识性的信息""领导和同事转发""公司业绩与个人不直接相关""形成考核机制""转发流程麻烦""转发有任务""更好推进工作""转发会打扰好友"等38条受访者使用的"本土概念"。

2. 聚焦编码

笔者首先对整合完成的初始编码进行概念化，反复修改之后确定了一系列相互独立的类属范畴，然后对这些类属进行进一步的范畴化。本研究在初始编码阶段形成了38条概念，其中部分被重复编码。在对所有初始编码后的概念进行提炼后，得到内容质量、内容真实性、转发易操作性、个人对企业/内容的认可度、内容与个人相关性、个人心情、转发/分享与否的风险感知、自我效能、利他动机9个基本范畴。

3. 轴心编码

轴心编码的实质是建立概念更大的范畴节点，并确定节点间的关系。本研究在轴心编码阶段对9个基本范畴进行梳理归纳，共提取出信息发布层面、个人感知层面、群体互动层面3个主范畴。

4. 理论饱和度检验

笔者对所有受访者的访谈资料进行编码分析，当编码到第10份文档资料时，基本没有新概念或新范畴出现。笔者利用剩余的3份资料对已编码好的文档资料进行验证分析，结果并未发现新范畴，从而说明编码范畴足够丰富，已实现理论上的饱和度。

四 研究发现

（一）总体发现

1. 通过半结构化的深度访谈，上述13名受访者均表示，作为新员工，对于企业"要求"的信息转发"任务"，都采取了"转发"行为，有的是积极主动地转发、有的是选择性转发甚至是被迫式转发。这可能与企业新员工入职时间不足一年，在企业资历、人脉、可动用的资源等方面都属于"弱势群体"有关，不管新员工主观上是否愿意转发，在客观上都务必转发。

2. 基于扎根理论进行深入系统的探索性研究，发现不同的受访者对企业信息转发的真实意愿程度及分享范围是存在差异的，这与受访者在朋友圈转发企业信息中的主要心理影响因素及其潜意识表现出的"角色"形象的定位及其行为选择密切相关。

从主要影响因素来看，在编码分析过程中，进一步发现，影响新员工转发的三大核心主范畴因素中，"信息发布层面"主范畴下属的三个基本范畴"内容质量""内容真实性"与"转发易操作性"出现频率低，这是因为企业让员工转发的企业信息是由企业微信管理员统一设置的朋友圈文案，通知员工一键发送，站在员工视角来看，这一影响因素对于所有员工而言是无差异性的转发影响因素，隐含着对需要员工转发的企业信息本身的专业性（内容"质量"和"真实性"）的转发技术功能的"易操作性"与"可信赖"，由此可判断该主范畴并非是影响新员工朋友圈企业信息转发意愿及动机的综合性角色选择机制的主导驱动因素。

而"个人感知层面"主范畴下属的大部分基本范畴如内容与个人相关性、对企业/内容的认同度，以及"群体互动"主范畴下属的大部分基本范畴，如转发分享与否的风险感知、自我效能的实现程度、利他动机等大部分基本范畴，出现频率均较高，说明这些基本范畴因素对新员工具体转发心理动机都产生了较大影响。

总体研究结果表明，信息发布、个人感知、群体互动三个主范畴影响了新员工的企业信息转发行为，而后两者是影响其角色选择的主导因素，并最终直接影响着新员工在朋友圈实际的转发意愿程度和分享范围，而角色类型的选择成为承上启下的关键转发机制。研究结果最终发现企业形象"宣传者"、有用信息"分享者"，以及私人空间的"守卫者"是新员工朋友圈企业信息转发行为中的三大角色类型选择。

其中，4 名新员工受访者（样本占比 30.76%）成为企业坚定的形象宣传者；仅有 1 名（约占样本量 7%）新员工受访者成为企业有用信息的分享者；8 名（占比 61.537%）新员工受访者成为自身朋友圈的私人空间守卫者（其中，一名新员工由最初的企业形象宣传者转变为了私人空间的"守卫者"），后两种角色类型，表明员工对企业信息转发分享呈现出不同程度的"把关"控制意愿，并利用朋友圈便利化的选择类型（员工的企业微信和个人微信）和控制功能（朋友圈好友的范围类型分类和选择朋友可见的范围类别与时间的控制差异），总体上，本样本中近 70% 的新员工受访者，对于企业动用自身私人化的朋友圈转发与分享与企业相关的信息的组织对外传播策略，持消极应对的态度。如表 2 所示：

表 2 受访者角色类型的选择

序号	角色类型的选择
S1	私人空间守卫者

续表

序号	角色类型的选择
S2	私人空间守卫者
S3	企业形象宣传者
S4	有用信息分享者
S5	企业形象宣传者
S6	私人空间守卫者 （从宣传者到守卫者）
S7	私人空间守卫者
S8	私人空间守卫者
S9	私人空间守卫者
S10	私人空间守卫者 （从宣传者到守卫者）
S11	私人空间守卫者
S12	企业形象宣传者
S13	企业形象宣传者

（二）具体研究发现

上述新员工在其朋友圈转发企业信息过程中的角色选择，具体呈现出如下特征：

1. 企业形象宣传者的主动转发：基于企业/信息内容高度认同的角色选择

"企业形象宣传者"是指有较高意愿度使用私人微信号转发、公开分享企业信息，而非使用工作微信号或设置仅分组可见的新员工，他们通常对企业有较高的认同度。Ashforth 和 Mael 最早用社会认同理论来解释组织认同（Organizational Identification，OI），认为组织认同是成员在采用组织的特征来定义其自身特征时所产生的心理归属感，是组织内的一种社会归类，个体将组织与个人的成败紧密联系在一起，认为组织与自己荣辱与共。[1]

---

[1] Ashforth, B. E., and F. Mael, Social Identity Theory and the Organization [J]. Academy of Management Review, vol. 14, 1989 (1).

当被问到"你认为转发行为在多大程度上影响了你融入这家企业"时，受访者 S12 表示："我自己觉得没有，而且我觉得在转发的那一刻就肯定已经认可这个公司了，（认为自己是）属于这个公司的一分子。因为自己有这种（转发）动作的话，其实已经是在认可公司了。"S12 受访者重新定义了"转发"与"融入"的逻辑关系，在她看来并不是因为"转发"促进了"融入"，而是因为自己"融入"了才愿意去转发，自己在这个集体中寻找到了归属感，才会去采取这一转发分享的行动。

S10 作为前期的企业形象宣传者，她表示自己对于企业取得的重大成绩、开展的活动、比较有特色的项目等内容的转发并公开分享的意愿度较高，原因是"转发这些（内容）的时候，和那些别人都不愿意点开的（内容）相比，心情是完全不一样的，看到自己的单位取得的一些成绩，肯定自己脸上也有光嘛"。在访谈过程中 S10 表示，她所在的企业虽然在该省市同行业中不算顶尖，但也算中等偏上，且就她自己的能力来说，这份工作还是能够给她很大的满足感。从她的转发分享行为中可以看出她已经将组织与她个人的荣辱紧密联系在一起，对于组织取得的成就，自己也会感到非常自豪，从而产生积极转发分享的意愿。

S3 则表现出了对企业极高的忠诚度，较为特殊的是，他所就职的企业是他本人就读了 9 年（小学四年级至高中结束）的一所私立学校，他对该企业有着深厚的感情，现实生活中的同学、朋友也有较多与该学校有关联，其主动转发、公开分享的意愿度很高。当被问及转发分享的原因及心情时，他表示："一般是学校有新闻就转发，没有规定（转发时间和频率），但是有重要的事情就会转发……一般我看见了就会发，我基本上还是自愿的……没有什么特别心情，因为是跟自己的单位相关，我还是比较喜欢自己的单位，所以会愿意去转发。我本来就对这个单位很认可，对自己的工作很满意，我很享受当下。"（S3）

虽然对企业/内容的认同在对"企业宣传者"的访谈中体现出了普遍性，但是受到行业性质的影响，该因素并不是新员工选择成为"宣传者"的唯一决定性因素。S5 作为一名传媒公司的宣发人员，其工作性质决定了"自我效能"是她转发、分享行为的主要影响因素。

"因为这个宣传它是直接影响到我们工作的，如果宣发做得好的话，工作进展会比较顺利，所以我们都会很自愿地去发……如果是那种官方的宣传物料的话，是所有好友可见，因为本来就是宣传，限制人群的话，就好像没有那么有效果了。"（S5）为更加快速、高效完成工作指标，她在转发、公开分享企业信息的同时，在与朋友圈好友的互动过程中，也为自己带来了业绩收益，此时在"自我效能"的驱动下，她主动扮演"企业宣传者"的角色。

2. 有用信息分享者的选择性转发：基于"期望受益"和自我效能"的角色选择

期望确认理论由 Oliver 于 1980 年提出，该理论通过比较期望与效果之间的匹配程度，进而了解消费者购买后的满意度以及消费者再次购买的意向。[①]"有用信息分享者"指经自己筛选，转发对与工作不相关的好友来说有价值的信息，并进行公开分享的新员工。在笔者的研究中虽然该类型的新员工出现得较少，但也呈现出了较为典型的特征。"有用信息的分享者"的期望受益不仅体现为"利他"，同时也有实现"自我效能"的需求。

当被问到转发企业信息是否使用了单独的微信号或设置分组可见及其原因时，S4 表示："有想过设置分组，或者是使用单独的工作号，也是害怕老发这种，不发自己的生活，大家就觉得你很烦，然后就把它屏蔽掉，但是又怕公司 hr 审核不通过……但是我还有一个同学找我来了，说你们公司最近有没有什么供应链数字化转型的可研报告，最近你发的每一条朋友圈我都有看……但是有的同学比如说他不是做这个行业的，他可能看比如说像 GDP 排名什么这些相对简单、专业性不是那么高的，他有时候会当新闻看一看，在下面还有评论说什么江苏万年老二怎么的……"（S4）由于接收到同学或朋友的反馈，自己转发分享的内容是有价值的，对于部分与自己工作无关的好友们来说，自己在朋友圈转发分享的内容非但成为一种"打扰"，反而拓宽了他们获取信息的渠道。基于利他动机，S4 对于经筛选有价值的信息公开分享的意愿度较高。

---

① 蔡爱丽：《期望理论视域下新能源汽车用户持续使用意愿研究》，《江苏高职教育》2019 年第 2 期。

　　另一方面，转发分享行为也能够促使分享者自我效能的实现。首先，该行为本身有利于分享者获取信息，拓宽其知识面。"我经常会转发两个公众号……这个（后一个公众号）一般做得比较专业，就会有一些行业研究报告，或者能够补充我的商科知识空白，回头看一看，学习学习。转发虽然会有公司强制要求，但是中间顺便自己也学习了，所以说不会很反感。"（S4）S4 本科就读于新闻专业，之后前往英国进行了为期一年的商科学习，取得硕士学位后回到上海工作。在访谈中她表示自己的商科知识有不少欠缺的地方，公司制定的转发考核机制其实也促使了她不断学习，因为需要从众多公众号文章中筛选自己认为内容质量上乘的信息进行转发分享。

　　其次，好友们的反馈使分享者也获得了关注，并且在该过程中增进了对企业的认同。当被问到收到好友的反馈时，自己的心情如何时，S4 表示："竟然有人会在这种朋友圈上评论，是真爱了吗？很惊讶，然后觉得也挺欣慰，觉得至少没有被屏蔽，而且竟然还有人真的在去看，真的有人去学到一些东西……我来这家公司之前，肯定是想进外资的……这家公司的 offer 早就拿到了，但犹犹豫豫一直没来……来了以后，一个是体会到了公司确实是还行，再一个就是他们给我的这些反馈，他觉得看这些东西确实受到了启发，我会觉得我也更认可公司的能力和各方面建设什么的……"当察觉到自己非但没有被好友屏蔽，反而被持续关注时，S4 表示自己既惊讶又欣慰。同时，好友们的反馈让她愈加认可公司的实力，这也有利于其融入集体并获得更佳的工作体验感。

　　3. 私人空间守卫者的被动式转发：基于风险感知与风险规避的角色选择

　　"私人空间守卫者"是指清晰地划分了工作与生活的边界，尽量减少企业信息对与工作无关的好友的影响的新员工。当企业信息出现时，转发与不转发、分享与不分享，对于他们来说都会有不同程度的风险。

　　（1）转发分享与否的双重风险感知：

　　其一，不转发分享的风险源于企业群体规范的压力。

　　群体规范，是指人们在群体中共同遵守的行为方式的总和，它统一着群体成员的意见和看法，调节着他们的行为。群体成员受到群体规范的约束和群体舆论压力，会潜意识地形成群体思维惯性，并不自觉地通过自身的言行表现出来①。

有时群体规范会形成明确的规章制度来约束员工的行为。当被问到为什么要去转发自己不愿意转发的内容时，部分受访者表示，这是公司考核制度中的一项，若不完成个人收益将会受到直接影响。（S2，S7）而更多时候，则是群体舆论压力在无形之中约束着员工，在"别人都这样做了""领导这样做了"等因素的影响之下，虽然没有成文规定，但员工却不得不执行。

"比如我们另外一个刚入职的同事一直没有怎么转发朋友圈，这让我的同事觉得这个人是不是有什么问题……有时候转发……恰恰是给领导同事看。同事都转了你不转，大家就会想你为什么不转凭什么长期不转，是觉得自己出淤泥而不染吗？觉得大家都是傻瓜自己清醒吗？其实这种推文已经是职场中的一种人际交往，不说破吧。"（S2）S2 对这位不转发朋友圈的同事的评论恰恰反映出很多新员工的担忧。出于对领导、同事对自己负面评价的担忧，即使是在公司没有明确要求、领导没有明确指示的情况下，囿于群体规范和群体氛围中形成的职场"潜规则"，新员工也不得不采取转发分享的行为。

其二，转发分享的风险源于朋友圈好友印象管理的压力。

在访谈过程中，笔者发现"担心打扰朋友"为受访者多次提及。社会心理学研究发现，自尊（self-esteem）是影响个体印象管理的重要因素。施伦克尔（Schlenker）认为受众自尊心高低的差异对印象管理具有预测作用，自尊心强的人，保护自我形象的动机更强烈。②

基于可能给与工作无关的好友留下负面印象的风险感知，新员工出于对自尊的维护，避免被好友"厌烦""拉黑""屏蔽"的尴尬，虽然工作和生活的界限在一定程度上还是很模糊（S8），但通常尽力区分"工作领域"和"私人领域"的边界，管理其分享的企业信息开放的范围，最大程度减少对不相关好友的打扰，维护他们对自己的

---

① Tuddenham R D. The influence of a distorted group norm upon individual judgment. The Journal of Psychology, vol. 46, 1958 (2).

② Schlenker B R, Soraci S, Schlenker P A. Self-Presentation as a Function of Performance Expectations and Performance Anonymity [J]. Personality & Social Psychology Bulletin, vol. 1, 1974 (1).

印象。部分新员工受到群体规范的约束不得不转发自己不愿意转发的企业信息，但是又担心自己的转发行为成为家人、朋友等与工作无关的好友的负担，给好友留下不好的印象，让他们"看见就烦"，从而被"拉黑"或者"屏蔽"。

当被问到转发时会对哪些人可见及原因时，受访者 S1 表示："因为公司广告带有销售性质，会对不是广告目标群体的人进行屏蔽，因为这完全是对他们的打扰。"（S1）"转发的时候我都有设置分组，一般是对同事领导可见……因为这些朋友圈可能是被（工作氛围）绑架发的，所以我不愿意打扰和我亲密的人，就感觉自己像个微商一样，我的天天在朋友圈发东西，很傻的……对这种不情愿（转发太多公司的信息）是基于一种换位思考，因为我自己是不愿意看到我的朋友圈被某个人的单方面的新闻充斥的。"（S8）。

（2）私人空间守卫者往往选择"风险"规避式的"转发"行为

通过半结构化的深度访谈，笔者发现部分受访者较为敏感地感知到在员工和朋友双重群体角色压力下无论转发与否都可能给自身带来人际关系上的风险"折损"，作为实际上的私人空间守卫者，在转与不转的行为选择中，这类新员工往往会选择"风险"规避型的变通"转发"行为，这类新员工往往会使用单独的个人工作微信号，或对朋友功能设置分组中的好友（领导、同事、关系较为疏远的客户等与工作相关的"好友"）可见，以便在"被迫"转发企业信息时，尽可能规避工作场所之外的企业信息"额外"的"宣传任务"对自身朋友圈在线化私人空间的"侵蚀"。

4. 从宣传者到守卫者：基于风险感知增加和自我效能减弱的角色转变

在深度访谈中，部分受访者谈到了自己对于转发分享企业信息前后态度的转变，最开始时比较愿意公开转发，在工作一段时间之后也采取了分组可见策略。一方面，由于转发频率太高，若全部公开转发则会对不相关的好友造成困扰。"最开始的时候我是很愿意分享出来，但是每周都发好几次，我也怕他们（与工作无关的好友）感到疲劳，所以后面发的时候，除了一些比较重大的事情之外，我基本上是设的分组可见。"（S10）新员工在感知到会对他人产生困扰的风险时，则会选择停止公开转发行为。另一方面，新员工或许是带着加入该企业的自豪感，出于博取他人关注的动机，积极转发相关信息。但当发现他人并不关注自己去了哪家公司，或即使关注也未给予反馈，自我效能减弱甚至未实现时，新员工将会失去转发分享的热情。"作为学生还没有步入社会的时候，签了一个比较好的公司，当时会觉得比较体面，比较光鲜，然后也会转发，就感觉让大家看到了，觉得自己比较光鲜亮丽。但是久了你就会发现那就是你自己的感觉。因为这和别人也没关系，其实别人也不怎么关心，就像我现在看到低年级的每天转发的一些东西，觉得自己以前的眼光比较窄……"（S6）

五　研究结论与讨论

（一）研究结论

在高度依赖网络节点之间所建立的"关系"的数字时代，对于各个行为主体来说，社交媒体的作用不容小觑。以人际关系为依托的微信朋友圈形成了一个天然的传播网络，逐步成为企业进行宣传、说服的场所。本研究对新员工在朋友圈企业信息转发行为中的角色选择驱动机制进行了探索性研究，结果表明，大多数新员工并非完全自愿进行企业信息的转发分享，并存在不同程度上的"把关"行为。个人感知与群体互动是影响其角色选择的主导驱动因素。"企业宣传者"主要是出于对企业的高度认同和自我效能实现的愿望而积极主动地转发企业信息；"有用信息分享者"则在为他人提供信息的同时实现了自我效能；出于对风险的感知，"私人领域守卫者"进行转发的同时也限制了分享范围，将工作空间与私人空间区分开来。随着入职时间的变化，若新员工感知到转发分享的风险增大或自我效能实现程度不符合预期之时，则会逐渐从最初的"宣传者"转变为"守卫者"。

（二）讨论：双重角色扮演的现实冲突与角色选择的两难困境

目前在传播学研究中，关于企业员工利用私人社交媒体（微信朋友圈）转发企业信息意愿及其深层次动机研究的较少，尤其是新员工作为初入企业的"弱势群体"，研究影响其在朋友圈中企业信息转发意愿及其深层次动机的更少，本研究在理论上发现，大多数新员工存在着尴尬的双重"角色"扮演的现实"冲突"问题——企业新员工与私人朋友圈好友的双重角色扮演过程中的相互冲突，在这一角色冲突语境下，负向影响新员工朋友圈企业信息转发的意愿、实际效应和对企业的认同度、满意度，导致两种角色扮演过程中角色选择的两难困境。

1. 双重角色扮演的现实冲突：消解了新员工转发企业信息的实际传播效应

随着社交媒体在工作场景中的广泛使用，对于作为个体的员工来说，他们的工作与非工作边界变得越来越模糊。有学者曾提出，员工对于边界的整合，即将工作环境与非工作交叉，将积极影响员工的敬业度。[①] 然而，这一观点在相关的实证检验中并不显著。企业信息对于员工微信朋友圈的"侵占"，是私人社交媒体被"公域化"的表现。事实上，这种"侵占"将导致一系列负面结果。对于员工个人来说，这会使其经历一种角色间冲突。[②] 员工在个人社交媒体上同时扮演着"员工"和"朋友"的角色，希望完成组织下发的任务，同时又担心这些信息会打扰到与工作无关的朋友。为了同时规避双重角色相互冲突可能带来的个体风险感知，大多数新员工选择形式上完成企业要求的新员工企业信息任务，即选择"风险"规避型的变通"转发"行为，如前所述，为协调这种角色冲突带来的风险感知，一些新员工相应地采取分组可见，甚至用单独的个人工作微信号等策略。如此，对于企业而言，新员工这种形式上的转发行为带来的实际营销传播效果，并没有达到真正促进企业信息在员工朋友圈中即时、精准增量传播的效果，甚至会在同质信息"刷屏"时给企业潜在客户群体留下负面印象；这样的新员工客观转发效应，与企业设想通过企业微信朋友圈策划或制定统一的朋友圈宣传文案，再通过员工尤其是增量的新员工个人朋友圈好友资源"宣传"企业信息的主观愿望"背道而驰"。

①　Van Zoonen W, Banghart S. Talking Engagement into Being: A Three – Wave Panel Study Linking Boundary Management Preferences, Work Communication on So – cial Media, and Employee Engagement [J]. Journal of Computer – Mediated Communication, vol. 23, 2018 (5).

②　House R J, Rizzo J R. Role conflict and ambiguity as critical variables in a model of organizational behavior. Organizational Behavior and Human Performance, vol. 7, 1972 (3).

2. 双重角色扮演冲突：负向影响新员工对于工作和企业的满意度、认同度

就企业内部管理来看，如果员工长期处于员工—朋友之间的双重角色冲突状态，将降低员工对工作和企业的满意度、认同度，员工除了需要面对正式工作带来的压力之外，还需解决此类非正式性工作带来的现实困扰。基于进一步的样本案例深度访谈，对于新入职员工来说，尤其如此，他们更容易对企业文化、管理理念产生怀疑与不认同，认为企业不符合自己预期。

3. 建议：综上本研究的理论探索成果，为企业组织提出如下建议：企业不宜以硬性考核指标或人际关系压力要求员工转发分享企业信息；需要企业改变单纯任务导向或领导式的单向不对称沟通方式，尽可能地采用基于平等关系的双向对称沟通方式，在员工与组织领导者之间建立对称的有效沟通渠道，以增强员工对企业的信任感、认同感与责任感，从而促进其"自愿"转发分享行为。

网络口碑、品牌体验对品牌忠诚度影响的实证分析

——以小红书社交电商平台为例

蔡立媛　王静洁　应静静[*]

电子商务市场交易规模和网上零售交易规模变化情况表明，电子商务红利逐渐消失，互动发生微弱。电子商务客户获取成本增加——客户黏度差。然而，市场这只无形的"手"始终处于自发调整的过程中。社交电子商务的出现，弥补了传统电子商务的不足，成为电子商务发展的新突破。

社交电子商务是指以社交网络为基础，使用社交网站和其他网络通过用户生成的内容等之间的社交互动促进商品销售的社交工具。个性化消费需求增加，社区互动，不断积累流量，并通过社区建立口碑，流量进一步转换为购买力，其业务逻辑可以解释为"社区流量—口碑推广—品牌体验—电子商务"。

互联网用户已经改变了过去的被动状态，可以积极参与媒体内容的创建。这加强了用户和用户之间的互动。利用社交电子商务平台的功能改善用户的品牌体验，将对消费者的品牌忠诚度产生非常大的影响。

---

[*] 蔡立媛，江西师范大学新闻与传播学院副教授，广告系主任；王静洁，江西师范大学新闻与传播学院硕士研究生；应静静，江西师范大学新闻与传播学院硕士研究生。

一 研究模型及假设

（一）研究模型设计

建立品牌忠诚度是每个品牌的重要内容。[①] 网络口碑能降低时间成本和精神成本，直接在网上获取以前消费者对产品的评价与口碑，省时省力；品牌体验能够促进顾客形成功能与心理上的利益价值，故网络口碑与品牌体验能对顾客感知价值形成一定影响。顾客在感知价值的基础上形成品牌忠诚度。

本研究的自变量、中介变量和因变量分别是基于社区电商的用户角度设计的，相互关联，层层递进。

基于以上，本研究拟提出研究的理论框架如图 1 所示。

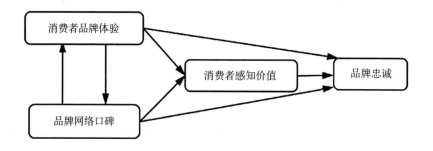

图 1 研究的理论框架

（二）研究假设

1. 品牌体验—品牌忠诚度

品牌忠诚是消费者对某一品牌在态度上的信任和行为上的购买程度，Cronin 以认知主义行为理论对品牌忠诚的测量为基础（从态度和行为 2 个维度进行测量），并结合对消费者再次购买行为概率的预测，

---

① ［美］菲利浦·科特勒：《营销管理》，王永贵等译，格致出版社 2009 年版，第142 页。

来进行品牌忠诚度的测定。[①]

Brakus 等研究了品牌体验对顾客满意及品牌忠诚的作用，结果显示品牌体验直接影响顾客满意度和品牌忠诚。[②]

基于以上研究，提出以下假设：

H1：社区电商环境下品牌体验对品牌忠诚度具有显著正向影响。

2. 网络口碑—品牌忠诚度

网络口碑对强化消费者的品牌忠诚的作用体现在：网络口碑降低消费者的购买风险，节约时间成本与精神成本。

Katz 和 Lazarsfeld 对家电用品和实物做调查研究，发现口碑传播的有效性是报纸和杂志广告的 7 倍，人员销售的 4 倍，电台广告的 2 倍。[③] 余明阳认为，口碑传播是品牌传播的一种手段，是品牌美誉度及忠诚度形成的重要途径，易被消费者接受。[④]

Arndt 指出，正面的口碑会加深消费者对品牌的印象，进而产生购买的意愿。[⑤] Bristor 指出正面的口碑能纠正消费者原先对品牌的错误印象，产生对品牌的较高认知，因而产生对产品或者品牌的承诺行为。[⑥] Newman 指出，当消费者对品牌形成了很强的正面态度时，他们就会对负面口碑的信息有较强的防御能力。[⑦]

基于以上研究，提出以下假设：

H2：社区电商环境品牌网络口碑对品牌忠诚度具有显著正向影响。

3. 网络口碑—顾客感知价值—品牌忠诚度

Szym amsk iD. M. &HiseR. T. 认为，网站的便利性、安全性是影响

① CroninJ R，Brady M K，Hult G T，"Assessing the effects of quality，value，and customer satisfaction on consumer behavioral intentions in service environment"，*Journal of Retailing*，Vol. 99，No. 65，2000，pp. 193 – 217.

② Brakus J，Schmitt B H，and Zarantonello L，"Brand experience：What isit? Is it measured? Does it affect loyalty?"，*Journal of Marketing*，Vol. 4，No. 1，2009，pp. 52 – 68.

③ Katz. E.，P. E，Lazarsfeder eds.，*Personal Influence：The Part Played by Peoplc in the Flow ofMass Communications*. Glencoe，IL：Free Press，1955.

④ 余明阳：《品牌传播学》，上海交通大学出版社 2005 年版。

⑤ Arndt J，*Word of mouth advertising：A review of the literature*，Advertising Research Foundation，1967，pp. 51 – 64.

⑥ Brakus J，Schmitt B H，and Zarantonello L，"Brand experience：What isit? Is it measured? Does it affect loyalty?"，*Journal of Marketing*，Vol. 23，No. 2，2009，pp. 52 – 68.

⑦ Newman，P. J，Aninvestigation of consumer：reactions to negativeword – of – mouth on the Internet，*Ph. D. dissertation*，University of linoisat Urbana，2003.

网络顾客满意度的因子中最为重要的 2 个影响因子。Lee M. K. O. 认为，企业得力的后勤保障、优秀的客户服务、具有吸引力的价格以及网站客户端各项服务的优劣，是影响顾客满意度的重要影响因子。Lin C. S & WUS. 通过对网络顾客行为的实证研究发现，网络客户对购买品牌口碑的期望是影响顾客满意度的重要因子。[①] Hovland & Weciss 通过实验设计方法得出的研究结论是，积极的口碑能较强和较有力地说服顾客购买。Gilly 等人认为影响口碑可信度的因素包括口碑的来源、口碑传播者的地位等。[②]

基于以上研究，提出以下假设：

H3：社区电商环境下网络口碑对顾客感知价值具有显著正向影响。

H4：社区电商环境下顾客感知价值对品牌忠诚度具有显著正向影响。

H5：社区电商环境下顾客感知价值在网络口碑和品牌忠诚度之间的影响路径中起中介作用。

品牌体验—顾客感知价值—品牌忠诚度

刘文波认为，优良的品牌体验有利于消费者形成较高和全面的感知价值，包括情感、心理、态度等。杨晓菊认为，顾客感知价值与品牌体验是两个互相促进的因素，并用图示显示了良好的品牌体验能提升顾客的感知价值，从而提高品牌价值。

基于以上研究，本研究提出以下假设：

H6：社区电商环境下品牌体验对顾客感知价值具有显著正向影响。

H7：社区电商环境下顾客感知价值在品牌体验和品牌忠诚度之间的影响路径中起中介作用。

4. 网络口碑与品牌体验对品牌忠诚的中介影响

口碑传播与顾客的购买体验或消费体验相关。Amould 认为，品牌

---

① Lin C S, Wu S, "Exploring the impact of online service quality on portal site usage", System Sciences, *Proceedings of the 35th Annual Hawaii International Conferenceon*, HICSS, 2002, pp. 2654 – 2661.

② Mary C, Gilly J L, Graham Mary F W, etc., "A dyadic study of interpersonal information search", *Journal of the Academy of Marketing Science*, Vol. 26, No. 2, 1998, pp. 83 – 100.

体验分成购买前体验、购买体验、核心消费体验和消费体验的回味四个阶段（Amould，2002）。四个阶段与品牌体验与口碑传播呈现线性相关。Prabh 和 Ranaweera 认为，口碑传播的心理驱动主要在于顾客满意程度或不满意程度，且品牌体验与口碑传播呈现线性相关关系（Prabh、Ranaweera，2003）。

消费者在购后评价时，若实际体验大于预期体验，会非常满意，从而萌生正面口碑传播的冲动。Rust 认为，消费者满意的体验对口碑的正向作用相当显著（Rust 等，1996）。[①] A. M. Susskind 认为，不满意的顾客口碑传播的意愿和行为，强于满意的顾客口碑传播的意愿和行为。顾客的口碑与满意感间的关系呈现"∪"字形，体验非常满意的顾客与非常不满意的顾客，更倾向于口碑传播（A. M. Susskind，2002）。为了探索品牌体验与口碑传播的关系和二者对品牌忠诚度的多步中介影响机制，本研究提出以下假设：

H8：社区电商环境下，品牌体验、顾客感知价值在网络口碑和品牌忠诚度的影响路径中起多步多重中介作用。

H9：社区电商环境下，网络口碑、顾客感知价值在品牌体验和品牌忠诚度的影响路径中起多步多重中介作用。

二 问卷设计与数据收集

（一）问卷设计

本研究采用调查问卷的方法进行研究。问卷主要分为四部分：第一部分是品牌体验量表，第二部分是网络口碑量表，第三部分是品牌忠诚度量表，第四部分是顾客感知价值量表。这四部分量表题目及来源见表1，且都是采用李克特五点量表（非常不同意、不同意、不确定、同意、非常同意）进行正向测量。

---

① Rust R T, Zahorik A J, Keiningham T L, *Service marketing*, New York：HarperCollins College Publishers，1996.

表1   研究变量量表

变量		题项	题项描述	参考量表
品牌体验	感官体验	SE1	1. 在小红书社区的信息在视觉、听觉等感官上给我强烈印象	Koh and Kim（2004）、Ridingsetal（2006）
		SE2	2. 在小红书社区关于品牌的信息在感观上总是吸引我	
	情感体验	EE1	1. 在小红书社区中参与和品牌有关的活动很有趣	
		EE2	2. 我通过小红书社区对该品牌产生了强烈的感情	
		EE3	3. 该品牌对我来说具有特殊的意义	
	思考体验	TE1	1. 参与该小红书社区的互动发挥了我的创造力	Schmitt（1999）、李启庚（2012）
		TE2	2. 在小红书社区中的一些活动激起了我的好奇心	
		TE3	3. 参与小红书社区的互动引发我智力上的思考	
		TE4	4. 参与小红书社区的互动激发我创意上的思考	
	行为体验	BE1	1. 小红书社区中品牌信息会让我想实际使用和体验该品牌	Schmitt（1999）、叶序炮（2010）
		BE2	2. 我总是感兴趣于在小红书社区中了解更多该品牌的信息	
		BE3	3. 我愿意在小红书社区中与其他人谈论该品牌	
	关联体验	RE1	1. 因为使用该品牌，我在社区中结交了跟我类似的人	
		RE2	2. 因为使用该品牌让我产生和其他人有共同爱好的联想	

变量		题项	题项描述	参考量表
网络口碑	网络口碑数量	NQ1	1. 在该平台上有大量信息供我参考	Liu（2006）、khazanchi（2008）
		NQ2	2. 该品牌在平台上受到极大的关注	
		NQ3	3. 我会因为很多网络上的评论改变原来的态度和想法	
		NQ4	4. 大量的用户在平台上对该品牌发表意见	
	网络口碑评分	NS1	1. 该品牌在平台上的总体评价是积极的	
		NS2	2. 该品牌在平台上的评价对我购买有较大的影响	
		NS3	3. 该品牌在平台上的评价是有价值的	
		NS4	4. 该品牌产品在网络上是大体一致的	
品牌忠诚度	态度忠诚	AL1	1. 和其他同类品牌相比，我认为该品牌更好	oliver（1999）、刘志刚和马云峰（2003）
		AL2	2. 我愿意向朋友推荐这个品牌	
		AL3	3. 我会向他人称赞该品牌	
	行为忠诚	BL1	1. 该品牌是我购买同类产品时的第一选择	
		BL2	2. 有了该品牌，我不会选择其他品牌的同类产品	
		BL3	3. 即使该品牌产品比其他品牌产品价格较高，我也会购买	
顾客感知价值		Pv1	1. 其他品牌相比，这个品牌具有相当高的品质	
		Pv2	2. 使用该品牌让我感觉良好	
		Pv3	3. 使用该品牌产品让别人觉得我有品位	
		Pv4	4. 该品牌产品提供了与其价格相等的价值	

（二）问卷试测

根据研究目的确定本研究对象是社区电商小红书平台的用户。在正式调研之前，首先收集了 111 份问卷进行了预调研，对调研数据进行 Cronbach's α 信度分析和探索性因子分析。

问卷测试结果如下：品牌体验的信度（感官体验为 0.827，情感体验为 0.869，思考体验为 0.918，行为体验为 0.869，关联体验为 0.833）为 0.972，KMO 值为 0.974，并且 Bartlett's 球形检验显著性概率为 0.000；网络口碑的信度（网络口碑数量为 0.905，网络口碑评分为 0.904）为 0.952，KMO 值为 0.974，并且 Bartlett's 球形检验显著性概率为 0.000；品牌忠诚的信度（态度忠诚为 0.869，网络口碑评分为 0.882）为 0.933，KMO 值为 0.899，并且 Bartlett's 球形检验显著性概率为 0.000；顾客感知价值的信度为 0.919，KMO 值为 0.839，并且 Bartlett's 球形检验显著性概率为 0.000。

根据以上调查问卷，发现本研究中的品牌体验、网络口碑、品牌忠诚度、顾客感知价值量表的 Cronbach's α 系数以及 KMO 值均大于 0.7，这表明问卷具有良好的信度和效度，因此问卷的设计符合研究标准，可以进行问卷的正式发放和收集。

（三）数据收集

在正式发放问卷时采用的是网络问卷的形式，通过滚雪球和直接将链接发到小红书平台以及其他线上社区，从 2018 年 12 月 25 日开始到 2019 年 1 月 13 日结束，其间共收到 529 份问卷。对所有问卷的数据进行初步检查，将填写不认真的问卷进行剔除（填写时长不超过 180 秒和大多数问题的答案都是一样的），最后获得有效问卷 519 份。研究样本人口统计变量见表 2。

表 2　　　　　　　　　　　**样本人口变量统计特征**

样本人口统计变量特征			
人口统计变量	类别	数量	百分比
性别	男	78	15.03%
	女	441	84.97%

	样本人口统计变量特征		
人口统计变量	类别	数量	百分比
年龄	25 岁及以下	212	40.85%
	26—30 岁	134	25.82%
	31—40 岁	100	19.27%
	41 岁以上	73	14.07%
学历	高中/中专/技校以下	61	11.70%
	专科	187	36.03%
	本科	221	42.56%
	硕士以上	50	9.63%
职业	企业从业人员	261	50.29%
	政府机关、事业单位人员	46	8.86%
	自由职业者	102	19.65%
	学生	89	17.15%
	其他	21	4.05%
每天光顾小红书的时间	1 小时以下	125	24.06%
	1—2 小时	187	36.03%
	2—3 小时	116	22.35%
	3 小时以上	91	17.53%
使用网络的时间	6 年及以下	328	63.20%
	6 年以上	191	36.80%

由表2可知，本研究中被调查样本以女性居多，年龄主要分布在18岁至40岁之间，学历以本科及以上为主，职业分布最多的是企业从业人员，其次是自由职业者，学生也占到一部分。

其次，样本中每天光顾社区时间的区间以1—2小时居多，大多数小红书社区用户使用网络时间在6年及以下。

三 数据分析

（一）信度和效度检验

1. 信度分析

信度主要是指测量结果的稳定性（Sability）、一致性（Consistency）和可靠性（Dependability）。信度的高低受到随机误差影响，误差大信度则低，误差小信度则高。克伦巴赫（LJ. Cronbach）的 a 分析法是信度检验中比较常用的一种方法，主要检测的是变量中各个维度是否具有高度一致性和稳定性。当分析 α 系数，如果此值高于 0.8，则说明信度高；如果此值介于 0.7—0.8 之间；则说明信度较好；如果此值介于 0.6—0.7 之间；则说明信度可接受；如果此值小于 0.6；说明信度不佳。本研究设计的变量各个维度的 a 系数如下图：

表3	克伦巴赫 α 系数	
变量	题项数量	α 系数
感官体验	2	0.933
情感体验	3	0.935
思考体验	4	0.951
行为体验	3	0.940
关联体验	2	0.891
网络口碑数量	4	0.955
网络口碑评分	4	0.938
态度忠诚	3	0.933
行为忠诚	3	0.937
感知价值	4	0.940

从图中可以看出本研究中的十个维度 α 系数均超过 0.8，说明该量表有很高的信度，具有很好的一致性和稳定性。

2. 效度分析

效度是指所使用的测量工具对所测量的结果的有效性程度。本文通过对数据整理后，利用 SPSS22.0 对数据进行 KMO 和球形检验，

（KMO 值为 0.888，大于 0.7）说明达到因子检验的条件。接着利用主成分因子分析法，经过方差正交旋转，提取特征值大于 1 的因子，从而得到对应的七个潜变量。即第一个因子是感官体验（SE），第二个因子是情感体验（EE），第三个因子是思考体验（TE），第四个因子是行为体验（BE），第五个因子是关联体验（RE），第六个因子是网络口碑数量（NQ），第七个因子是网络口碑评分（NS），第八个因子是态度忠诚（AL），第九个因子是行为忠诚（BL），第十个因子是感知价值（PV）。

表4　　　　　　　　　　　**KMO 和球形检验**

KMO 和 Bartlett 的检验·		
KMO 值·		0.982
Bartlett 球形度检验	近似卡方	8455.266
	df	45
	Sig.	0

表5　　　　　　　　　　　**各题项因子荷载表**

	Component matrix component									
	1	2	3	4	5	6	7	8	9	10
SE1	0.835									
SE2	0.832									
EE1		0.837								
EE2		0.836								
EE3		0.854								
TE1			0.844							
TE2			0.840							
TE3			0.846							
TE4			0.849							
BE1				0.834						
BE2				0.831						
BE3				0.840						
RE1					0.810					

续表

	Component matrix component									
	1	2	3	4	5	6	7	8	9	10
RE2					0.817					
NQ1						0.849				
NQ2						0.817				
NQ3						0.824				
NQ4						0.855				
NS1							0.826			
NS2							0.852			
NS3							0.845			
NS4							0.823			
AL1								0.821		
AL2								0.805		
AL3								0.833		
BL1									0.835	
BL2									0.812	
BL3									0.840	
PV1										0.846
PV2										0.821
PV3										0.835
PV4										0.812

(二) 相关性分析

在进行模型假设检验之前，为了确定变量间存在的相互依存关系，我们进行了相关性分析，验证了模型中主要变量之间的皮尔逊相关系数，相关系数绝对值反映的是相关关系的强弱，绝对值越靠近1，相关性越强；相关系数的正负反映了相关关系的方向。

表6	Pearson（皮尔逊）相关系数表			
	品牌体验	品牌忠诚	感知价值	网络口碑
品牌体验	1	0.947 **	0.929 **	0.958 **
品牌忠诚	0.947 **	1	0.909 **	0.937 **
感知价值	0.929 **	0.909 **	1	0.927 **
网络口碑	0.958 **	0.937 **	0.927 **	1
**. 在 .01 水平（双侧）上显著相关				

相关性分析结果如表6所示。根据本研究的模型假设，在存在假设关系的两两变量之间都存在着显著的相关关系。品牌忠诚和品牌体验之间显著相关，品牌体验与感知价值之间显著相关，品牌体验和网络口碑之间显著相关，网络口碑与品牌忠诚之间显著相关，且这些关系均为正相关，基于这些符合我们假设预期的相关关系，我们可以进一步通过回归分析检验我们的假设。

（三）回归分析

我们利用多层线性回归方法来验证主效应，首先验证自变量和因变量之间的关系，即 H1 和 H2。我们将品牌忠诚度作为因变量分别将网络口碑和品牌体验作为自变量进行回归分析。通过 SPSS 软件进行回归分析后结果如下表7所示。

表7	品牌体验—品牌忠诚度回归分析								
	非标准化系数		标准化系数	t	p	VIF	R^2	调整 R^2	F
	B	标准误	Beta						
常数	0.169	0.058	—	2.91	0.004 **	—	0.894	0.894	4366.329 (0.000)
品牌体验	0.954	0.014	0.946	66.078	0.000 **	1			

因变量：品牌忠诚度

D—W 值：1.976

* p < 0.05 ** p < 0.01

从上表可知，将品牌体验作为自变量，将品牌忠诚度作为因变量进行线性回归分析，模型 R 平方值为 0.894，意味着品牌体验可以解释品牌忠诚度的89.4%变化原因。对模型进行 F 检验时发现模型通过 F 检验（F = 4366.329，P < 0.05），也即说明品牌体验一定会对品牌忠诚度产生影响关系，以及模型公式为：品牌忠诚度 = 0.169 + 0.954 * 品牌体验。最终具体分析可知：

品牌体验的回归系数值为 0.954（t = 66.078，P = 0.000 < 0.01），意味着品牌体验会对品牌忠诚度产生显著的正向影响关系。

表8　　　　　　　　　网络口碑—品牌忠诚度回归分析

	非标准化系数		标准化系数	t	p	VIF	R^2	调整 R^2	F
	B	标准误	Beta						
常数	0.199	0.062	—	3.205	0.001**	—	0.879	0.879	3747.744 (0.000)
网络口碑	0.943	0.015	0.937	61.219	0.000**	1			
因变量：品牌忠诚度									
D－W值：2.081									
* p < 0.05 ** p < 0.01									

从上表可知，将网络口碑作为自变量，将品牌忠诚度作为因变量进行线性回归分析，模型 R 平方值为 0.879，意味着网络口碑可以解释品牌忠诚度的87.9%变化原因。对模型进行 F 检验时发现模型通过 F 检验（F = 3747.744，P < 0.05），也即说明网络口碑一定会对品牌忠诚度产生影响关系，以及模型公式为：品牌忠诚度 = 0.199 + 0.943 * 网络口碑。最终具体分析可知：

网络口碑的回归系数值为 0.943（t = 61.219，P = 0.000 < 0.01），意味着网络口碑会对品牌忠诚度产生显著的正向影响关系。同时，各变量 VIF 值均小于 5，这表明没有出现明显的多重共线性问题。H1 和 H2 都得到支持。

H3、H6 均为自变量和中介变量之间的关系，同样地，利用多层线性回归进行检验。

表9　　　　　　　　**品牌体验—感知价值回归分析**

	非标准化系数		标准化系数	t	p	VIF	R^2	调整 R^2	F
	B	标准误	Beta						
常数	0.1	0.059	—	1.688	0.092		0.894	0.893	4339.965 (0.000)
品牌体验	0.975	0.015	0.945	65.878	0.000**	1			

因变量：感知价值

D—W 值：1.984

* p < 0.05 ** p < 0.01

从上表可知，将品牌体验作为自变量，将感知价值作为因变量进行线性回归分析，模型 R 平方值为 0.894，意味着品牌体验可以解释感知价值的 89.4% 变化原因。对模型进行 F 检验时发现模型通过 F 检验（F = 4339.965，P < 0.05），也即说明品牌体验一定会对感知价值产生影响关系，以及模型公式为：感知价值 = 0.100 + 0.975 * 品牌体验。最终具体分析可知：

品牌体验的回归系数值为 0.975（t = 65.878，P = 0.000 < 0.01），意味着品牌体验会对感知价值产生显著的正向影响关系。

表10　　　　　　　**网络口碑—感知价值回归分析**

	非标准化系数		标准化系数	t	p	VIF	R^2	调整 R^2	F
	B	标准误	Beta						
常数	0.171	0.068	—	2.512	0.012*	—	0.859	0.859	3160.324 (0.000)
网络口碑	0.953	0.017	0.927	56.217	0.000**	1			

因变量：感知价值

D – W 值：1.980

* p < 0.05 ** p < 0.01

从上表可知，将网络口碑作为自变量，将感知价值作为因变量进行线性回归分析，模型 R 平方值为 0.859，意味着网络口碑可以解释感知价值的 85.9% 变化原因。对模型进行 F 检验时发现模型通过 F 检验（F = 3160.324，P < 0.05），也即说明网络口碑一定会对感知价值产生影响关系，以及模型公式为：感知价值 = 0.171 + 0.953 * 网络口碑。最终具体分析可知：

网络口碑的回归系数值为 0.953（t = 56.217，P = 0.000 < 0.01），意味着网络口碑会对感知价值产生显著的正向影响关系。同时，各变量 VIF 值均小于 5，这表明没有出现明显的多重共线性问题。H3 和 H6 都得到支持。

H4 为中介变量和因变量之间的关系，同样地，利用多层线性回归进行检验。

表 11　　　　　　　　　　感知价值—品牌忠诚度回归分析

	非标准化系数		标准化系数	t	p	VIF	R^2	调整 R^2	F
	B	标准误	Beta						
常数	0.416	0.072	—	5.779	0.000 **	—	0.827	0.827	2472.506 (0.000)
感知价值	0.89	0.018	0.909	49.724	0.000 **	1			

因变量：品牌忠诚度
D - W 值：2.031
* p < 0.05 ** p < 0.01

从上表可知，将感知价值作为自变量，将品牌忠诚度作为因变量进行线性回归分析，模型 R 平方值为 0.827，意味着感知价值可以解释品牌忠诚度的 82.7% 变化原因。对模型进行 F 检验时发现模型通过 F 检验（F = 2472.506，P < 0.05），也即说明感知价值一定会对品牌忠诚度产生影响关系，以及模型公式为：品牌忠诚度 = 0.416 + 0.890 * 感知价值。最终具体分析可知：

感知价值的回归系数值为 0.890（t = 49.724，P = 0.000 < 0.01），意味着感知价值会对品牌忠诚度产生显著的正向影响关系。

（四）中介效应分析

1. 中介检验

对于中介效应的检验，以往研究普遍采用 Baron 和 Kenny（1986）提出的因果逐步回归的检验法。温忠麟等（2004）将该中介效应检验方法进行总结，提炼了中介效应的检验程序和具体操作，如下图所示。

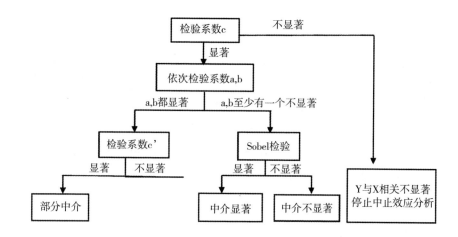

根据上述方法，本研究分别构建了品牌体验—顾客感知价值—品牌忠诚度以及网络口碑—顾客感知价值—品牌忠诚度两个中介模型，依照上图的检验流程依次检验回归系数，得出的结果如下表所示。

表 12　　　　　　　　网络口碑—感知价值—品牌忠诚度回归分析

	分层 1				分层 2			
	B	标准误	t	P	B	标准误	t	P
常数	0.199 **	0.062	3.205	0.001	0.151 *	0.059	2.535	0.012
网络口碑	0.943 **	0.015	61.219	0	0.675 **	0.039	17.264	0
感知价值					0.281 **	0.038	7.391	0
R^2	0.879				0.89			

续表

	分层 1				分层 2			
	B	标准误	t	P	B	标准误	t	P
调整 R^2	0.879				0.89			
F 值	3747.744 **				2095.548 **			
$\triangle R^2$	0.879				0.012			
$\triangle F$ 值	3747.744 **				54.625 **			
因变量（Y）：品牌忠诚度								
* p < 0.05 ** p < 0.01								

分层回归用于研究自变量（X）增加时带来的模型变化，通常用于模型稳定性检验，中介作用或者调节作用研究。从上表格可知，本次分层回归分析共涉及 2 个模型。模型 1 中的自变量为网络口碑，模型 2 在模型 1 的基础上加入感知价值，模型的因变量为品牌忠诚度。

从上表可知，将网络口碑作为自变量，将品牌忠诚度作为因变量进行线性回归分析，模型 R 平方值为 0.879，意味着网络口碑可以解释品牌忠诚度的 87.9% 变化原因。对模型进行 F 检验时发现模型通过 F 检验（F = 3747.744，P < 0.05），也即说明网络口碑一定会对品牌忠诚度产生影响关系，以及模型公式为：品牌忠诚度 = 0.199 + 0.943 × 网络口碑。最终具体分析可知：

网络口碑的回归系数值为 0.943，并且呈现出显著性（t = 61.219，P = 0.000 < 0.01），意味着网络口碑会对品牌忠诚度产生显著的正向影响关系。

总结分析可知：网络口碑均会对品牌忠诚度产生显著的正向影响关系。

针对模型 2：其在模型 1 的基础上加入感知价值后，F 值变化呈现出显著性（p < 0.05），意味着感知价值加入后对模型具有解释意义。另外，R 平方值由 0.879 上升到 0.890，意味着感知价值可对品牌忠诚度产生 1.2% 的解释力度。具体来看，感知价值的回归系数值为 0.281，并且呈现出显著性（t = 7.391，P = 0.000 < 0.01），意味着感知价值会对品牌忠诚度产生显著的正向影响关系。

表 13 品牌体验—感知价值—品牌忠诚度回归分析

	分层 1				分层 2			
	B	标准误	t	P	B	标准误	t	P
常数	0.169**	0.058	2.91	0.004	0.154**	0.058	2.681	0.008
品牌体验	0.954**	0.014	66.078	0	0.815**	0.044	18.586	0
感知价值					0.143**	0.042	3.372	0.001
R²	0.894				0.896			
调整 R²	0.894				0.896			
F 值	4366.329**				2232.638**			
△R²	0.894				0.002			
△F 值	4366.329**				11.370**			
因变量（Y）：品牌忠诚度								
*p < 0.05 **p < 0.01								

从上表可知，将感知价值作为自变量，而将品牌体验作为因变量进行线性回归分析，模型 R 平方值为 0.894，意味着感知价值可以解释品牌体验的 89.4% 变化原因。对模型进行 F 检验时发现模型通过 F 检验（F = 4339.965，P < 0.05），也即说明感知价值一定会对品牌体验产生影响关系，以及模型公式为：品牌体验 = 0.321 + 0.916 * 感知价值。最终具体分析可知：

感知价值的回归系数值为 0.916（t = 65.878，P = 0.000 < 0.01），意味着感知价值会对品牌体验产生显著的正向影响关系。

表 14 中介效应检验结果

中介模型	c	a	b	c'	检验结果
网络口碑—感知价值—品牌忠诚度	0.943***	0.953***	0.890***	0.675***	部分中介
品牌体验—感知价值—品牌忠诚度	0.954***	0.975***	0.890***	0.814***	部分中介

从上表数据结果可以看出，网络口碑—感知价值—品牌忠诚度的关系假设中自变量网络口碑对因变量品牌忠诚的标准化回归系数 c = 0.943（p < 0.001），自变量网络口碑对中介变量感知价值的标准化回归系数 a = 0.953（p < 0.001），中介变量感知价值对因变量品牌忠诚度的标准化回归系数 b = 0.890（p < 0.001），最后在包含了自变量网络口碑、中介变量感知价值以及因变量品牌忠诚度的完整回归模型中，自变量网络口碑对因变量品牌忠诚度的标准化回归系数 c´ = 0.675（p < 0.001），符合检验指标中部分中介的结果，因此，可以认为感知价值部分地中介了网络口碑和品牌忠诚度之间的关系。H5 得到验证。

同样地，在品牌体验—感知价值—品牌忠诚度的关系假设中，自变量品牌体验对因变量品牌忠诚度的标准化回归系数 c = 0.954（p < 0.001），自变量品牌体验对中介变量感知价值的标准化回归系数 a = 0.975（p < 0.001），中介变量感知价值对因变量品牌忠诚度的标准化回归系数 b = 0.890（p < 0.001），最后在包含了自变量品牌体验、中介变量感知价值以及因变量品牌忠诚度的完整回归模型中，自变量品牌体验对因变量品牌忠诚度的标准化回归系数 c´ = 0.814（p < 0.001），该结果符合部分中介效应的数据表现，因而可以认为感知价值部分地中介了品牌体验和品牌忠诚度之间的关系，H7 得到验证。

2. 多步多重中介检验

根据多步多重中介模型的检验结果，在控制性别和年龄且不考虑中介变量下，品牌体验（B = 0.760，p < 0.001）与品牌忠诚度存在直接效应，品牌体验可以促使个体提高品牌忠诚度。

在品牌体验—品牌忠诚度中检验中介变量网络口碑时（间接效应 = 0.22，CI95% = [0.15, 0.29]，抽样数 = 5000），控制性别、年龄，网络口碑与品牌忠诚度同样显著正相关（β = 0.31，p < 0.001），品牌体验与品牌忠诚度的关系依然显著（β = 0.13，p < 0.001）。网络口碑在品牌体验和品牌忠诚度之间起部分中介作用，结果部分验证了假设 H9。

此外，在品牌体验—品牌忠诚度的基础上，感知价值作为中介变量加入模型（间接效应 = 0.20，CI95% = [0.10, 0.27]，抽样数 =

5000），控制性别、年龄、网络口碑，品牌体验与感知价值的关系显著（β = 0.964，p < 0.001），感知价值与品牌忠诚度关系也正向显著（β = 0.20，p < 0.01），而品牌体验（β = 0.20，p < 0.01）与品牌忠诚度关系减弱，说明感知价值在品牌体验和品牌忠诚度之间起部分中介作用，结果验证了 H7。

依据 Hayes 等的多步多重中介检验步骤（Hayes 等，2011）[1]，经过 PROCRSS 检验获得 3 条间接路径和 1 条直接路径。其中品牌体验通过感知价值影响网络口碑，最终影响品牌忠诚度（间接效应 = 0.42，CI95% = ［0.32，0.51］，抽样数 = 5000）。支持了假设 H9：感知价值和网络口碑在品牌体验和品牌忠诚度之间起多步多重中介作用，这意味着从网络口碑到感知价值产生了显著的连续间接效应，而网络口碑和感知价值分别对品牌体验和品牌忠诚度的中介效应也同时存在。图 2 详细展示了模型中介效应各路径的系数。

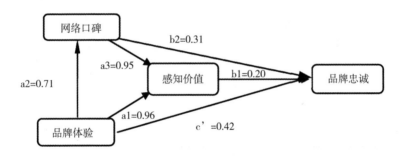

图 2　品牌体验—品牌忠诚度多步多重中介模型

同样地，根据多步多重中介模型的检验结果，在控制性别和年龄且不考虑中介变量情况下，网络口碑（B = 0.964，p < 0.001）与品牌忠诚度存在直接效应，网络口碑可以促使个体提高品牌忠诚度。

在网络口碑—品牌忠诚度中检验中介变量品牌体验时（间接效应 = 0.57，CI95% = ［0.44，0.64］，抽样数 = 5000），控制性别、年龄，网络口碑与品牌体验同样显著正相关（β = 0.71，p < 0.001），网络口碑与品牌忠诚度的关系依然显著（β = 0.30，p < 0.001）。品

① Hayes, A. F., & Preacher, K. J., "Indirect and direct effects of amulticategorical causal agent in statistical mediation analysis", *Manuscriptsubmitted for publication*, 2019.

牌体验在网络口碑和品牌忠诚度之间起部分中介作用，结果部分验证了假设 H8。

此外，在网络口碑—品牌忠诚度的基础上，感知价值作为中介变量加入模型（间接效应 = 0.31，CI95% = ［0.10，0.27］，抽样数 = 5000），控制性别、年龄和品牌体验，网络口碑与感知价值的关系显著（β = 0.46，p < 0.001），感知价值与品牌忠诚度关系也正向显著（β = 0.13，p < 0.01），而网络口碑（β = 0.058，p < 0.001）与品牌忠诚度关系减弱，说明感知价值在网络口碑和品牌忠诚度之间起部分中介作用，结果验证了 H7。

依据 Hayes 等的多步多重中介检验步骤（Hayes 等，2011）[①]，经过 Process 检验获得 3 条间接路径和 1 条直接路径。其中网络口碑通过品牌体验影响感知价值，最终影响品牌忠诚度（间接效应 = 0.63，CI95% = ［0.53，0.73］，抽样数 = 5000）。支持了假设 H8：感知价值和品牌体验在网络口碑和品牌忠诚度之间起多步多重中介作用，这意味着从品牌体验到感知价值产生了显著的连续间接效应，而品牌体验和感知价值分别对网络口碑和品牌忠诚度的中介效应也同时存在。图 3 详细展示了模型中介效应各路径的系数。

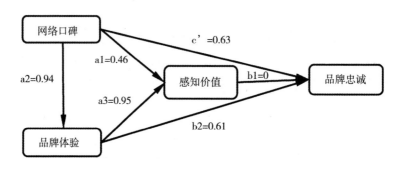

图3　网络口碑—品牌忠诚度多步多重中介模型

根据以上验证，最终得出嵌套模型，如图 4：

① Hayes, A. F., & Preacher, K. J, "Indirect and direct effects of amulticategorical causal agent in statistical mediation analysis", *Manuscriptsubmitted for publication*, 2019.

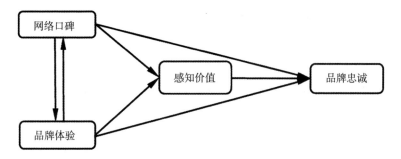

图 4 社区电商视角下网络口碑、品牌体验—品牌忠诚度影响模型

（五）假设检验结果

表 15 检验假设结果汇总表

研究假设	检验结果
H1：社区电商环境下品牌体验对品牌忠诚度具有显著正向影响。	支持
H2：社区电商环境下网络口碑对品牌忠诚度具有显著正向影响。	支持
H3：社区电商环境下网络口碑对顾客感知价值具有显著正向影响。	支持
H4：社区电商环境下顾客感知价值对品牌忠诚度具有显著正向影响。	支持
H5：社区电商环境下顾客感知价值在网络口碑和品牌忠诚度之间的影响路径起中介作用。	支持
H6：社区电商环境下品牌体验对顾客感知价值具有显著正向影响。	支持
H7：社区电商环境下顾客感知价值在品牌体验和品牌忠诚度之间的影响路径起中介作用。	支持
H8：社区电商环境下，品牌体验、顾客感知价值在网络口碑和品牌忠诚度的影响路径中起多步多重中介作用。	支持
H9：社区电商环境下，网络口碑、顾客感知价值在品牌体验和品牌忠诚度的影响路径中起多步多重中介作用。	支持

四 研究结论与启示

（一）研究结论

本研究提取消费者在品牌社区的两项感知指标即品牌体验和网络

口碑，运用实证数据首先分别单独验证品牌体验与品牌忠诚度、网络口碑与品牌忠诚度之间的关系，其次验证顾客感知价值在上述两两关系间的中介作用，最后通过建立多重多步中介模型来探究品牌体验、网络口碑对品牌忠诚度的中介机制，得出以下结论。

1. 社区电商环境下消费者品牌体验与消费者品牌忠诚度之间存在正向影响。

在社区电商平台上的品牌体验是顾客在品牌接触点上互动的感受，本研究沿用了 Schmitt 品牌体验的五维度（感官体验、情感体验、思考体验、行为体验和关联体验）进行品牌忠诚度研究。研究结果显示，在社区电商平台上的品牌体验越好，消费者对品牌越会保持更好的品牌忠诚度。这提示营销者，第一，可在虚拟社区中，通过图片展示、文字描述或者在线评论等让消费者获得较多感官体验。第二，可以通过社区和品牌产生情感关联（如参加品牌的线上活动或是想象自己拥有该产品所产生的愉悦心情的情感体验）。第三，品牌还可加大消费者的参与和共享（激发有关创造力和愉悦感的参与），比如穿搭类博主的发布会，使消费者与品牌之间产生思考体验，或是社区成员通过社区电商上有关品牌的信息接触真正成为某一品牌的消费者、粉丝，通过使用品牌产品或与他人分享谈论使用体验而加深了行为体验，最后与社区中的其他品牌消费者、分享者、评论者产生关联体验。品牌体验的上述维度对品牌忠诚度可分别单独产生正向影响，也可在多个组合下对品牌忠诚度产生影响。

2. 社区电商环境下品牌网络口碑与消费者品牌忠诚度之间存在正向影响。

网络使口碑不再局限于面对面的接触。社区电商环境下，平台用户兼具消费者和社区成员的角色，他们不仅仅可以通过主动搜索获取口碑信息，同时还将自己的评论在社区中传播。本研究通过结合前人相关研究，将网络口碑量化成两个维度的变量：网络口碑数量与网络口碑评分。研究结果显示，网络口碑的评分越高，网络口碑的数量越多，其对消费者品牌忠诚度的影响越大。这意味着当社区电商平台上的用户无论是主动搜索到抑或是被动接收到品牌相关的大量信息且相关品牌的信息具有较高的可信度、认可度，都对消费者品牌忠诚度有显著影响，而且本研究选取品牌忠诚度正向影响的量表，可认为上述网络口碑两个维度变量对消费者品牌忠诚度产生正向影响。

3. 顾客感知价值在消费者品牌体验与消费者品牌忠诚度之间的中介作用。

从顾客视角出发，顾客感知价值是顾客感知到的或者是品牌企业带给顾客的价值。本研究将消费者品牌体验和顾客感知价值同时对消费者的品牌忠诚度的影响进行回归分析，发现品牌体验通过顾客感知价值影响消费者品牌忠诚度。研究结果显示，在品牌体验—顾客感知价值—品牌忠诚度的中介模型中，品牌体验对品牌忠诚度具有89%的解释度，这说明顾客感知价值在该模型中起到了部分中介作用。这意味着，消费者在社区品牌电商平台上所进行一系列品牌体验相关的活动中包含感官体验、情感体验、思考体验、行为体验以及关联体验，使消费者获得产品质量、服务、预计付出及回报等方面的感知价值，从而间接影响了消费者对品牌的忠诚度。

4. 顾客感知价值在品牌网络口碑与消费者品牌忠诚度之间的中介作用。

从企业角度出发，顾客感知价值更倾向于顾客资产，是顾客带给企业的价值。本研究将消费者品牌网络口碑和顾客感知价值同时对消费者的品牌忠诚度的影响进行回归分析，发现品牌网络口碑通过顾客感知价值影响消费者品牌忠诚度。研究结果显示，在网络口碑—顾客感知价值—品牌忠诚度的中介模型中，网络口碑对品牌忠诚度具有67.5%的解释度，这说明顾客感知价值在该模型中起到了部分中介作用。这意味着网络口碑从一定角度上可以被认为是顾客赋予品牌企业的价值，消费者在社交电商平台上发布的品牌相关的个人体验、评价、讨论和推荐信息可通过顾客感知价值间接影响消费者对品牌的忠诚度。

5. 品牌网络口碑、顾客感知价值在消费者品牌体验与消费者品牌忠诚度之间起到多重多步中介作用。

品牌体验是品牌管理的新焦点，在社区电商环境下创造和提高消费者的品牌体验，不仅为企业本身更为消费者提供更多的价值。本研究选取消费者品牌体验作为自变量，通过建立多步多重中介模型来探究其影响消费者品牌忠诚度的中介机制。研究结果表明消费者品牌体验不仅会积极影响消费者品牌忠诚度，也显示了品牌网络口碑、顾客感知价值多步中介了消费者品牌体验与消费者品牌忠诚度之间的关系。这意味着消费者社区电商平台上的品牌体验会通过网络口碑的形式对消费者的品牌忠诚度产生间接影响，同时消费者品牌体验通过网络口碑形式影响顾客对品牌的感知价值最终对消费者品牌忠诚度产生影响。

6. 消费者品牌体验、顾客感知价值在品牌网络口碑与消费者品牌忠诚度之间起到多重多步中介作用。

在网络传播环境下，消费者不仅可以快捷、快速地获取品牌信息，还拥有加工发布信息的权利，重视网络口碑是企业管理品牌好的方式。本研究选取消费者网络口碑作为自变量，通过建立多步多重中介模型来探究其影响消费者品牌忠诚度的中介机制。研究结果表明消费者品牌网络口碑不仅会积极影响消费者品牌忠诚度，也能显示出消费者品牌体验、顾客感知价值多步中介了消费者品牌体验与消费者品牌忠诚度之间的关系。这意味着消费者在社区电商上接触到网络口碑会对消费者品牌体验产生影响从而对消费者的品牌忠诚度产生间接影响，同时品牌网络口碑会影响消费者的品牌体验从而使消费者对品牌的感知价值发生改变，最终对消费者品牌忠诚度产生影响。

最后，经过对网络口碑—品牌体验—顾客感知价值—品牌忠诚度与品牌体验—网络口碑—顾客感知价值—品牌忠诚度二者多重多步中介模型进行横向与纵向分析得出结论，在社区电商环境下，品牌网络口碑与消费者品牌体验互为前因，相辅相成，不仅可以分别对消费者品牌忠诚度产生显著影响，还可以通过共同作用的方式持续对消费者品牌忠诚度产生长远影响。

（二）营销管理启示

基于以上研究结果，我们就企业品牌在社交电商平台上的客户管理和数字运营方面提出以下建议：

第一，品牌体验不再是单独的线下模式，而是已经启动线上和线下联动的品牌体验模式。传统的品牌体验的重心更多的是关注产品和服务质量。而在社交加电商的生态链下，顾客的体验来源更多地由直接接触点转向间接接触点，其中就包括了网络口碑和社交互动。企业品牌需要改变原先的产品主导的逻辑和服务主导的逻辑，学会和客户共同创造价值。在平台上发起品牌活动，不仅可以吸引更多的潜在顾客参与其中，还可以引起顾客之间的互动，从而增加顾客的关联体验。企业和顾客的每一次互动都为创造关系价值提供了机会。可以通过借助平台上的电商渠道鼓励正面的品牌图文体验信息的分享，来加深消费者对品牌的感官体验；还可以通过平台上的社交渠道，对品牌形象进行拟人化的包装，针对性地加强品牌个性，为消费者加深其对品牌的情感体验提供更多的基础。有意识地引导消费者去讨论品牌话题，不断加强对品牌的行为体验和思考体验。

第二，在监测网络口碑走向、重视意见领袖观点的同时，还需关注普通用户的讨论与分享。本研究发现，网络口碑对品牌忠诚度发挥着重要影响。这并不难理解，消费者在作出购买决策之前，更有意愿去寻找可信的参照群体，以这些具有购买使用经验的消费者人群或者非官方的"专业人士"对品牌的信息评价作为购买选择的参照。他们对于这些信息的信任度一般高于来自企业的官方宣传。由社交电商平台上的其他使用者情况、购买使用评价、传统经验和革新价值所构成的网络口碑，在品牌传播过程中发挥着越来越大的作用。企业要学会聆听消费者对品牌的各类评价，从中提取出消费者的使用经验信息，研究对于各类产品特性的讨论，不断改进品牌的产品和服务质量，提供更好的价值共创的互动环境。同时，企业需要实时掌握平台上品牌的相关舆论导向，不仅对意见领袖的态度倾向进行监测，还要对其他用户的讨论进行引导，及时处理公关关系。

第三，打好品牌体验和网络口碑组合拳，提升顾客感知价值。由研究结果可知，网络口碑、品牌体验与消费者品牌忠诚度相辅相成、相互促进。好的品牌体验通过网络口碑效应的传递，可以让消费者感知到品牌提供的优质产品和服务质量。而高质量的网络口碑即评分高网络口碑会使消费者在搜索、互动、分享、评论中获得相应的感知体验、情感体验等品牌体验，在此过程中强化消费者对品牌的信任和依赖。企业可通过促进优质网络口碑传播和创造出良好的品牌体验，根据网络口碑改进品牌产品和服务体验，营造良好的品牌体验分享氛围，引导消费者主动为品牌背书。最后通过感知价值这一关键纽带，使消费者形成品牌忠诚。

电商直播营销中主播因素对消费者购买行为的影响

廖秉宜　　索娜央金[*]

一　引言

根据互联网络信息中心（CNNIC）发布的《第 49 次中国互联网络发展状况统计报告》，截至 2021 年 12 月，我国网民规模达 10.32 亿，手机网民规模达 10.29 亿。① 随着互联网普及率的大幅提升，网络直播发展迅速。从 2017 年 6 月到 2019 年 6 月，两年间，我国网络直播用户已经由 3.43 亿上升到了 4.33 亿，占据了全国网民数量的 50.7%。之后，国家出台相应的监管政策来保证网络直播环境，这也使得整个直播行业的发展出现了放缓的趋势。而用户对于直播的关注程度，以各方面权威数据来看，仍然具有显著的上升趋势。

从网络直播行业的发展路径来看，网络直播萌芽于 PC 端秀场直播，后来逐渐走向移动端。自 2018 年 6 月，直播产业围绕内容创新、互动体验升级、主播造星、流量变现等方面，在直播＋的跨界新发展方向下，呈现出了多元化的发展趋势。由于线上流量瓶颈渐显，淘宝、蘑菇街等传统电商平台开始探索"电商＋直播"结合模式。2017

* 廖秉宜，武汉大学媒体发展研究中心研究员，武汉大学新闻与传播学院教授、博士生导师；索娜央金，武汉大学新闻与传播学院硕士研究生。
① 中国互联网络信息中心：《第 49 次中国互联网络发展状况统计报告》，http://www.cnnic.net.cn/hlwfzyj/hlwxzbg/hlwtjbg/202202/P020220407403488048001.pdf，2022 年 2 月 25 日。

年至 2018 年，淘宝直播、蘑菇街等平台大力加强直播红人孵化体系、供应链整合以及相关配套保障，并在 2019 年实现全面爆发。2019 年以来，电商直播不断加码，包括网易考拉、小红书、知乎在内的众多电商及内容平台相继开放电商功能，抖音、快手等短视频平台也加强直播合作及投入。淘榜单联合淘宝直播发布的《2019 年淘宝直播生态发展趋势报告》提供的数据显示，2018 年，平台带货规模达千亿，同比增速接近 400%，① 虽然越来越多的电商网红服务于自有品牌广告传播和电商转化，但用户快速增长的红利也在慢慢消失。在消费大数据的整合驱动下，用户的转化率和复购率有待进一步加强，用户拉新成本也在逐步上升，在这些背景下，电商直播的局限性也逐渐显露出来。

从本质上来看，电商直播属于购物直播的一种形式，在电商直播这一直播形式出现之前，20 世纪 90 年代，购物类直播主要采用广播、电视一类传统媒介资源作为平台，向观众介绍和推销商品，观众可通过电话订购商品。其将宣传与销售合为一体，是具有显著商业特征的服务模式。本文所指的电商直播即为在电商平台上的直播，其目的是借助电商平台流量，宣传品牌和活动，对商品进行售卖。

作为一个新的垂直领域，关于电商直播的实证研究目前相对较少。本文通过实证方法研究用户参与电商直播营销的影响因素，主要从电商主播对消费者行为的影响角度去研究电商直播营销效果，为有效开展电商直播营销提出针对性的建议。

二　理论基础和文献综述

（一）理论基础

1. 人际传播与双过程理论

随着网络技术的快速发展，常规类型的传播媒介被颠覆，信息传播不再受到时间和空间的限制。在人际传播模式中，意见领袖积极活

---

① 淘榜单：《2019 年淘宝直播生态发展趋势报告》，http://www.199it.com/archives/855530.html，2019 年 3 月 30 日。

跃，影响强大，能够将信息传达给他人并施加影响，实现"一传十、十传百"。在网络社交平台上，每个人作为自媒体主体发声，受众的选择性和主动性不断提升，全面化和草根化的特点越来越明显，具有时代特征的电商直播主播应运而生。

2. 社会网络与结构洞理论

Granovetter（1985）认为，事实上的"社会系统"也就是采用多方面的关系对数个节点进行连接操作，使其能够形成网状的结构。[1]研究表明，在社交网络的强关系下，消费者更相信其他人的建议。Valente（1995）认为，在网络系统之中，占据主要地位的意见领袖能够受到更多的关注，并且对意见领袖与社交网络之间的关联性进行了详细解析。[2]

Ronald Burt[3]（1992）提出了新的理论：结构洞。在"结构洞"理论之中，各个个体之间均能够具有一定程度的关联性，其中既包括直接的关联性，也包括间接的关联性。对于社交网络结构来说，其中主要包含的状态可以分为两种：一是封闭状态，即"无洞"；二是开放状态，即"有洞"。从总体上来看，呈现出显著的"结构洞"特点。社会化营销网络理论认为，消费者与企业之间也具有密切的直接关系。在不同的消费者之间，其所属的关系为间接关联性，与此同时，处于中心位置有利于对更多的资源进行接触。

消费者的口碑关系强度能够对传播效果产生重要影响。以社会网络理论为基础，消费者在做出购买决策之前，更乐于寻求建议和帮助的人群大多为具有相关经验的人群。传播学理论认为，在同一社会系统中，个体的行为和态度会受到其他社会成员的影响，并且在规范性影响的作用下，希望自我行为能被他人接纳。所以在作出购买决策的过程中，消费者更加信赖通过强关系所获取的外部信息。

3. 感知价值理论

感知价值理论起源于 20 世纪 80 年代，它是伴随着迅速发展的市

---

① Granovetter, "Online word – of – mouth antecedents, attitude andintention – to – purchase electronic products in Pakistan", *Telematics & Informatics*, 1985, pp. 388 – 400.

② Valente, "Word of mouth and interpersonal communication", *Journal of ConsumerPsychology*, 1995, pp. 586 – 607.

③ Ronald Burt, "Shopping on Social Networking Web Sites: Attitudes toward Real versus VirtualItems", *Journal of Interactive Advertising*, 1993, pp. 77 – 93.

场经济、不断加剧的市场竞争而产生的。在这一理论中，消费者占据消费主导权，消费者注重的是商品或服务的价值，而不是商品或服务本身，商品或服务带给消费者的满足程度是其产生购买行为的主要动机。

感知价值是营销中一个非常重要的概念，尤其在商品差异化逐渐增强的阶段，对企业来说则尤为重要。学术界对感知价值的研究主要分为两个方面：一种是从企业的角度分析客户资源对企业带来的价值，另一种是从消费者的角度研究他们的需求和感知并以此指导企业的生产经营和营销活动。关于感知价值的最早研究可以追溯到1954年德鲁克在《管理实践》中提出的想法。他指出，顾客消费的不是产品，而是价值。事实上，消费者从意见领袖处所获取的感知价值，就是进行口碑传播的结果，在消费者对主播传播的商品或服务信息进行决策参考的过程中会融入自身的判断和考量，以对产品或服务之于自身的价值进行感受和认识。由此，在本文中，笔者将"感知价值"作为电商主播与消费者购买行为的中介变量，并对能够对消费者感知价值以及行为产生影响的因素进行探讨。

4. 消费者购买行为理论

"消费者购买决策"指的是消费者在谨慎的态度之下对某一种产品、品牌、服务进行评价和选择，从而进行购买的过程。这一过程具有一定的系统性，其中包括消费需求、购买动机、购买方案的确定以及方案的实施，另外，在实施购买方案之后还需对其进行相应的评价，并且消费者网购时的决策过程不仅受自身需求的影响，还受其他消费者的影响。消费者在参与购买决策中扮演着五种不同的角色：使用者、发起者、影响者、决策者以及购买者。消费者有时会扮演多种角色。

5. 关系营销理论

关系营销这一概念是"大市场营销"的衍生概念，该理论认为，营销活动属于一个企业与公众进行互动的过程，其核心在于企业建立和发展与各方面公众之间的良好关系。

20世纪80年代，在美国营销协会的报告之中，Leonard L. Berry ①

---

① Berry L. L, "Emerging Perspecive of Services Marketing", in L. L. Berryet al, eds., *American Marketing Association*, 1983, pp. 25 – 38.

教授首次对关系营销进行了定义，他认为，关系营销是对客户进行吸引、维持和加强。1996 年，他进行了更加全面的定义，认为关系营销是对目标消费者进行识别、建立、维护、促进以及在必要情况下终止关系以满足企业与相关利益者目标的过程，这一过程的实现，需要依靠交流和承诺。企业对关系营销策略进行有效应用，消费者则能够在心理契约、感知价值以及信号强度等多方面因素的不断累积之下受到相应的影响。

（二）文献综述

随着企业市场营销意识的加强，直播业态得到发展。学者们也从多个方面对其进行研究，下面分别对国内外电商直播平台、电商直播主播和消费者购买行为的相关研究进行分析。

1. "直播 + 电商"模式的相关研究

丁美玲（2018）认为，"主播 + 直播 + 电商"的商业模式是消费者可以在观看直播的过程中对购买行为进行落实，直播的过程也就是主播对产品进行全面介绍以及提升粉丝信任程度的过程。[①]

Weinberg&Gottwald（1982）认为，冲动性购买行为未经过认真思考、不具有计划性，且其中包含一定程度的情感因素及复杂性。[②] 所以，在消费者进入直播间以前，并不具有特定的消费需求，但是在观看过程中会受到外部因素刺激。

Wilkie（1994）认为，消费者的从众性购买行为即受到他人影响或是周围环境影响情况下所产生的购买行为。[③]

翟小可（2017）认为，当前应用范围十分广泛的"网红 + 电商 + 直播"商业模式包含的电商形式主要为三种：（1）电商平台直播化；（2）直播平台电商化；（3）"直播 + 电商"平台合作化。[④]

电商平台直播化。相对于传统的网络购物，电商直播具有真实

---

① 丁美玲：《"网红 + 直播 + 电商"模式下影响消费者购买行为研究》，《中国市场》2018 年第 16 期。

② Weinberg P, Gottwald w, "impulsive consumer buying as a result of emotions", *Journao of business research*, 1982, pp. 43 - 57.

③ Wilkie W L, *Concumer Behavior*, New York: john wiley and sons ine, 1994.

④ 翟小可：《直播网红的电商模式与营销策略分析》，《现代营销》（下旬刊）2017 年第 8 期。

性、实时性、社交性。

直播平台电商化。在直播行业出现的最初几年，主播收入及平台盈利的主要来源在于粉丝打赏、分成以及广告植入，但目前，越来越多的主播选择开设淘宝店铺，用直播的方式为店铺引流。

"直播 + 电商"平台合作化。在直播与电商行业均得到了良好发展的情况下，二者之间进行合作，实现引流，产生"1 + 1 > 2"的效果。

2. 电商主播的相关研究

相对于传统的信息传播过程，社交媒体传播范围更广泛、传播距离更远。与此同时，意见领袖的特征及身份也在发生改变，具有更加显著的草根化、虚拟化和全民化特点。

学界从不同角度对电商主播所具有的影响力展开了研究。丁汉青、李华（2010）对"惠普质量门事件"进行了分析，认为电商主播在进行直播的过程中，主要起到议程设置、信息传递、观点引导以及关系维护等多方面作用。针对消费者的维权活动，不同的意见领袖能够产生的影响不尽相同。[1] 李虎（2011）站在新闻编辑的角度对电商主播的新闻价值进行研究，并探索有效的利用方案。[2] 尹幸颖、张凌霄等（2011）以方舟子为例，针对微博平台上电商主播对议题进行转换所起到的作用进行分析。从市场营销角度来看，电商主播能够对消费者网购行为产生影响的主要变量即为信任及感知价值。[3] 王智宇（2012）以人人网为基础，利用深度访谈和网站数据，对大学生电商主播的类型以及特点进行了分析。[4] 徐玮聪（2012）将数字产品消费作为背景，从信息传播的角度，在电商主播的专业度、经验度、信息推荐、与客户之间的关系强弱等多个方面开展研究。[5] 张瑜（2013）

---

① 丁汉青、李华：《网络空间内意见领袖在消费者维权活动中的作用——以惠普"质量门"事件为例》，《新闻大学》2010 年第 3 期。

② 李虎：《网络意见领袖的新闻价值及利用——基于网络新闻编辑的视角》，《重庆与世界》2011 年第 28 期。

③ 尹幸颖等：《意见领袖对议题转化的影响——以方舟子微博为例的实证分析》，《新闻前哨》2012 第 3 期。

④ 王嘉、戴艳军、王智宇：《大学生"网络意见领袖"研究——基于人人网》，《中国青年研究》2012 年第 7 期。

⑤ 徐玮聪：《网络意见领袖对消费者购买意向影响研究》，硕士学位论文，东北师范大学，2012 年。

将研究的主体设置为"女性",发现女性消费者对于女性电商主播的信任度更高。[①]

随着营销市场和直播产业的发展,主播具备的影响还有更多的挖掘空间。

3. 消费者购买行为的相关研究

国内外学者关于消费者网络购买行为影响因素的研究主要集中在以下方面:一是站在风险分析的角度。相对于传统的购物环境及购物习惯,网购存在的风险对消费者的购买行为起到显著作用。二是站在外部刺激的角度。Satya Menon 和 Barbara Kahn(2001)更加注重网购环境对消费者产生的影响,认为若消费者能够感到愉悦,就有可能进行重复购买。[②] Shim(2001)在对既往的购物经验以及满意度进行研究后,认为二者均能对消费者的网购行为产生重要影响。[③] Mandel、Naom 和 Johnson(2003)认为,网点对于信息进行展示的形式,能够对消费者的购物喜好以及购物选择产生一定程度的影响[④]。三是站在信任的角度。Gefen(2011)认为,对于商家的信任有利于促使消费者落实购买行为,并且信任度与购买行为之间具有正向关系。[⑤]

针对网购行为研究工作进行总结和归纳,主要包含三个方面:(1)信任模型:在通常情况下将信息作为中介,其针对其对网络消费决策所产生的影响进行分析;(2)影响因素:影响因素可来自各个方面,例如满意度、动机、感知价值以及消费体验等;(3)搜索行为研究:广告传播以及消费者之间的互动等。在 2006 年之后,学者还对社交化电商网站和在线口碑传播的设计进行了研究。陈洋(2013)认为,在消费者处于不同阶段,即问题识别、信息收集、选择与购买阶

---

① 张瑜:《网络意见领袖对女性消费者购买意愿的影响研究》,硕士学位论文,上海外国语大学,2014 年。

② Satya Menon, "A new approach to e - commerce multi - agent systems", *Annals of Dunarea De Jos*, Jan2001.

③ Shim, "Effects of reputation and website quality on online consumers´emotion, perceived risk and purchase intention", *Journal of Research in Interactive Marketing*, July2013, pp. 33 - 56.

④ Mandel, Naom&Johnson, "Community driven commerce: Design of an integrated frameworkfor social shopping", Krishnamurthy S and Isaías P, ed., *IADIS International Conference e - Commerce*, Portugal: Algarve, 2007, pp. 353 - 356.

⑤ Gefen, "Perceived Risk, Perceived Technology, Online Trust for the Online Purchase Intention in Malaysia", *International Journal of Business &Management*, June2011, pp. 167 - 182.

段等情况下，企业应该采取不同的营销措施。① 陈家成、黄庭诩等（2011）认为，从网站设计方面来看，能够对消费者购买决策产生影响的两个主要因素分别为浏览和决策，浏览涉及网站的便捷性和消费者的情境感受，决策则涉及与消费者的互动。②

直播这种多维角度的展现以及强调用户参与感的电商直播软件已逐渐得到用户以及品牌方的青睐。目前这方面的研究亟待展开，因此，笔者将电商直播平台、电商直播主播与消费者购买行为的关系作为研究重点，深描用户行为，从而优化电商直播营销效果。

三 模型构建与研究设计

这一章，通过对学界关于电商直播的研究进行分析，在此基础上进行创新性研究，结合电商直播平台所具有的特征，构建研究模型，提出假设，设计变量。

（一）研究模型的相关理论基础

从广告效果早期的 AID 到 AIDA，到 AIDAS，再到 AIDAM，一直到 SICAS，这些模型不断进化，共同点在于其出发点以及落脚点都是消费者，而广告效果的形成和消费者的心理反应改变也有着相似的过程，都是从接触到认知，再从认知到行为倾向。

在 1925 年，Edward K. Strong 所提出的广告效果层次这一模型，就广告对消费者的影响过程做出了理论解释，认为其经历了 Attention、Interesting、Desire、Memory、Action 五个阶段。③ 通过这五个阶段，我们发现，这种行为具有单向性，客户是受到了品牌营销活动所产生的冲击作用，进而做出购买的决策，因此客户也更容易受到营销手段以及营销方式的影响。

---

① 陈洋：《社会化电商用户推荐对消费者购买意愿的影响研究》，硕士学位论文，北京邮电大学，2013 年。

② 陈家成、黄庭翊、战玉冰：《网站设计对消费者购买决策的影响》，《现代经济信息》2011 年第 13 期。

③ Edward. K. Strong, *The psychology of selling life insurance*, New Jersey, 1925.

如今，信息的搜索以及发布都不需要太高的成本。日本的电通集团在 2005 年就对 AIDMA 进行了理论重构，即 Attention、Interest、Search、Action、Share，简称 AISAS 理论，强调的是消费者会分享自己满意的产品。通过这样的方式，消费者就可以借助于各种渠道对产品企业信息进行了解，这就使得消费的终点不再是购买，但是这种传播模式依然有着单向性特征。

随着用户的消费方式及其消费观念的改变，用户和企业之间的交流也开始从传统的单向交流转变为如今的双向交流。同时，影响消费者消费决策的因素也随之发生了转变，针对这种情况，SICAS 模型被提出。它强调，用户和企业之间首先需要互相感知，在用户对产品产生兴趣之后，再与企业进行互动，然后在用户和企业之间建立起相互的沟通，接下来是用户的购买行为，最后是用户对产品的分享。在这五个阶段之中，每两个阶段都有着很大的关联性，且都具备双向互动的特征，这样才可以让企业全面、系统、及时地掌握消费者心理及其行为变化。

（二）模型构建

本文探讨电商主播会通过怎样的特征或者途径对消费者购买行为产生影响。通过研究相关文献发现，在对消费者购买行为造成的影响中，主播所具备的个体特征都会起到不同程度的影响作用。如视觉性、专业程度、知名度以及激励机制等都应该作为其影响的主要因素。在本研究中，主要选择的自变量有六个，分别是视觉性、专业性、产品涉入、知名度、主播形象以及激励机制。

在消费者的决策行为中，感知价值至关重要。对于产品而言，消费者所产生的感知价值与其购买行为之间可以呈现出正相关关系。通过用户感知价值理论可以发现，消费者对于电商主播的信赖度越高，对其服务满足度越高，就会更愿意听从主播的建议，购买行为也就越容易产生。因此，本文对电商直播对于消费者购买行为所产生的影响进行研究，将感知价值作为中介变量。

社会网络理论将关系作为出发点，认为在对口碑进行传播时，个体之间所具有关系的强度会对中介个体行为产生较大影响，并且强关系和相似性成正比。关系营销理论指出，在和消费者建立关系的过程中，如果关系足够好，那么客户的感知价值也就会进一步增加，更会促成消费者的购买行为。因此，电商主播可以对关系强度直接起到影响作用。基于此，本文将关系强度作为调节变量，认为关系强度可以调节电商主播对于消费者所产生的感知价值。

基于以上思路，本文构建了研究模型和分析框架，如图1所示：

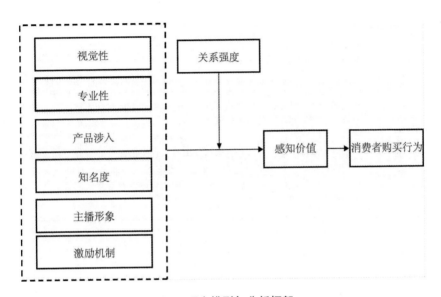

图1 研究模型与分析框架

（三）变量定义

按照国内外相关学者的文献资料论述，并结合本文研究的目的，对模型中各个变量的定义进行描述，如表1所示：

表1   各个变量定义

变量	概念界定
视觉性	电商直播主播所做出的相关描述，或者是对商品以及服务特征进行评价的过程中所应用到的视频、图像等传播手段。
专业性	接收信息的人所能够感受到的来自于电商直播主播对所有商品的专业知识和熟悉程度。

续表

变量	概念界定
产品涉入	消费者能够感知到的某种商品和喜好、价值观以及自身需求等这些项目之间与电商主播的匹配度，以此来反映其对于某种商品的长期关注和持续关注。
知名度	电商直播主播对产品的熟悉程度、产品的社会地位以及名人效应等诸多方面的社会属性。
主播形象	电商直播主播的个人魅力，包括外在形象等。
激励机制	在直播过程中采取的一系列优惠活动：限时特价的抢购、发放优惠券等。
关系强度	一种可以对电商直播主播以及直播观众的关系进行维持的一种力量。
感知价值	在对产品或者是服务信息进行获取的过程中，直播观众能够体会到的利益，在将其和成本付出进行权衡之后，就可以进行总体效用的评价。
购买行为	主要有两个方面，其一是直播观众主观心理方面的活动，其二是直播观众客观物质方面的活动。也就是说，直播观众为满足自身需求以及欲望，对产品进行找寻、选择、购买、应用、评价和处置，或者是介入服务之中的活动。

（四）研究假设

通过对电商直播中消费者购买行为的研究进行梳理，并针对电商直播的特性，笔者确定了变量，提出了研究假设。

1. 视觉性对消费者购买行为存在正向影响

信息的表达形式有很多种，这些信息通过视觉传达的形式将商品信息展示传递给消费者，不同的视觉呈现形式也会对消费者的感知及其记忆产生不同影响，然后消费者会通过综合考量来做出购买产品的决策。因此，提出假设：

H1：视觉性对消费者购买行为存在正向影响

2. 电商主播的专业性对消费者的购买行为存在正向影响

2000 年，Bansal&Voyer（2000）经过研究发现，很多消费者都喜欢通过专家来进行相关信息的获取，并以此为基础来制定购买决策。[①]

---

① Bansal, Voyer R, "Online word – of – mouth antecedents, attitude and intention – to – purchase electronic products in Pakistan", Malik M I, et al., *Telematics & Informatics*, Feb2016, pp. 388 – 400.

2007 年，Sweeney 等学者提出，如果消费者对于达人或专家有着较高的信赖程度，那么他们提供的信息会对消费者的购买行为产生显著的影响。[①] 同时，很多学者指出，专业性也可以进一步提升消费者的价值感知，并对购买意愿产生正向影响。1970 年，King 和 Summers 就提出了意见领袖的专业性来源于对产品的持久涉入这一观点，他们将自身的积累及其优势作为依托，将更加专业化、更具相关度的见解提供给消费者，进而对其购买行为产生影响。[②] 另外，专业性对于可信度也有着极大的影响。因此提出假设：

H2：电商主播的专业性对消费者的购买行为存在正向影响

3. 产品涉入对消费者的购买行为存在正向影响

如果消费者处于高度的涉入状态之中，就会与电商主播有着相似的状态。高涉入会对其喜爱和关注程度加以反映，以此表明电商主播十分关注该产品，同时也会对其专业性做出良好反映。例如李佳琦对国产护肤彩妆类的关注，如参与"花西子"产品的推广，依据自身的专业性和对中国消费者偏好的洞悉，参与花西子旗下产品的研发设计，将消费者对该主播专业的信任和支持国货的价值观作为刺激购买的因素，并将其移嫁到产品中。因此提出假设：

H3：产品涉入对消费者的购买行为存在正向影响

4. 电商主播的知名度对消费者的购买行为存在正向影响

因为名人具有足够的权威性以及专业性，他们所传播的信息更容易被接收者所认可。2006 年，Chevalier & Mayzlin 将亚马逊这一平台作为研究对象提出，如果评论信息是来源于一个有着较高知名度的消费者或者是有着很高曝光率的消费者，那么商品的销量也就会随之增加。[③] 因此提出假设：

H4：电商主播的知名度对消费者的购买行为存在正向影响

5. 电商主播的主播形象对消费者的购买行为存在正向影响

主播形象是指电商主播因自身外在形象对于消费者所产生的影响

① Sweeney Angela，"Lindgreen，Adam. Exploring the Nature of Value in the Word – of – Mouth Referral Equation of Health Care"，*Journal of MarketingManagement*，2007，pp. 269 – 290.

② King M，Henten A，Tadayoni R，et al.，*Business Models in Social Networking*，CMI International Conference on Social Networking and Communities，1970.

③ Chevalier&Mayzlin，*Social Commerce Adoption Model*，the UK Academy of Information Systems Conference，UK：University of Oxford，2012，pp. 1 – 26.

作用。2018 年，宋京茜通过戈夫曼的"拟剧理论"对社交媒体之中网红的自我呈现方式进行了解释[1]，发现大多数的网红会将正能量以及美好的、积极向上的生活态度传递给粉丝。在直播时，电商主播所提供的一些意见很容易引发消费者的联想，而消费者所产生的整个联想过程其实就是将自己的形象和商品之间进行联系，然后设想自己在购买、使用产品之后收到的效果。这是一种消费者在购买决策确定之前普遍的"自我比拟"的心理联想活动。因此提出假设：

H5：电商主播的主播形象对消费者的购买行为存在正向影响

6. 激励机制对消费者的购买行为存在正向影响

美国营销学者菲利普·科特勒认为，促销活动通常具有短期性，所以需要外部刺激与附加奖励之间产生共同作用，以此来对消费者产生足够的刺激，激发其购买行为。1990 年，Blattberg & Neslin 提出，在一定的时间范围之内对销售活动进行控制才是促销的本质，在促销活动之中，最显著的一大特征就是让消费者利用最短的时间做出购买决策。[2] 由此，本文假设如下：

H6：激励机制对消费者的购买行为存在正向影响

7. 感知价值的中介作用

从消费者通过网络搜索产品信息这一现象可以发现，消费者比较依赖他人的意见，其购买的前提就是让产品带给自己的收获超过自己的成本付出。通过主播的推荐，不仅可以让消费者对产品的功能和价值有进一步了解，同时也可以提升消费者对产品的情感价值。意见领袖型主播通常都是某个领域之中的行家，有着比较高的权威性，因此其推荐的产品在品位和品质方面都更有保障，可提升消费者的社会认同感和心理愉悦性。基于这一情况，本文提出了以下几点假设：

H7：在购买行为以及视觉性之间，感知价值起中介作用。

H8：在购买行为和电商主播之间，感知介质起中介作用。

H9：在购买行为以及专业性之间，感知价值起中介作用。

H10：在购买行为以及产品涉入之间，感知价值起中介作用。

---

[1] 宋京茜：《社交媒体传播下"网红"的自我呈现分析》，《西部广播电视》2018 年第 21 期。

[2] Blaeebeerg RC, *Neslin S A*, *Sales promotion：concepts*，*method*，*and staategies*，prentice hall，1990.

H11：在购买行为以及知名度之间，感知价值起中介作用。

H12：在购买行为以及主播形象之间，感知价值起中介作用。

H13：在购买行为以及激励机制之间，感知价值起中介作用。

8. 关系强度的调节作用

在信息传播过程中，传播者以及接收者之间的关系强度对于消费者所产生的购买行为有着很大程度的影响。强大的关系强度会增强信任感，会对接收者产生更大的影响。研究发现，在信息的传播过程中，除了有强关系存在之外，也有弱关系存在，在企业进行营销活动过程中，一个实质性的内容就是将消费者之间存在的弱关系加以合理利用，以此来实现口碑传播效率的提升。2014 年，孙永波曾经提出了口碑信息将会受到强度关系显著影响的观点。[①] Rivis & Sheeran[②]（2003）和 Hsu & Lu [③]（2004）提出：在面对大量信息时，为了让信息得到更快更好的识别与选择，很多人都依赖于与其有联系的人，而不是通过客观判断来自主做出选择。宁连举（2013）在虚拟社区之中研究了推荐者关系强度对于消费者购买决策的影响，并提出了信任在其中的中介作用。[④] 基于上述观点，本文提出了以下几点假设：

H14：在感知价值和视觉性两者之间，关系强度具有调节作用。

H15：在感知价值和电商主播两者之间，关系强度具有调节作用。

H16：在感知价值和专业性两者之间，关系强度具有调节作用。

H17：在感知价值和涉入性两者之间，关系强度具有调节作用。

H18：在感知价值和知名度两者之间，关系强度具有调节作用。

H19：在感知价值和主播形象两者之间，关系强度具有调节作用。

H20：在感知价值和激励机制两者之间，关系强度具有调节作用。

---

① 孙永波、刘晓敏：《电商新趋势下影响网络消费者购买行为因素研究》，《北京工商大学学报》（社会科学版）2014 年第 7 期。

② Rivis A，Sheeran P，"Social influences and the theory of planned behavior：Evidence for a direct relationship between prototypes and young people's exercise behavior"，*Psychology and health*，2003，pp. 567 – 583.

③ Hsu C L，Lu H P，"Why do you people play on‐line games? An extended TAM with social influences and flow experience"，*Information&Management*，2004，pp. 853 – 868.

④ 宁连举、万志超：《基于团购商品评论的网络意见领袖识别》，《情报杂志》2013 年第 8 期。

（五）研究设计

通过上一章对研究假设的分析，本章从变量的研究方面入手，将以往的文献资料作为研究基础，对变量测量之中的主要问题加以明确，并进行了调查问卷设计，以此来为研究提供实证。

1. 测量变量

在本次的研究之中，主要涉及的变量类型有四种。在自变量影响因素之中，包括电商主播自身的专业性、电商平台的视觉性、产品的知名度、产品的涉入以及主播的形象等。在本次研究中，因变量是消费者所产生的购买行为，中介变量是消费者的感知价值，调节变量是电商直播主播和消费者之间的关系强度。

（1）视觉性

在信息传播之中，主要有文字、图片、视频等多种方式。Mandel、Naomi 和 Johnson（2002）提出，信息的展示形式会不同程度地影响消费者的购买行为。[①] 因此，本研究主要通过三个题项来进行视觉性的测量，具体题项如表 2 所示：

表 2 视觉性测量题项

自变量	测量题项
视觉性	我认为电商直播平台展示的产品信息有详尽、细致的文字说明
	我认为电商直播平台展示的产品信息有清楚、生动的图片说明
	我认为电商直播平台展示的产品信息有直观、真实的视频/音频

（2）专业性

因在本研究中，主要将前人的相关研究作为借鉴，通过三个维度对电商主播进行专业性的测量，同时将和产品有关的量表加入最终的研究量表之中，采用以下题项量表测量专业性程度，具体题项如表 3 所示：

---

① Mandel, Naomi and Eric J. Johnson, When web pages influence choice: effects of visual primes on experts and novices, *Journal of Consumer Research*, Vol, 29, Sep2002, pp. 235 – 245.

表3   **专业性测量题项**

自变量	测量题项
	我认为电商平台网络主播具有此产品领域的相关知识
专业性	我认为电商平台网络主播在此产品领域拥有专业能力
	我认为电商平台网络主播在此产品领域具有丰富的实践经验

（3）产品涉入

Zaichkowsky 这一量表因测量项目全面而被经常引用，包括 20 个测量项目，如关注度、喜好度、吸引力等。Quester & Lim（2003）指出产品的涉入度可以对某一产品或者是服务保持持续关注，这与电商主播自身的专业及其兴趣爱好之间有着密切的关联性。梦非（2012）在此基础上，借助扎根理论分析并进行改进。本文结合前面的研究，采用以下题项，具体如表4所示：

表4   **产品涉入测量题项**

自变量	测量题项
	我认为直播间网络主播平时非常关注这类产品
产品涉入	我认为直播间网络主播平时非常喜爱这类产品
	我能感觉出该网络主播对这类产品花费较多心思和时间

（4）知名度

对于意见领袖的知名度可以从多个方面解释，比如名人效应、公众熟悉度以及社会地位等。主播可以是明星、名人、专家，也可以是网络中人气较高的网络草根红人，他们有着多种多样的身份和强大的号召力、名声以及曝光率等。表5是测量电商主播知名度的量表：

表5   **知名度测量题项**

自变量	测量题项
	我认为网络主播在直播带货方面具有较大的影响力
知名度	我认为网络主播在社会上有一定声望
	我认为网络主播是社交平台上大家所熟知的人物

（5）主播形象

宋京茜①（2018）在戈夫曼提出的"拟剧理论"基础上对社交媒体之中网红的自我呈现方式进行研究，发现大多数网红会为粉丝传递积极、正能量且美好的生活态度和场景。在 Dennison 看来，意见领袖会对个体价值观带来影响，进而影响消费者对产品或服务的感知。本文确定的测量电商主播形象的量表如表 6 所示：

表6 主播形象测量题项

自变量	测量题项
	我会因为直播间网络主播的素质高而购买其推荐的商品
主播形象	我会因为直播间网络主播的整体形象好而认可其推荐的产品
	我会因为直播间网络主播的个人魅力高而购买其推荐的商品

（6）激励机制

直播电商采取的激励机制一般为限时、限量促销，都是通过一系列促销手段，让消费者出现紧迫感，从而加快其消费决定，通过这样的方式，就会让产品销量增加。在这个过程中，商家的促销方式会对消费者所产生的感知价值起到直接的影响作用。限时促销的形式会给消费者带来时间紧迫、不把握机会就会错过的感觉，进而加快其感官方面对于商品的判断，本着先到先得的即视感去购买。同时，在大多数消费者的观念之中，都认为物以稀为贵，越是难以得到的物品，其价值也就越大，无论是出于对商品价格的考虑还是出于对自身面子的考虑，人们都更加喜欢购买限量的商品。测量激励机制的量表如表 7 所示：

表7 激励机制测量题项

自变量	测量题项
	我会因为商品在直播时特价而进行购买
产品涉入	我会因为直播中发放优惠券、礼物而购买商品

---

① 宋京茜：《社交媒体传播下"网红"的自我呈现分析》，《西部广播电视》2018 年第 21 期。

（7）感知价值

所谓感知价值，涉及消费者在购买产品时的情绪、消费者对于产品的体验以及消费者成本付出及其利益获得的权重。Sweeney & Soutar（2001）将质量标准和商品使用时间等诸多维度加入功能价值衡量之中，认为情感价值测量维度之中应该有兴奋感和愉悦感等这些情感。而在社会价值这一测量维度之中，则应该有社会地位的提升、他人给予的认同以及自我形象方面的改善等。由此，本文选取以下题项测量感知价值，具体见表 8 所示：

表 8 感知价值测量题项

中介变量	测量题项
	我认为电商平台主播推荐的商品具有较好的品质
感知价值	我认为电商平台主播推荐的商品物有所值
	我认为电商平台主播推荐的商品值得信赖
	我认为电商平台主播推荐的商品符合我的期望

（8）关系强度

Granovetter[①]（1973）将亲密度、相互服务以及情感强度作为三个出发点，对关系网络之中存在的关系强度进行测量。在分析消费者购买行为时，Frenzen and Davis（1990）在四个方面进行了关系维度的测量，Gilly et al.（1998）提出了应将相似性也作为关系强度测量维度的观点。陈洋（2013）在研究社会化电商环境时，也将这四个方面用来对用户推荐影响关系强度的测量。本文设计测量电商主播与消费者关系强度的量表如表 9 所示：

表 9 关系强度测量题项

调节变量	测量题项
	我经常关注电商平台网络主播的动态消息
	我经常与电商平台网络主播有互动交流

---

① Granovetter M S, "The strength of weak ties", *American journal of sociology*, 1973, pp. 1360 – 1380.

续表

调节变量	测量题项
关系强度	我会积极响应该电商平台网络主播发布的话题
	我与电商平台网络主播有相似的爱好或背景经历
	我会因为粉丝群体代入感来购买商品，作为支持主播的方式

（9）消费者购买行为

Gilly et al.（1998）设计了 10 个题项来测量口碑信息源头所发挥的影响力。Bansal & Voyer（2000）在对口碑传播者进行影响力的测量过程中，将提供的信息、意见以及影响显著程度等八个题项加以测量。在消费者所产生的购买行为之中，主要由刺激、反应、购买以及购买之后的行为所组成，而其中又涵盖着是否愿意购买、是否乐意购买、是否愿意向别人推荐、是否愿意再一次购买，以及是否愿意将购买的频率增加等诸多方面。Goldsmith（2002）和 Falch（2009）通过网络购物相关意愿这一维度对消费者所产生的购买行为进行了衡量。[①] 参考前人研究，设计本文的测量量表，具体如表 10 所示：

表 10　　　　　　　　　　购买行为测量题项

因变量	测量题项
	电商平台网络主播能激发我的购买欲望
	在同类商品中我会优先购买电商平台网络主播推荐的商品
购买行为	我愿意再次/多次购买电商平台网络主播推荐的商品
	我愿意向朋友推荐/分享电商平台网络主播的商品
	我愿意向别人推荐该主播

四　数据分析

（一）描述性统计分析

在本次调查之中，回收到的问卷总数是 417 份，去掉无效问卷，

---

① Falch M, Henten A, Tadayoni R, et al. , *Business Models in Social Networking*, CMI International Conference on Social Networking and Communities, 2009.

最后得到的有效问卷数量是 324 份，问卷回收的有效率是 77.7%，问卷有效率达到统计分析要求。下表是本次调查和研究之中有效样本的基本数据情况：

表 11　　　　　　　　　　样本人口统计特征

变量	类别	频数	百分比
性别	男	99	30.6%
	女	225	69.4%
年龄	20 岁以下	10	3.1%
	20—29 岁	184	56.8%
	30—39 岁	103	31.6%
	40—49 岁	18	5.5%
	50—59 岁	7	2.2%
	60 岁以上	2	0.6%
学历水平	初中及以下	7	2.2%
	高中、中专、技校	12	3.7%
	大专	43	13.3%
	本科	214	66.0%
	研究生	47	14.5%
	博士及以上	1	0.3%
收入水平	500 元以下	8	2.5%
	501—1000 元	30	9.3%
	1001—2000	67	20.7%
	2001—3000	38	11.7%
	3001—5000	51	15.7%
	5001—8000	80	24.7%
	8000 元以上	50	15.4%

通过以上描述性统计以及分析可以发现，从性别构成来看，女性人数占比达到 69.4%，男性人数占比为 30.6%。从年龄构成来看，受访者集中在 20—29 岁之间，以年轻群体为主，他们喜欢跟随潮流，更易受到网络达人的影响。随着"她经济"的崛起和发展，市场对年

轻女性的营销越来越重视。在学历方面，被调查者学历较高。从月消费水平来看，5000 元以下的消费人群占据一半以上比例。

表 12　　　　　　　**电商直播平台和调查用户使用时间统计**

变量	直播平台	频数（人）	百分比
电商直播平台	淘宝直播	263	81.2%
	京东直播	114	35.2%
	蘑菇街直播	80	24.7%
	快手直播	141	43.5%
	小红书	145	44.8%
	网易考拉	54	16.7%
	洋码头	21	6.5%
	其他（请注明）	11	3.4%
使用时间	1 小时以内	135	41.7%
	1—2 小时	127	39.2%
	大于 2 小时，小于等于 3 小时	58	17.9%
	大于 3 小时，小于等于 4 小时	5	1.5%
	4 小时以上	1	0.3%

从上表可以看出，使用淘宝直播的人数居多，快手、小红书用户占比接近。在受访者中使用电商平台观看直播时间在 1 小时内者占 41.7%，4 小时以上的仅有 0.3%。由此可见，本研究搜集到的所有数据都和研究主题的要求相符。

（二）信度分析

通过信度检验，可以将数据测量的真实程度指标反映出来，其中有样本数据的稳定性、再现性以及一致性等方面的测量。在本研究之中，主要借助于 Cronbach's Alpha 对各种变量进行信度测量。通常情况下，如果检验结果的信度系数越高，就说明结果的稳定性越高。按照相关标准，在本次研究之中，对各种变量的信度进行了分析，下表是具体的分析结果：

表13   信度分析表

测量变量	Cronbachs Alpha	基于标准化的 Cronbach's Alpha
视觉性	0.876	0.768
专业性	0.845	0.794
产品涉入	0.801	0.791
知名度	0.772	0.752
主播形象	0.786	0.802
激励机制	0.836	0.835
关系强度	0.839	0.895
感知价值	0.886	0.771
购买行为	0.798	0.738
量表总体	0.821	0.831

在上表中，总的信度是 0.821，比 0.8 高，由此可见其信度十分良好；而专业性、激励机制、视觉性、产品涉入、感知价值以及关系强度等的系数都超过了 0.8，由此可见，在本研究中，量表测量的问项设计较合理，其内部一致性以及稳定性都比较好。主播形象、知名度、信度以及购买行为的系数都超过了 0.7，由此可见，本次的问卷调查量表有着比较好的信度，可以继续对效度进行分析。

（三）效度分析

通过效度分析，可以将测量结果有效性反映出来，在对量表进行质量评价的过程中，可以将其作为另外一个指标。一般情况下，量表结构的效度测量都是通过因子分析法来实现的。如果有着越大的 KMO 值，就说明有着越小的相关系数，测量出来的结果也就有着更大的偏差。在本研究中，主要是通过 Bartlett 以及 KMO 来进行球形检验，以下是其具体的检验结果：

表14   效度分析表

测量变量	KMO 值	近似卡方
视觉性	.749	256.759
专业性	.804	422.672

测量变量	KMO 值	近似卡方
产品涉入	.815	436.005
知名度	.779	273.463
主播形象	.809	299.473
激励机制	.815	297.158
关系强度	.732	348.971
感知价值	.753	428.563
购买行为	.782	294.586

通过上表可以看出，在测量变量之中，KMO 值已经超过了 0.6，所以可以对该样本的因子进行分析。因为 P 值在 0.01 以下，所以可对零假设加以拒绝，这就表明本次的效度检验已经通过。

（四）相关性分析

通过对相关性的分析，可以对各个要素之间进行相关性程度的判断，这样就可以对各个变量之间所具有的相关性进行要素分析。本文主要通过皮尔逊相关系数（R）来进行分析，如果 R 的绝对值和 1 接近，则说明变量之间有着较强的相关性。变量的相关性分析情况见表 15。

表 15　　　　　　　　　　　　　相关性分析表

	视觉性	专业性	产品涉入	知名度	主播形象	激励机制	关系强度	感知价值	购买行为
视觉性	1								
专业性	.702 **	1							
产品涉入	.617 **	.693 **	1						
知名度	.756 **	.564 **	.264 *	1					
主播形象	.698 **	.562 **	.396 *	.729 **	1				
激励机制	.773 **	.716 **	.119	.516 **	.472 *	1			
关系强度	.683 **	.683 **	.437 **	.529 **	.638 **	.584 **	1		
感知价值	.693 **	.729 **	.463 **	.604 **	.725 **	.495 *	.773 **	1	
购买行为	.638 **	.684 **	.105	.762 **	.741 **	.709 **	.659 **	.629 **	1

在上表所显示的数据之中，视觉性、专业性、知名度、主播形象、激励机制、关系强度、感知价值、购买行为的相关系数都大于0.5，处在0.01显著水平上，说明这些影响因素和消费者的购买行为、感知价值以及消费者和主播之间的关系强度都具有正相关的关系，且这种关系十分显著。另外，电商主播对于产品的涉入和主播与消费者之间的关系强度、消费者的感知价值的相关系数小于0.5，处在0.05显著水平上，而产品涉入与购买行为的相关系数为0.105，小于0.2，说明产品涉入与购买行为之间不存在明显的相关性。

（五）假设检验

1. 自变量与感知价值的回归分析

将六个自变量引入回归模型中，同时将感知价值确定为因变量，通过回归分析的方法进行分析，具体情况如表16所示：

表16　　　　　　　　　　自变量与感知价值的回归分析

变量	B	标准误差	标准化系数	t	Sig.
常量	5.39	0.169		7.563	0.000
视觉性	0.396	0.187	0.457	3.673	0.001
专业性	0.290	0.098	0.744	3.895	0.001
产品涉入	0.174	0.006	0.274	1.032	0.000
知名度	0.562	0.049	0.737	4.847	0.002
主播形象	0.237	0.175	0.475	3.374	0.001
激励机制	0.562	0.163	0.374	2.748	0.000

注：整体F值是98.457，显著性为 0.000^{**}，R^2 是0.302，调整 R^2 是0.293

由上表可知，整体F值为98.457，代表显著性的P值不超过0.01，由此可见，在1%这一水平上是十分显著的，也就是说，视觉性、专业性、产品涉入、知名度、主播形象、激励机制显著影响消费者的感知价值，但是产品涉入的回归系数为0.174，与感知价值的相关性较弱。

调整 R^2 值为 0.293，说明所有自变量对于感知价值都有着 29.3% 的解释程度。由 D–W 的检验值可见，在消费者所产生的感知价值之中，电商主播不仅起到了十分显著的影响作用，且这种影响属于正向影响。

2. 对消费者感知价值及其购买行为进行回归分析

第二步是对因变量以及中介变量进行回归情况的验证，在此过程中，主要是借助于 SPSS 软件来进行消费者感知价值以及购买行为的回归分析，以下是具体的分析情况：

表 17   感知价值及其购买行为回归分析

	非标准化系数		标准化系数	t	Sig.
	B	标准误差			
（常量）	4.62	0.379		8.994	0.000
感知价值	0.583	0.097	0.970	6.856	0.075

整体 F 值是 117.633，P 值为 0.000 **，R^2 是 0.395，调整 R^2 是 0.354

因变量：消费者购买行为
* $P < 0.05$ ** $P < 0.01$

通过以上数据可以发现，将 R^2 调整到 0.395，也就是感知价值可以对消费者所产生的 39.5% 购买行为进行解释。就整体而言，F 值是 117.633，P 值为 0，未超过 0.01，所以其显著性可以成立，且有着十分显著的总体回归效果。在购买行为之中，感知价值的回归系数是 0.583，由此可见，在消费者所产生的购买行为之中，感知价值所起到的影响作用十分显著，所以可对下一步进行论证。

3. 感知价值的中介效应分析

将上述的分析作为基础，对最后一个步骤进行验证，将因变量定义为消费者所产生的购买行为，并将自变量以及中介变量都放进这个模型之中，然后通过回归分析的方法对其进行分析。为了验证电商主播以及感知价值和消费者所产生购买行为间的关联性，在将中介变量引入模型之后，应该对其回归系数加以观察，看该系数是不是十分显著，并将自变量回归系数以及因变量回归系数所出现的变化加以重点研究。如果没有比较明显的主效应效果，则说明完全是中介作用；如果效果呈现出了减弱趋势，但是依然十分显著，则其中介作用如下表所示：

表 18 感知价值的中介效应

模型	R^2	调整 R^2	整体 F	Sig.	Durbin – Watson
1	0.273	0.317	135.564	0.000	1.367
2	0.346	0.626	164.757	0.000	1.864

模型 1：预测变量：视觉性、专业性、产品涉入、知名度、主播形象、激励机制（常量）

模型 2：预测变量：视觉性、专业性、产品涉入、知名度、主播形象、激励机制、感知价值（常量）

因变量：消费者的购买行为

由上表可知，在模型中，调整 R^2 值为 0.317，显著性 P 值为 0.000，并未超过 0.01，表明了相关性十分显著，由此可见，电商主播和消费者所产生的感知价值可以对消费者所产生的购买行为进行 31.7% 的解释。整体的 F 值是 135.564，D – W 的检验值是 1.367，由此可见在该模型之中有着十分显著的回归效果。因此，H7、H8、H11、H12 等这几个假设都可以成立。

4. 对关系强度的调节效应分析

借助于调节变量，可以对自变量施加在因变量之中的作用强度和作用方向进行调节。通常情况下，可以通过分层回归法对调节效应加以验证。在本研究中，假设前述的自变量会对主播对于消费者所产生的感知价值作用带来影响，并将本次调查所获得的数据作为依据，通过回归分析法对以上假设加以验证。首先，在回归模型之中加入控制变量，并将该模型定义成模型 1；然后，在回归模型之中加入自变量、控制变量以及关系强度，并将该模型定义为模型 2；最后，在模型之中加入关系强度以及电商主播这两者之间的交互项，并将该模型定义为模型 3；在对模型 3 进行调整之后，如果其判定系数比模型 2 大，且经显著性检验发现交互性可以通过，就说明有着十分显著的调节效应。表 19 表示关系强度在消费者所产生的感知价值以及电商主播之间关系中所起到的调节作用：

表19   回归分析验证

模型汇总

模型	R	R²	调整 R²	标准估计误差	更改统计量				
					R²更改	F 更改	DF1	DF2	Sig. F 更改
1	0.217ᵃ	0.026	0.028	1.582	0.031	2.956	3	362	0.100
2	0.794ᵇ	0.552	0.482	1.856	0.537	64.743	5	385	0.000
3	0.837ᶜ	0.769	0.663	1.786	0.275	51.845	4	329	0.000

a. 预测变量：消费者的性别，教育程度，收入（常量）

a. 预测变量：消费者的性别，教育程度，收入，视觉性，专业性，产品涉入，知名度，主播形象，激励机制，关系强度（常量）

b. 预测变量：性别，收入，教育程度，视觉性，专业性，产品涉入，知名度，主播形象，激励机制，关系强度　视觉性＊关系强度，专业性＊关系强度，产品涉入＊关系强度，知名度＊关系强度，主播形象＊关系强度，激励机制＊关系强度等（常量）

c. 因变量：感知价值

由表19回归方程判定系数可知，在加入自变量与关系强度相乘之后，将乘积导入到模型2中，调整 R² 值为0.028，相比较模型1而言，R 值增加，其显著性水平是1%，可以通过检验，由此可见，在交叉项加入后，显著提升了方程所具有的拟合程度。此时关系强度的调节效应仍存在，即关系强度能够调节电商主播和感知价值的关系。消费者与电商主播的关系强度越高，电商主播对消费者所产生感知价值的作用越大，反之，则会产生越小的作用。

5. 研究假设的验证情况

通过以上分析可知，本次研究理论模型之中的假设都可以借助于数据逻辑来进行验证。在电商平台之中，电商主播会对消费者所产生的行为产生正向影响，其主要的影响因素包括主播的知名度、专业性、主播形象以及激励机制，但是产品的涉入和消费者所产生的购买行为这两者之间的相关性却并不是十分明显，在电商主播以及消费者所产生的购买行为这两者之间的正相关之中，消费者的感知价值起到了中介作用。在电商主播以及消费者所产生的感知价值这两者之间，关系强度可以发挥出正向调节作用。关系强度越高，则说明电商主播对消费者所产生的感知价值的影响越大。汇合检验结果就可以发现以下情况，如表20所示：

表 20   **研究假设验证结果**

研究假设	验证结果
H1：平台的视觉性对消费者购买行为存在正向影响关系	成立
H2：电商主播的专业性对消费者的购买行为存在正向影响	成立
H3：电商主播的产品涉入对消费者的购买行为存在正向影响	不成立
H4：电商主播的知名度对消费者的购买行为存在正向影响	成立
H5：电商主播的主播形象对消费者的购买行为存在正向影响	成立
H6：激励机制对消费者的购买行为存在正向影响	成立
H7：感知价值在视觉性与消费者的购买行为之间存在中介作用	成立
H8：感知价值在电商主播与消费者的购买行为之间存在中介作用	成立
H9：感知价值在专业性与消费者的购买行为之间存在中介作用	成立
H10：感知价值在产品涉入与消费者的购买行为之间存在中介作用	不成立
H11：感知价值在知名度与消费者的购买行为之间存在中介作用	成立
H12：感知价值在主播形象与消费者的购买行为之间存在中介作用	成立
H13：感知价值在激励机制与消费者的购买行为之间存在中介作用	成立
H14：关系强度对视觉性与感知价值之间的关系存在调节效应	成立
H15：关系强度对电商主播与感知价值之间的关系存在调节效应	成立
H16：关系强度对专业性与感知价值之间的关系存在调节效应	成立
H17：关系强度对产品涉入与感知价值之间的关系存在调节效应	成立
H18：关系强度对知名度与感知价值之间的关系存在调节效应	成立
H19：关系强度对主播形象与感知价值之间的关系存在调节效应	成立
H20：关系强度对激励机制与感知价值之间的关系存在调节效应	成立

五　结论与讨论

　　这一章主要是将之前所建立的模型以及分析实验等作为基础，对本次研究进行概括与总结。主要按照两个部分来进行划分，第一部分分析与讨论本次研究之中的相关数据结果并进行总结；第二部分对于在直播营销的大环境中，如何合理利用主播这一中介，提出一些建议性意见。

（一）结论

在本研究中，主要的研究背景是电商直播，对主播对消费者购买行为影响因素进行研究。直播带货以互动交流为主要特征，因此主播的作用十分重要。消费者通过观看电商直播，被其影响，进而产生购物行为。通过对各种文献的研究，并将以往相关文献之中的一些理论作为基础，选取视觉性、专业性、知名度、产品涉入、主播形象以及激励机制等作为自变量，以此来对消费者所产生的购买行为进行影响因素研究；消费者的感知价值被用作研究的中介变量，并将关系强度加入作为调节变量，借助于 SPSS 统计软件来分析调研数据，并对模型关系进行验证，进而得出了以下结论：

（1）从问卷调查结果可知，使用淘宝直播软件的用户占绝大部分，主要的原因是淘宝是网络购物发展过程中最先出现的购物软件，较其他购物软件来说，淘宝的使用率高，也比较规范。在直播兴起的阶段，淘宝拓展出来的淘宝直播 App 也受到了广大用户的青睐。

（2）视觉性、专业性、知名度、主播形象、激励机制各自变量与消费者的购买行为呈正相关关系，这些因素可以在一定程度上提升消费者的购买行为。电商主播的专业性及主播形象可以对消费者的感知价值产生作用，进而对其购买行为产生影响，使其得以有效转化。如果网红具备一定的知名度，那么他们所推荐的商品或者是服务也将会得到更多人的转发和效仿。借助于网络平台，电商主播可以直接将商品的细节呈现给消费者，可以通过文字、图片或者视频等形式来影响消费者认知，进而对产品销量产生间接影响。

（3）在电商类直播平台之中，消费者的感知价值是电商主播影响消费者购买行为的中介变量。电商主播可以优化主播自身所具备的促使消费者产生网购行为的各个影响因素来提高感知价值，提高转化率。如消费者与主播的关系强度能够调节电商主播对消费者购买行为的作用。在强关系背景下，消费者与电商主播的沟通更加频繁，获取的信息更加全面，从而提升消费者对电商主播的信任，更易接受电商主播的帮助和建议。

（二）讨论

在营销市场上电商直播如火如荼，让消费者在商品直播界面逗留，成为企业品牌营销活动成功的关键。

一是要以场景为中心，促进用户参与。社交性和互动性是网络直播最显著的优势，将网络直播营销与精巧的消费场景相结合，愈加成为今后企业直播营销的主要趋势。以往单纯的文字、图片已经不能让用户对品牌产生深刻印象。用户产生品牌印象的最关键就是将品牌价值意义巧妙地设计到场景中，大数据、LBS、AR/VR/MR 等新兴技术不仅让直播实现了精准和高效的传播，而且带来的全息场景和沉浸式体验也让直播的相关服务功能可感知度进一步增强。[①] 注重多样化场景的设计，并通过具有吸引力的促销手段来吸引消费者参与互动，以此来加深产品在消费者心目之中的印象，激发其购买的欲望并最终提高对品牌、产品、主播、平台的好感和忠诚度。

二是要以主播为中介，数据支撑共赢。伴随着技术的不断发展，企业利用主播可以与用户之间进行积极交流，尤其是自网络直播崛起以来，实时的数据反馈也成了企业最为注重的一项内容。直播间内主播对品牌、产品卖点的推广形式，以及用户在直播间内对产品信息和一些竞品的讨论可以帮助企业有效洞悉目标市场，了解消费者的需求，通过有效反馈来进行产品与服务的优化，让今后的产品设计和营销内容更科学合理。这对于用户后期购买行为的产生将会起到一个有效的促进作用。随着互联网的不断发展，营销的方向也随之改变，当今的营销已将消费者的实际需求作为中心。因此，企业需要对消费者的实际需求加以充分挖掘，然后以此为依据来进行相应产品的研发，赢得一个更广阔的销售市场。

在对平台以及主播进行选择的过程中，首先一定要对营销的目的加以明确，并明晰产品自身的特性，这样才可以选择与品牌形象更加符合的主播。在平台选择过程中，也一定要选择有着较好口碑的平台。对于选出的主播一定要进行充分的岗前培训，保障其对产品的特

---

① 廖秉宜、索娜央金：《中国网络直播产业市场结构、行为及绩效分析》，《新闻与写作》2019 年第 8 期。

征、特性足够了解，这对于直播之中的品牌推广至关重要。因此，选择和品牌、产品特质契合的主播，并事先了解主播的影响力、粉丝人群画像，有助于企业、主播、消费者三方在直播营销中形成良性循环，实现共赢。

三是要以内容为载体，提升影响力。内容是主播竞争力的王牌，也是挑战的壁垒。面对电商直播所带来的巨大利益和影响，越来越多的主播选择入驻直播平台，主播日益成为一个火热的新职业。但市场越是火热，消费者就越渴望优质内容，熟练掌握互联网运行方式、消费方式和具有自我独特消费主张的网购用户愈加聪明，对主播和播出的内容提出的要求也更高。

六　研究局限与未来展望

本文研究了在电商直播平台中电商主播对消费者购买行为的影响，同时也通过实证的方式对其进行检验，以此全面了解各种变量之间的关系，对感知价值中中介效应和关系强度这两者的调节机制进行了验证。此外，本研究也存在一定局限：

首先，在本次研究之中，大多数样本属于年轻群体，能够较好地反映年轻消费群体的态度，但对于其他年龄段消费群体的影响，还需要进一步的实证研究和比较研究。其次，本研究重点考察了电商主播与消费者购买行为之间的关系，影响消费者行为的因素还有其他方面，后续的研究之中，可以对其他因素进行分析，以此来研究其他因素对消费者购买行为产生的影响。最后，由于产品的类别不同，主播对于消费者购买行为所产生的影响也会有所不同。因此在未来进行研究的过程中，还可以对不同产品的影响情况进行分析，以此来获得更加科学、深入有效的研究结果。

传播篇

基于人工智能的短视频创作生产技术及趋势

陈永东[*]

人工智能（Artificial Intelligence，AI）技术正在包括短视频在内的内容创作与生产中发挥着越来越重要的作用。了解人工智能在短视频创作与生产中的价值、模式及主要平台，尽快熟悉其应用的主要环节及所涉及的技术种类，并认清其未来的发展趋势，对于研究智能媒体发展及智能营销传播等迫在眉睫。

一 人工智能短视频创作与生产的价值、模式及平台

近年来，短视频以一种崭新而富有吸引力的新媒体内容形式在互联网上迅速走热。与此同时，人工智能发展得也相当迅速，二者的结合可谓相得益彰。

（一）人工智能短视频创作与内容生产的主要价值

传统的短视频、中长视频（含网络剧等）主要由人工完成策划、剧本撰写、拍摄、剪辑、审核、发布及上传等工作，这是因为过去网络视频/短视频的创作与内容生产更多地依靠个人的灵感、经验及相关的操作技巧。

当人工智能介入短视频的创作与生产后，其正深入多个环节，如

---

* 陈永东，上海戏剧学院新媒体跨界研究领域学者，教授，硕士生导师。

智能模板创作与批量生产，智能合并、摘要及拆分，智能语音、字幕及弹幕，智能画质及风格处理，背景音乐与画面智能配合，智能格式转化、标签、标题及封面推荐，基于 VR/AR 的短视频智能生产，基于虚拟人的短视频智能生产，以及基于无人机的短视频智能生产等。

人工智能在短视频的创作与生产中的主要价值在于提升短视频的创作与生产效率。人工智能技术推动了一种全新的内容生产方式的形成，人工智能"打造网络视听新生态，智能化程度大为提升。此外，人工智能在简化编辑、剪辑制作、画面'降噪'、图像增强等方面具有突出优势，从而加速了内容生产过程"。人工智能使得生产流程走向自动化和智能化，可以将"最耗时和重复、机械化的流水线作业交由机器完成，视频制作周期大为缩短，显著降低人力、时间成本，提升工作效率和经济效益"[①]。

人工智能短视频创作与生产的价值在一些案例中已有所体现。以新华社的"媒体大脑"及升级后的"MAGIC"智能生产平台为例，其以大数据处理技术、智能算法技术以及人机协作技术为核心，自动产出成品视频内容。[②] MAGIC 平台被用于生产 2018 年全国两会数据可视化视频，平均用时 15 秒；该平台在 2018 年中国国际进口博览会期间生产视频 554 条，最快一条耗时 13 秒；2018 年俄罗斯世界杯期间，该平台生产短视频 37581 条，占世界杯中文短视频总产量的58.6%，最快生产一条仅耗时 6 秒。

（二）人工智能短视频创作及生产的主要模式

人工智能创作及生产短视频是智能媒体智能内容生产的一类新方式，其主要模式可以从几个角度来看。

若从行业角度看，可参照智能媒体的模式划分方式。根据中国传媒大学新媒体研究院与新浪 AI 媒体研究院联合发布的《中国智能媒体发展报告（2020—2021）》，媒体智能化已初步形成三大模式：智慧广电、智慧报业及商业平台智能化。智慧广电因有视频业务的基

---

① 甘慧娟：《人工智能时代网络剧内容生产的变革与反思》，《中国编辑》2019 年第12 期。

② 傅丕毅、陈毅华：《MGC 机器生产内容＋AI 人工智能的化学反应——"媒体大脑"在新闻智能生产领域的迭代探索》，《中国记者》2018 年第 7 期。

因，其在智能短视频创作及生产中可发挥原有资源及经验优势，并充分利用人工智能进行技术赋能。智慧报业在全媒体、融媒体趋势之下，已大量介入智能短视频创作与生产。领先的互联网商业平台不仅运用人工智能技术支撑包括智能短视频生产在内的综合业务体系（当然各个平台的侧重点有所不同），且对外通过合作开发或商业服务等方式输出解决方案。

若从自动化程度来看，可分为半自动的人机协作、全自动模式。现阶段，半自动的人机协作模式占主流。在人机协作中要将技术理性与人类感性进行结合，"技术理性与人类感性的结合是深度与温度的结合，技术的进步是对人类双手的解放，但需要更多人类思想的融入"[1]。彭兰认为，人机协同是智能化内容生产的常态机制，人机"各守一端"，且在内容生产中，机器与人的能力偏向可以在不同层面表现出来。[2] 全自动模式目前仅针对个别环节，全环节的全自动生产暂时还无法实现。

若从人工智能训练模式看，可分为有监督学习（Supervised Learning）、无监督学习（Un–Supervised Learning）、半监督学习（Semi–Supervised Learning）及强化学习（Reinforcement Learning）等。每种训练模式涉及一系列不同的算法，这些属于人工智能短视频创作与生产底层的技术问题，具体使用哪种训练模式则需看用于短视频生产哪一个环节、所使用的训练数据样本集及所采纳的训练策略。

（三）人工智能短视频创作及生产的主流平台

最引人注目的智能短视频创作及生产平台是前述新华社的"媒体大脑"。2018 年 12 月 27 日，"媒体大脑"发布新版本"MAGIC 短视频智能生产平台"（magic. shuwen. com），MAGIC 的名字由 MGC（机器生产内容）和 AI（人工智能）组成，平台集纳了自然语言处理、计算机视觉、音频语义理解等多项人工智能技术，可以帮助用户高效

---

① 卫艳菲：《人工智能技术下视频新闻的新嬗变》，《传播与版权》2021 年第 5 期。

② 彭兰：《智媒趋势下内容生产中的人机关系》，《上海交通大学学报》（哲学社会科学版）2020 年第 1 期。

完成短视频内容创作。①

在智慧广电领域，中央广播电视总台旗下的央视网、央广网、国际在线三网合力打造的"人工智能编辑部"是智媒体转型的践行者。该平台基于人工智能建立起适应智能信息匹配的内容生产流程，其中的"智能剪辑"能够根据需求从视频库中找出相应素材，然后根据摄影学原理和编辑学准则高效快捷地生成视频，其速度要比普通剪辑师快20倍。另外，上海广播电视台融媒体中心的"Xnews媒体融合生产平台"、浙江广电融媒体中心的"中国蓝云"平台、江苏广电融媒体新闻中心的"荔枝云"平台/"调度指挥中心"、广东广电的"触电新闻媒体平台"及山东广播电视台的"闪电新闻"等也在做类似探索。

在智慧报业领域，人民日报旗下的"创作大脑"亦强力出击。该平台的"智慧媒体解决方案"集合了自然语言处理、计算机视觉、音频语义理解等人工智能技术，运用在线快编、直播剪辑、智能字幕、智能写作、图文内容视频化、图片/视频智能制作、智能云存储等多个智能化模块，实现人机交互和人机协作。另外，封面传媒的"智媒体4.0"、光明网的"智能发稿系统"及南方财经的"全媒体指挥中心"等也在尝试智能短视频生产。

在商业平台智能化领域，主要分为综合平台及垂直专业化平台。目前具有智能短视频生产功能的综合平台主要有：阿里云的"视频智能生产"、阿里妈妈创意中心、腾讯广告创意中心的"智能编辑"、腾讯AI开放平台、百度大脑AI开发平台、百度智能云的"智能视频"、百度营销创意中心、字节跳动旗下的"巨量创意"平台、搜狗AI开放平台、华为开发者平台及商汤科技等；垂直专业化平台主要有：抖音App、快手App、Bilibili的App、微信的视频号、讯飞A. I.营销云、旷视科技、大疆智图/大师镜头/焦点跟随、珍岛集团的"臻视"及"视频智能制作"工具、筷子科技的"短视频智能制作"、AlibabaWOOD、极链科技、来画及知乎的图文自动生成视频工具等。

---

① 傅丕毅、商艳青、张宁宁：《"媒体大脑"的智媒演变：万物为媒人机共生》，《传媒》2019年第4期。

二　当今人工智能短视频创作与生产的主要技术

当今人工智能短视频创作与生产技术日新月异颇有令人眼花缭乱之势，亦需加以梳理。以下就九类相关的主要技术加以探讨。

（一）短视频智能模板创作与批量生产技术

短视频智能模板创作技术是指利用已有的短视频模板，进行一定的调整或更换，进而快速地创作生产短视频，它主要分为两类。一类是平台提供的模板视频工具，如字节跳动旗下的"巨量创意"平台中的"模板视频"工具、珍岛集团的"臻视"工具等，它们通常只需要选择模板，再上传相应的照片或视频，进行调整、设置或更换，即可生成并分享短视频。另一类是短视频平台提供的制作影集式短视频的工具，如抖音 App 在按下屏幕下方"＋"号后可以选择"影集"，或快手 App 在按下屏幕下方"o"后可以选择"玩法库"，其中有不少模板，亦可在选择模板后进行照片的调整与更换。一些平台将一些接口开放，可以通过程序或设置的方式提供批量短视频生产，同时在短视频生产过程中还有许多细节需要进行批量化处理。

实际上，在短视频智能生成中，可以利用文字、图片及数据生成视频。利用文字生成视频时，可基于"自然语言处理"（Natural Language Processing，NLP）将脚本文字通过预设的制作模板快速转化为短视频。[①] 视频类内容的智能化生产还处于半自动化阶段，需要开发人员为内容生成系统制定相应的规则，需要系统拥有机器学习（Machine Learning）之类的能力，使之能从最优秀的案例、最有创意的内容及传播力最强的内容中不断学习，进而自动生产传播效果可能越来越强的内容。[②]

另外，在智能营销传播中常常涉及程序化广告（Programmatic Ad-

---

① 李磊：《5G 时代短视频新闻客户端如何构建智能视频能力》，《中国传媒科技》2021 年第 2 期。

② 赵旭隆、陈永东：《准免费获客：智能营销工具让获客成本趋近于零》，上海文化出版社 2021 年版，第 73、74 页。

vertising），也叫广告程序化购买，即通过数字平台，自动地执行广告媒体购买的流程，并实现精准购买。[1] 它也引发了程序化创意平台（Programmatic Creative Platform）的形成，其之前主要通过组件创意及动态创意用于自动化的智能图片生成，在类似技术原理下完成自动化的智能视频生成尝试，前提是有充分的短视频数据标注或短视频内容数据化。

（二）短视频智能合并、拆分及摘要技术

短视频的合并、拆分及摘要都可以充分利用人工智能技术，以大大提升短视频的生产效率。在自动短视频合并与拆分等生产方面，针对新闻直播、体育赛事、综艺节目、晚会等对时效性要求较高的直播视频，可利用多模态内容理解技术进行精彩内容识别、定位、剪辑、合理聚合以实时产生精彩集锦，对视频进行不同维度的智能拆分，也可对新闻视频进行智能化拆分，高效产出更多独立素材。[2] 智能合并及拆分背后主要采用的技术是"多模态机器学习"（MultiModal Machine Learning，MMML），旨在通过机器学习的方法实现处理和理解多源模态视频内容的能力。

智能摘要主要基于深度学习（Deep Learning）算法，智能分析长视频中每个镜头的内容和风格，找出各镜头中的场景、人物和活动等的内在联系，提炼并汇集重点信息，以短视频形式呈现，已经应用于电视、互联网等行业。另外，有时在进行智能摘要时，人工智能还能帮助短视频自动选取封面。前述的 MAGIC 平台生产的最快进球视频《俄罗斯 2 : 0 领先埃及》在 6 秒内即完成了对进球的自动识别、片段剪切和封面封尾剪辑。智能摘要可对已成型的长视频作品进行二次剪辑，也可用于电影预告片的生产。人工智能可以基于人脸识别、物体识别、视频内容理解等功能对电影内容进行解析和理解，自动剪切和精选视频素材，并最终生成预告片。[3]

---

① 赵旭隆、陈永东：《智能营销：数字生态下的营销革命》，上海文艺出版社 2016 年版，第 77 页。

② 徐琦、韩冰：《视频媒体智能化：关键技术、全链应用与突破方向》，《电视研究》2021 年第 3 期。

③ 朱琦：《人工智能在短视频领域中的应用趋势》，《中国传媒科技》2020 年第 12 期。

短视频智能合并与摘要可提升集锦视频的制作效率。以阿里云的视频智能生产的集锦视频生产技术为例，其可在比赛结束后 3—5 分钟生成集锦视频，与传统的人工制作方式相比，速度提升 10 倍以上。筷子科技的"短视频脚本混剪"可以使单人每日产量提升至 1000 条，明显节省了剪辑成本。同时，在智能场记标注的基础上，可将智能处理引擎引入非编软件，根据识别到的事件等主客观因素进行不同主题的视频智能缩编。① 人工智能也可提升短视频拆分的效率。比如，筷子科技的"短视频 AI 智能分拆"可以实现一键分拆视频，效率提升了约 10 倍。

（三）短视频智能语音、字幕及弹幕技术

短视频智能语音的首要技术是语音识别技术，它主要是为了高效准确地识别短视频中的语音，并生成中间文字结果。人工智能在提升语音识别准确率上发挥着重要作用，高水平的智能语音识别已经可实现毫秒级实时识别音频流。以百度大脑 AI 开放平台的"实时语音识别"为例，其基于 Deep Peak2 端到端建模，经过超 10 万小时数据训练，多采样率多场景声学建模，近场中文普通话识别准确率达 98%。同时，使用了大规模数据集训练语言模型，对识别中间结果进行智能纠错，并根据语音的内容理解和停顿智能匹配合适的标点符号（如，。!？ 等）。另外，高水平的语音识别还可以识别方言及不同语种。

在短视频中应用语音识别之后，可以大幅提高字幕的生产效率。同时，这一技术还可以方便视频直播中实时字幕的自动生成。利用视频直播字幕，可以直接将说话内容实时转写为字幕展示在屏幕上，或者可进行二次字幕编辑。例如，腾讯云即有"音视频字幕平台"（AI Transfy，AIT），它能够覆盖音视频转写、翻译、编辑、压制的字幕生产全流程。另外，人工智能还可用于字幕 OCR（Optical Character Recognition，光学字符识别），将视频中的字幕、标题及弹幕识别后转为文本。

短视频智能语音还涉及智能语音合成及智能翻译。智能语音合成

---

① 任杰：《人工智能技术在视频应用中的发展——以中央广播电视总台应用为例》，《演艺科技》2020 年第 1—2 期。

不仅可以将识别后的语音合成为其他趣味音效，还可以实现语音变声，并进行部分方言、民族语言、不同外语的语音合成。甚至，人工智能还能够模仿具体某个人的声音。高水平的平台还能实现民族语言及不同语种间的翻译。例如，科大讯飞目前即可对 61 种语言（含中文）进行互译，且能将中文方言翻译成英文、实现部分民族语言与英文间互译，还能包容多种外语口音。智能语音合成技术还可以应用到本文后面将要讨论的虚拟主播声音合成或配音上。

短视频智能弹幕技术除了对弹幕中可能的不良文字进行智能判断、识别及过滤外，还可以实现弹幕自动在画面中人物头部的背后穿越。目前，华为的人工智能解决方案即基于机器学习技术，可通过人脸识别和人像分割技术，实现弹幕遇到人像自动在背后穿过的效果，以避免遮挡人脸，保障观看体验。

（四）短视频智能画质及风格处理技术

人工智能可以为短视频的画质提升提供有力帮助，主要涉及清晰度提升、曝光度优化、降噪、色温优化、色调优化、饱和度优化及画面虚化等方面。这些人工智能功能有的是嵌入相关拍摄设备中，有的是通过相应的工具自动或半自动地完成。许多类似的功能已经可以通过云剪辑的方式进行，例如在珍岛集团的"臻视"应用中，即可在线调整视频色温、色调、饱和度等参数，修复拍摄期间产生的曝光问题。

人工智能已经在手机等短视频拍摄设备中提升了许多拍摄体验及视频质量。以旷视的"计算摄影解决方案"为例，其将"AI 算法"能力注入智能手机为代表的智能设备，通过自主研发的"人脸识别算法和移动端卷积神经网络 ShuffleNet"打造"计算摄影"整体解决方案，以算法能力增强光学处理，提高影像和视频的质量，在 AI 降噪及视频虚化方面有相对突出的表现，为行业厂商和终端用户带来了拍摄体验的提升与改变。随着短视频拍摄设备的计算能力提升及 5G 时代的到来，预计人工智能未来将在短视频画质提升中发挥更大的作用。

短视频智能风格化处理类似于"滤镜"功能，以使短视频呈现出某类风格。如在珍岛集团的"臻视"应用中，即可利用多款滤镜让素材呈现更多风格。又比如，商汤科技的"视频风格化"功能即基于相关的深度学习算法，实时将视频转换为不同艺术风格，让视频更具趣味性和艺术感。甚至，商汤科技的"2D 视频生成 3D 视频"功能可通过模仿"人眼"三维认知能力，自动将 2D 视频转换成 3D 视频，增强视频立体感，大幅节省人力成本。另外，不少短视频 App（如抖音、快手及 Bilibili 等）在拍摄短视频时还有较多的风格设置，甚至有的还有"美颜"功能可供选择。

（五）短视频背景音乐与画面智能配合技术

在传统的短视频创作生产中，背景音乐（Background Music，BGM）与画面的配合需要剪辑人员懂音乐且有良好的乐觉。随着人工智能技术的不断发展，目前的短视频背景音乐与画面的配合完全可以智能化地自动完成。以字节跳动旗下的"巨量创意"平台的"智能配乐"功能为例，点击上传需要配乐的视频之后，即可一键智能配乐。当然，要实现细微或个性化的音乐与画面配合还需人为调整。

在抖音 App、快手 App 及微信视频号的影集/相册类短视频制作过程中，都可以在选择相关具有版权保护的背景音乐后，由人工智能对背景音乐与画面进行配合，特别是节奏、重音与画面的自动契合，都为短视频的音画协调及制作效率提升提供了有力支持。当然，还有基于人工智能的默认背景音乐推荐，也可以节省不少短视频生产时间。

在人工智能为短视频选择背景音乐时，需要人工智能通过对短视频内容进行识别与分析，然后才能相对合理地推荐音乐。以阿里巴巴旗下的 AlibabaWOOD 为例，其融合电商视频设计与人工智能，能够对相关商品内容进行智能理解，然后自动为商品编写剧本，添加镜头，书写文案，并自动搭配风格匹配的版权音乐，自动剪辑出具备故事性的电商短视频。

当然，人工智能也可以为短视频专门创作背景音乐。微软"小冰"的"人工智能音乐"方案即基于深度学习算法，以词曲创作能力为核心，端到端地实现了包含旋律、编曲及歌词的流行歌曲创作，可呈现抒情、民谣和古风等多种不同风格，并可作为背景音乐应用于各类场景。来自西安电子科技大学的"妙思智音"团队基于人工智能技术，结合用户上传的视频，可实现原创精准自助谱曲服务。

（六）短视频智能格式转化、标签、标题及封面推荐技术

基于不同场合的需要，人工智能可实现不同格式短视频的智能转换。转换时可能涉及不同尺寸、不同分辨率的转换，以及横屏竖屏间的转换。在将任意视频图像尺寸进行转换、将传输的低分辨率视频转换为高清视频时，需要利用深度学习算法。例如，商汤科技的"视频超分辨率"功能即可实现这一目标。又比如，珍岛集团的"臻视"即支持下载大屏播放，如蓝光超清1080P分辨率，支持下载MP4文件格式，可在宴会LED大屏播放。

短视频智能标签生成技术基于大规模多标签算法，通过对视频中视觉、文字、语音、行为等信息进行分析，结合多模态信息融合及对齐技术，实现高准确率内容识别，自动生成文本标签，帮助提升智能营销传播中视频搜索和推荐的精准度。例如，商汤科技的"短视频标签"即可实现类似的功能。又比如，珍岛集团的"视频内容分析"功能即可基于自然语言处理将识别结果进行多次校对和关键字提取，得到精准的标签。

科学合理高效的标签对于管理视频、视频上传时的关键词填写及扩大视频的传播都非常有利。目前，一些平台已经开始建立系统化的智能标签。例如，阿里云的"智能标签"功能即使用了媒体标签体系，根据多模态融合理解结果对媒体文件进行智能打标签，输出多维度视频标签信息。其中，"智能标签提取"集成了自定义过滤、标签去重、标签合并、权重排序等算法，可提供准确、实用的智能打标能力；"多维度标签输出"融合理解结果及标签体系，可输出多维度视频标签，包括视频分类标签、人物标签、物体场景标签、文本标签等。

同样，合理的智能标题及封面推荐也非常有利于提升视频的吸引力。智能标题可以通过机器学习及其他技术，从大量传播面广的短视频中学习标题模式，进而生成推荐标题。例如，字节跳动旗下"巨量创意"平台的"标题推荐工具"即可以在设置行业及关键词后，一键智能生成投放标题。视频智能封面是通过对视频内容的理解，结合画面美学和海量生产数据，选出最优的关键帧或关键片段作为视频封面，提升视频点击转化及用户体验。比如，阿里云的"视频智能封

面"功能即可智能地选出最优的关键帧或关键片段作为视频封面，并支持提取静态图片封面、动图封面（GIF 动图）、封面视频三种形式。

（七）基于 VR/AR 的短视频智能生产技术

可以将基于 VR（Virtual Reality，虚拟现实）的短视频分为非交互式全景短视频及可交互式虚拟现实短视频。若用头显观看此类短视频，则可以获得更好的沉浸式观看体验。从目前的制作成本考虑，多数基于 VR 的短视频制作主要采取非交互式全景短视频。从某种意义上讲，非交互式全景短视频的拍摄和 360 度全景图的拍摄类似，只是后者是静态的全景图像，前者是动态的全景短视频。[①] 另外，静态的 360 全景图也可以当作一种基于 VR 的准短视频形式，虽然本质上其画面是静态的，但用户可在观看时通过相关设备或头显的移动而产生类似于视频观看的体验。

相对而言，基于 AR（Augmented Reality，增强现实）的短视频更容易创作与生产。通常，短视频平台或 App 提供特效或道具等方式的 AR 元素供用户选择，然后通过用户的摄像头捕捉对象或用户的头像，自动计算大小、方向或角度，以使短视频中添加的 AR 特效或道具可随着被拍摄对象或头像的移动进行调整，使得虚拟的 AR 元素与真实的人或物更好地贴合。目前，抖音 App 拍摄时的"道具"、快手 App 拍摄时的"魔法"、Bilibili 的 App 拍摄时"特效"中都有许多 AR 元素可供选择。

除了短视频 App 在拍摄时提供的 AR 元素外，一些商业平台也在提供更专业的基于 AR 短视频拍摄功能。以华为的"影音娱乐解决方案"的短视频特效功能为例，其便基于 AR Engine，支持人体跟踪、运动跟踪、人脸贴纸、虚拟道具等增强型现实特效，增强视频趣味性。又比如，在"来画视频"的实时互动的视频演示功能中，可实现真人实拍与虚拟场景相结合的 AR 视频演示，告别枯燥的 PPT 演示模式。再譬如，商汤科技的"跨平台的轻量级 AR/VR 引擎"即具有支持多平台、体积小、支持多种光照和材质模型、支持虚拟物体的遮

① 陈永东、陈甘澍：《引爆短视频：从孵化到霸屏的营销全攻略》，中国人民大学出版社 2020 年版，第 97、98 页。

挡、阴影投射、Avatar 表情驱动等特点。

（八）基于虚拟人的短视频智能生产技术

基于虚拟人的短视频智能生产主要包括虚拟主播（或 AI 主播）、仿真主持人、虚拟人物及其他虚拟角色等。AI 主播运用了人脸合成技术、语音合成技术以及多模态合成技术等现代技术打造虚拟主播，代替了原有的真人主播，可以 24 小时全天候"不知疲倦"地连续工作，并且在文本输入正确的前提下，不会出现任何差错，进而极大地提高了新闻生产的效率。2020 年，新华社联合搜狗对 AI 合成主播进行了升级，推出了 3D 版的 AI 合成主播"新小微"。SMG 推出了二次元虚拟主播"申雅"，其已于 2020 年正式入驻 Bilibili 等视频平台。

虚拟主播技术主要包含声音到面部动作建模、基于面部动作渲染两大部分。其中，声音到面部动作建模整合了基于深度学习的 3D 人脸及姿态、人脸关键点、隐式表达等多种表达技术，进而可以输出与语音高度匹配的面部动作序列；基于面部动作渲染则基于神经渲染技术，最终合成音唇同步且逼真的虚拟主播视频。以新华智云的虚拟主播为例，其属于轻量级、超逼真的主播形象定制。2021 年 1月，新华智云的虚拟主播技术定制设计的两款人工智能虚拟主播分别亮相江西日报社赣鄱云和江西广播电视台赣云，名字分别为"悦悦"及"小燕"。

值得重视的是，虚拟主播将大大节省人力，提高短视频的生产效率。以讯飞开放平台的"A. I. 虚拟主播系统"为例，它是"一站式虚拟主播视频生产和编辑服务"的系统。它像一个虚拟的"AI 演播室"，简单输入文稿及指定 AI 主播后，即可一键完成视频的生产输出，且 AI 主播支持多语言、多方言，并具备可变换姿态、变换造型等特点。

仿真主持人可结合仿真虚拟、骨骼绑定、语音合成等技术，模仿真实的主持人。以央视《经典咏流传》第二季节目中的仿真撒贝宁为例，其基于人工智能技术，以主持人撒贝宁为原型，通过扫描撒贝宁本人来创建 3D 模型、获取细节特征，经过后期的数据修补和局部细化，并依据智能人脸识别技术辅以动作训练，建立起撒贝宁智能化、个性化的语言模型库及动作库，再基于深度学习仿真撒贝宁的语气、语调。2019 年的网络春晚上，"小小撒""朱小迅""高小博""龙小洋"等智能主持人也已首次亮相。

（九）基于无人机的短视频智能生产技术

随着无人机成本的下降及不断普及，其在短视频创作与生产中越来越多地被应用。随着无人机技术的不断进化，人工智能在无人机中的应用给拍摄带来了更多的便利。较为突出的基于无人机的短视频智能生产技术类有大疆智图、大师镜头、焦点跟随（如聚焦、热点智能跟随及兴趣点环绕）等应用。

"大疆智图"是一款提供自主航线规划、飞行航拍、二维正射影像与三维模型重建的 PC 应用软件。此类软件提供一种高效的无人机航测解决方案，主要包括航线规划、数据获取、模型重建及数据分析四个步骤。航线规划是最具智能的一个步骤，其支持在地图上设定一系列航点即可自动生成航线，支持为每个航点单独设置丰富的航点动作，同时可调整航点的飞行高度、飞行速度、飞行航向、云台俯仰角度等参数，便于重复优化后的拍摄路径。

"大师镜头"功能指可根据被摄目标自动匹配一系列"大师"级作品所使用的运镜模式进行拍摄，解决了普通用户在航拍时遇到的运镜难、出片难等痛点。大师镜头能一次套用多个运镜镜头，并自动剪辑、配乐，生成富有电影感的短片。

"焦点跟随"功能指将被拍摄对象（主角）框定在中心位置，然后选择几种不同的智能方式进行自动跟随或环绕目标拍摄。目前大疆的"焦点跟随"主要包括聚焦 2.0、智能跟随 4.0 及兴趣点环绕 3.0。其中，聚焦 2.0 可使相机在飞行过程中始终对准目标，以拍摄物为圆心，可控制飞机环绕或螺旋飞行，并可通过变焦功能拉近远景，让跟拍更安全；智能跟随 4.0 可以在不同拍摄环境中使无人机顺滑跟随某个目标，并可以灵活避障，即便运动过程中被短暂遮挡也能快速检索到目标并跟随；兴趣点环绕 3.0 可以在框定兴趣点目标（如行人、行驶中的汽车、船只或大型建筑物等）后，拍摄相应的环绕效果。

预计未来上述带有人工智能成分的无人机短视频拍摄功能还会不断进化，并可能出现更多基于无人机的短视频创作与生产的新技术与新功能。

三 未来人工智能短视频创作与生产的主要趋势

在了解上述几大类人工智能短视频创作与生产技术的同时，还需要具有更远的洞察力，进而把握未来人工智能在短视频创作与生产中的可能发展趋势。上述各类技术将会不断改善与进步，并可能会形成以下一些趋势。

（一）趋势一：更逼真、更低成本的3D虚拟人智能短视频生产

人工智能主播如今已演进为3D人工智能主播，成为新型主流媒体智能内容生产平台的"媒介形象代言人"。未来当AI主播真正实现"智能交互界面"状态时，交互界面的意涵与优势便会凸显。[①] 3D虚拟人将在更逼真、更低成本、更便捷操作的前提下助力短视频的生产。以搜狗AI开发平台的"3D AI合成主播"为例，其基于超写实3D数字人建模、多模态识别及生成、实时面部动作生成及驱动、迁移学习等多项人工智能技术，高度还原了真人的相貌、神态，可以展现细腻的面部表情和走动、转身等多种复杂的动作和姿态，支持多机位、多景深、不同角度的全方位呈现，甚至可以一秒换装，实时更换发型。

可以预计，类似的3D虚拟人技术应用将成为一种趋势，并可能在智慧广电、智能营销传播中逐渐普及，进而推动不同层次融媒体中心的发展。据悉，前述的江西省融媒体推进中心和新华智云打造的多款虚拟主播，在测试后AI虚拟主播将赋能更多媒体和全省105个县级融媒体中心。虚拟主播的引入将提高各级融媒体中心短视频生产的效率。当然，3D虚拟人的具体形象可能有多种形式。以百度大脑AI开放平台的"虚拟形象视频播报解决方案"为例，其即提供了预置超写实拟真人、3D卡通半拟真人、3D卡通动漫三类形象库，供选择或定制，便于打造个性化的主播形象。

---

① 刘霞：《机器智能生产：媒介智能融合的溯源、特征与伦理挑战》，《中国广播电视学刊》2021年第5期。

另外，虚拟人也引出 IP 虚拟人（IP Virtual Human，IVH）应用，即利用语音交互、虚拟形象生成等 AI 技术，赋予文娱 IP 角色多模态交互的能力。以腾讯云的"IP 虚拟人"为例，仅需 10 分钟真人播报视频，即可生成口型对齐、表情动作逼真的虚拟人。品牌的 IP 虚拟人可以用于虚拟主播、虚拟教师、虚拟客服、虚拟助手及虚拟导游等多种场景。预计这一应用将在商业化的智能营销传播中逐渐得到普及。

（二）趋势二：更丰富的短视频智能风格处理的滤镜将涌现

随着人工智能不断介入短视频创作与生产，更多更丰富的短视频智能风格处理滤镜将会不断涌现。未来短视频的风格滤镜将会类似于 Photoshop 中的滤镜使用，即出现类似于"PS 图片"的"PS 视频"平台或应用。实际上，只要相应设备的计算能力、处理速度及系统的总体性能不断提升，加上 5G 网络的加持，新的"PS 视频"滤镜必将层出不穷。

如前所述，短视频智能风格滤镜既有可能出现在视频剪辑软件中，也可能嵌入短视频 App 短视频拍摄中的"道具"或"特效"中，或者嵌入智能手机或平板电脑的相机功能中。前面提到的旷视"计算摄影解决方案"技术将会在这方面不断改进，并与智能手机或平板电脑设备的相关软硬件配合完成各种滤镜或特效功能。

一些综合的商业人工智能平台将可能推出更多短视频风格滤镜的 SDK（Software Development Kit，软件开发包），以供其他行业购买使用。以百度智能云用于短视频的"美颜滤镜 SDK"为例，即采纳高精度人脸关键点检测及三维重建算法，打造优质的人像美化效果和个性化视频特效能力，支持差异化产品定制，具有基础美颜、基础滤镜、精准塑形、头发分割、背影分割、实时特效处理等功能。其中的"背景分割"功能即通过相关的 AI 算法，精准提取人物信息与背景进行分离，用于实现虚拟场景替换等特效，这实际上类似于"智能抠像"功能。

（三）趋势三：更多的互动式短视频的智能创意生产将出现

虚拟现实、增强现实、可触摸屏幕及多场景互动等新技术的出现，为拓展短视频的互动功能带来了许多可能性。虚拟现实视频，不仅拓展了短视频的空间，而且还使得用户可以在其中进行互动。增强现实的视频则往往由相关摄像设备捕捉用户的动作或由用户用摄像头对准某个对象而触发，这当然是明显的互动行为。另外，可触摸屏幕也可以让某些视频在播放时与用户直接进行互动。

值得关注的是多场景互动视频。它是一种综合的新型互动视频，是指在视频内部某些画面允许用户进行相应的交互，进而出现不同的场景或情节。在进入某个场景后，可能出现若干个可以互动的画面。在商业类的多场景交互视频中，此处常常需要观众进行某些商品性能的选择，并且在选择后会出现不同的视频片断。此类互动式短视频打破了视频只能观看的传统习惯，使得短视频欣赏有更多的新体验。

曾经的互动式短视频是通过程序的方式制作的。随着技术的发展及一些视频平台创新意识的不断增强，新型的互动短视频制作显得越来越方便，即使不会编程也能够制作互动式短视频。以2019年7月Bilibili上线的"互动视频"功能为例，其通过"剧情树"将各个分支剧情的短视频片断串起来，用户在观看此类视频时可以根据自己的互动选择看到不同的剧情分支连接。

商业化的互动式短视频侧重于视频内互动的小程序、视频内互动小工具及视频内的广告变现等方面，可为视频流量主提供小程序应用/AI场景下的流量价值转化。video＋＋极链集团的"VideoOs Open视联网操作系统"即提供了"视频小程序""视频小工具"及"视频广告变现"等功能，其中的"视频小程序"的商业互动特别明显，其基于视频AI匹配与内容贴合的信息展示，用户可直接在屏内完成交互或交易。

（四）趋势四：短视频生产前人工智能创作更具创意的剧本

短视频制作剧本先行。过去的短视频剧本主要由人工创作。然而，在前面提到的高水平的智能模板视频创作生产中，已经可以通过人工智能的机器学习提升一些环节的效率。对于相对复杂一些的短视频，在拍摄制作之前可由人工智能通过机器学习、深度学习等技术自动创作更具创意的剧本。当然，这一趋势发展的前期更可能的情况是，在机器创作出剧本之后还要由人进行一定的完善，但这仍然会大大提升剧本的创作效率。

实际上，在 2016 年伦敦科幻电影节的"48 小时电影创作挑战"中，名为 Benjamin 的人工智能完成了史上第一部完全由 AI 编剧的科幻短片《Sunspring》，并获得挑战赛作品十佳。2016 年 3 月，在日经新闻社主办的"星新一文学奖"比赛中，人工智能带来的作品博取了不少眼球，由日本公立函馆未来大学带来的作品《电脑写小说的那一天》通过了初赛。[①]

人工智能 Benjamin 运用的技术是 RNN（Recurrent Neural Network，循环神经网络）中的 LSTM（Long Short – Term Memory，长短期记忆）神经网络。只要对其输入大量剧本文本，人工智能就可以"学会"写作。Benjamin 正是被输入了大量 20 世纪 90 年代的科幻电影，最后写出了这部作品。由于短视频相对于电影及电视剧剧本会更短，情节相对更简单，在人工智能对大量剧本风格的总结、提炼及归纳前提下，创作短视频剧本应更易实现。实际上，业内已经有所尝试，如筷子科技的"短视频智能制作"中即有"短视频脚本推荐"功能，字节跳动旗下的"巨量创意"平台上也有"脚本推荐"工具。

甚至，存在一种对话类短视频剧本创作方法，即利用两个人工智能（如苹果 Siri 或微软小冰等）之间的对话，然后通过语音识别将其记录下来，便成为最简便的对话式剧本。当然，此类方法需要根据不同短视频剧本的创作主题发起不同的人工智能之间的对话。

（五）趋势五：人工智能将在更多环节参与短视频创作过程

从前面提到的九类基于人工智能的短视频创作与生产技术及前四种技术趋势可以看出，人工智能将在更多环节参与短视频的创作过程。同时，在人工智能参与的不同环节还会不断优化及改进，进而为短视频的创作与生产带来更多的便利、提升更多的效率。

除了前面提到的人工智能参与短视频创作的环节之外，未来人工智能可能参与的新的短视频创作环节包括：数据可视化短视频生产、大规模数据化标签的短视频库（含脚本库/剧本库等）、程序化广告中

---

① 陈永东、王林彤、张静：《数字媒体艺术设计概论》，中国青年出版社 2018 年版，第 36 页。

短视频的程序化创意、多种方式的新型交互实现、更低成本的 VR/AR/MR（Mixed Reality，混合现实）短视频制作、更多趣味化及艺术化短视频滤镜、更便捷的智能剪辑、更快捷的虚拟人短视频制作、更智能的字幕生成与检测、更智能的背景音乐选择、更智能的无人机智能拍摄及基于物联网的短视频智能生成等。随着人工智能技术的发展，必然有更多的短视频生产环节可以看到人工智能的身影。行业发展一定会超出学术探讨与预测的范围。

需再次强调的是，在人工智能更多参与短视频的创作过程中，人机协作仍然会在许多环节的进化过程中长期存在。这不仅是因为技术的进化并不能一蹴而就，而是一个循序渐进的探索过程，而且还有一个创作主体的问题。有学者指出，在短视频的内容生产方面，人工智能技术更多的应是"赋权"而不是"接管"，即应始终保持人的创作主体地位，而不是强制将用户的灵感来源和创作手段局限于预先设定的简单模式内。① 同时，考虑到人工智能超强的模仿能力，并在智能营销"投其所好"策略的推动下，其所创作的短视频很可能成为用户的"信息茧房"。

（六）趋势六：正能量、价值观将更多输入人工智能创作平台

人工智能短视频创作与生产有一定的局限性。除了人工智能本身的发展不可能快速达到完美的程度之外，更重要的是，一些更加根本的问题恰恰是人工智能的短板，如在模仿人类过程中存在的"固定思维"，如前面提到的"信息茧房"导致的短视频创作的片面性与局限性，如"灌输"给人工智能的学习案例库本身存在的价值取向问题等，这些就使得最后一个趋势成为必然：必须向包括短视频创作生产在内的人工智能创作平台输入正能量、价值观，使其生产的短视频更加积极向上，更加有温度。

必须高度重视人工智能创作工具及应用中的价值导向，以及可能涉及的法律、道德等方面的问题。新华社"人工智能时代媒体变革与发展"课题组即认为，传媒业在开展人工智能的研发和应用中，需要

---

① 周仁平、罗弈为：《网络短视频中的人工智能技术：应用、反思与建议》，《教育传媒研究》2020 年第 5 期。

把握住以人类价值观为导向的方法论，充分考虑人的良知和情感，避免出现安全失控、法律失准、伦理失常等问题。智媒体将提供更有温度的产品服务。媒体将能够更好地感知受众的情绪变化，同时更准确地研判大众对于社会热点事件的情绪反应和舆论走向。① 在思想上重视是解决一切问题的前提。

近年来，国家已经开始重视解决这一问题。中国网络视听节目服务协会出台了《网络短视频平台管理规范》《网络短视频内容审核标准细则》等规范。除了所有从事短视频创作与生产的个人或组织都应有行业自律，都应该注意体现正能量与正确价值观之外，各类人工智能短视频创作平台及应用开发商应该更加重视这个问题，并在相应的程序与算法中加以充分体现。

总之，在媒体融合、人工智能及短视频消费快速发展的今天，基于人工智能的短视频创作与生产的探索、实践及研究已经得到了广泛重视，这就需要学界与业界共同努力，加快熟悉这一领域的发展现状及主要技术特点，并对未来的发展趋势做出相对科学的研判，进而为更高效、更规范的智能内容创作与生产提供真知灼见。

---

① 新华社"人工智能时代媒体变革与发展"课题组：《人工智能时代媒体变革与发展》，《大数据时代》2020 年第 2 期。

负向情感通达理性的路径机理：
基于一项文本情感分析

李名亮　　谢芷诺*

在诸如微博、知乎、豆瓣、今日头条等社交平台上，公民参与公共讨论的话语文本承载着个体或群体的各类情绪与情感；文本表现可谓是舆情监测器的重要组件。也可以说，文本蕴涵的情绪与情感，与理性的意见观点一起，共同表达着人们对社会环境、事务的担忧或期待。文本的情感需要挖掘，而情感分析法，又称意见挖掘，即是"对带有情感色彩的主观性文本进行采集、处理、分析、归纳和推理的过程"①。随着对社交媒体情感问题研究的深入，学者们开始运用情感分析法，甚或借助计算机辅助测量。

特定的社会情境会影响社会情感的产生。② 基于不同的社交平台、公共事务和话题，用户参与表达的情感类别、强度和社会影响可能均有差异。知乎平台有相当规模的用户群体和互动频次，③ 它兼具问答功能和社交功能，有着独特的网络参与方式和特定的情感表达形式。近几年，将研究对象置于知乎语境的研究成果在逐年攀升；而校园暴力是全社会关心和易投入情感的热点问题。本文即选择知乎问答上针对校园暴力的一个特定议题展开文本情感分析和相关探讨。

---

* 李名亮，博士，上海师范大学影视传媒学院教授；谢芷诺，上海师范大学影视传媒学院硕士研究生。

① 洪巍、李敏：《文本情感分析方法研究综述》，《计算机工程与科学》2019 年第 4 期。

② Hareli S., Parkinson B., What, "S Social about Social Emotions", *Journal for the theory of social behaviour*, 2008. 38（2）：131 –156.

③ 和讯网：《知乎的「十年答卷」：营收翻倍、月活跃升，构建多元化商业版图》，http://stock. hexun. com/2021 –03 –09/203156985. html，2021 年 3 月 9 日。

一　相关研究

　　网络情绪情感的广泛社会影响正被学者们充分认知，推动着相关研究的深入。一般理解，"情感"多是和人的社会性需要联系在一起①；情感在一定程度上是包容情绪的，故本文全文通用情感一词。

（一）基于情感与理性关系的两种哲学

　　1. 非理性、情感极化与情感抑制：情感与理性的二元对立

　　西方哲学认为，"理性是一种对公共商议当中无偏颇性的规范"②，也可简单理解为人的理智能力，包括形而上学的思辨能力，其特点是概念化、形式化、逻辑化；而"共同的理性能够保障人们思考我们的命运和他们的命运"③。许多学者以情感为视角来反思哈贝马斯的理性主义范式，并逐渐转向不认同情感与理性的对立并列；但仍是在理性与感性的博弈或二元分离语境中考察用户的情感表现，对情感缺乏辩证的态度。学者们的判断经验性地集中在"公共参与主体理性不足"④和"情感极化"。"情感"常常被污名化为"非理性""民主的敌人"，对公共领域是"坏的东西"。非理性表现的归因，从情感社会学角度，一般认为三个维度共同形塑了网络世界中极化的情感实践和情感氛围，即"互联网的结构特征（身体、身份的不在场）、运行机制（去抑制效应、信息茧房和网络狂欢等）以及线下世界的结构（怨恨社会）"⑤。对热点事件网民群体负面情感的阐释，受"工具—目的"理性支配，多是由"情感动员"形成"情感抗争""社会泄

---

　　①　尹弘飚：《情绪的社会学解读》，《当代教育与文化》2013 年第 4 期。

　　②　袁光锋：《情为何物——反思公共领域研究的理性主义范式》，《国际新闻界》2016年第 9 期。

　　③　郑琪：《公共领域与情感的博弈——公共情感研究缘起与分析》，《青年记者》2019年第 24 期。

　　④　郭利：《公共政策制定中的公民参与》，《理论研究》2004 年第 12 期。

　　⑤　田林楠：《网络情感是如何极化的——一个情感社会学的视角》，《天府新论》2017年第 2 期。

愤"后果的框架。① 负面情感对公共领域破坏的发生机理，大体上可总结为"非理性的情感传染—共振下的优势情感共识—情感极化（或媒介审判）—引发公共领域破坏和社会危机"，只是对这种机理仍缺乏深入的实证和学理逻辑支持。而在情感可被操控的担忧下，对网民互动的社会引导，自然是遵从情感压抑、驯服、管控和培养纯粹理性的路数。

2. 传统儒学情感与理性的交融

理性在儒学中大体上是指有关人的行为、行动的原则或法则；也被称为义理、性理。儒学中的理性是"情理"，即情感理性，存在于情理之中，通过情感活动体现出来。或者说，理性是和情感联系在一起并以情感为内容的具体理性，而不是纯粹形式的抽象理性。"与西方哲学将情感与理性对立起来的二元论哲学以及视情感为纯粹私人的、主观的、非理性的情感主义伦理学相比较，儒家重视情感的共同性、普遍性，因而主张情感与理性的统一。"② 总之，传统儒家认为，理性以"人之常情"为基础；理性与情感被视为一体两面，人无法脱离自己的情感对事物进行纯粹的考察；情感能够与理性统一，它本身就是通向理性的。近十几年来，一些中西学者在考察公共舆论情感时，涉及情感与理性关系的阐述各有不同，但实质上秉承的是情感中性、情感与理性交融的观点。

2012 年，许鑫即呼吁"理性审视非理性言论"，判断"非理性言论有助于释放社会情绪，维护社会稳定，是通往理性的必经之路"。③ 特纳（Jonathan Turner）把情感视为人性与生俱来的生物反应，认为其不会轻易被文化所挤掉。④ 达马西奥（Damisio）通过神经科学的研究，证明了情感是理性系统的构成要件。⑤ 基于"情感作为人性本源的冲动"，并参照特纳（Jonathan Turner）、达马西奥（Damisio）等人的观点，郭小安对公共舆论中的情感功能进行了再思考。他认为，

---

① 杨国斌：《悲情与戏谑：网络事件中的情感动员》，《传播与社会学刊》2009 年第 9 期。

② 蒙培元：《情感与理性》，中国社会科学出版社 2002 年版，第 2 页。

③ 许鑫：《理性审视网络非理性言论》，《新闻记者》2012 年第 10 期。

④ 乔纳林·特纳：《情感社会学》，孙俊才等译，上海人民出版社 2007 年版，第 6 页。

⑤ 莎伦·R. 克劳斯：《公民的激情：道德情感与民主商议》，谭安奎译，译林出版社 2015 年版，第 59—60 页。

"情感并不是事实的对立面，它是认知心理和理性系统的构成要件，是社会动员和社会整合的一种资源"。① 郑琪也明确提出，应当将理性和情感结合起来进行理解，以突破固有的、简单化的二元对立范式，② 显然，他是受到了传统儒家的启发。

（二）文本情感量化分析的运用

国内学者通常运用质性方法，选择一些网络热点或突发个案事件，揭示公众互动话语的情感特征，分析动态的情感变化和传播机制。随着研究的深入，少数学者开始利用爬虫（Pathon）等相关软件，对微博、推特等社会化媒体文本内容的情感进行量化分析。研究视角集中于两方面：一是公共参与文本的情感呈现与表达特征。二是公共参与情感表现的多元影响因素研究，尤其是对于群体极化影响因素的研究更是聚焦点。③

情感属于心理学领域认知范畴。在感知与测量的方法上，目前基于计算机技术辅助测量，情报科学与心理学结合的"人类情感识别和情绪计算模型"④ 研究，已有相当进展；并进一步向网络领域渗透并形成了网络文本情感分析。此类研究的分析维度仍较简单，一般集中在情感强度、情感极性层面⑤，简单地将情感分为积极、消极以及中性⑥，缺乏对网络情感更细致的分类。情感词抽取是进行网络情感计算的重要方法，即根据带有情感倾向性的词语，计算出文本的情感倾向和情感强度；而情感词典法是主要操作方法之一。

对于已有热点事件的个案研究一般是质性的；而因顾及个案的特

---

① 郭小安：《公共舆论中的情绪、偏见及"聚合的奇迹"——从"后真相"概念说起》，《国际新闻界》2019 年第 1 期。

② 郑琪：《公共领域与情感的博弈——公共情感研究缘起与分析》，《青年记者》2019 年第 24 期。

③ Tenenboim, Ori, & Cohen, Akiba A. , What Prompts Users to Click and Comment: A Longitudinal Study of Online News. *Journalism*. 16（2）：198 – 217.

④ Bonabeau, E. , "Agent – Based Modeling: Methods and Techniques for Simulating HumanSystems", Review of Proceedings of the National Academy of Sciences of the United States ofAmerica 99（Supplement 3）：7280 – 7287.

⑤ Palomino Marco, Taylor Tim, Gker Ayse, et al. "The Online Dissemination of Nature – Health Concepts: Lessons from Sentiment Analysis of Social Media Relating to 'Nature – Deficit Disorder'", 2016, 13（1）

⑥ Zarmeen Nasim, Sayeed Ghani, "Sentiment Analysis on Urdu Tweets Using Markov Chains", 2020, 1（5）.

殊性和偶然性，量化的文本情感分析又多为基于非个案、扫描式的互动文本选择。相对而言，特定语境、限定议题下的个案性量化分析也有某种程度上的普遍价值。正如孙慧英、明超琼所言，社会热点事件的社会情感价值"仍缺乏微观层面上的具体研究"，而"尽管一个具体事件中往往混杂着多种情感，但较为突出且稳定的情感通常是有限的。相类似的事件，往往具有类似的情感构成"[①]；这使得微观具体研究有了某种程度上的普遍价值。郑琪提出，对于单一事件中不同情感的组合和转变，也有待进一步研究。另外，夏倩芳也认为网络极化研究需要开启一种以"群体互动"为表征的分析框架。[②]

因此，本文以为，在特定的互动场景中，追踪情感流动如情感传染、转向等表现，可能更为典型和有效。也就是说，对社交媒体公共参与情感表现的考察，可能需要从"非理性"之类的大而化之批判，或基于宽泛的各类事件的文本分析，转为情感判断更为细粒化、情感表达强度更为明确、情感互动与流动更为具体的实证研究。本文的研究目标，即是运用细粒度情感分类与标注方法，结合基于情感词典的文本挖掘技术，运用情感分析法和相应的文本情感分析软件，管窥在特定的传媒语境下，网民的表达文本蕴涵着怎样的特征、多元的情感类型和理性要素；并在儒学情感与理性交融哲学的指引下，进一步分析文本互动下的情感流动特征，探讨和阐释愤怒等优势负面情感通达理性的路径和机理。

二　研究设计

（一）话题文本的选择

本文以知乎平台"未成年人犯罪"话题中精华区"如何看待永新校园暴力？"的相关文本内容为分析对象和数据来源。

校园暴力事件涉及未成年人暴力，由于施暴者和被侵害者身份的

[①]　孙慧英、明超琼：《公共领域中热点事件的社会情感价值分析》，《现代传播》2020年第7期。

[②]　夏倩芳、原永涛：《从群体极化到公众极化：极化研究的进路与转向》，《新闻与传播研究》2017年第6期。

特殊性，事件具有高度社会敏感性。暴力事件在社交媒体的呈现，可能会引发公众对校园安全、未成年人心理健康的普遍担忧和不安。在知乎社区中有专门的"未成年人犯罪"话题。依据知乎平台架构，每个话题都有精华区，这些精华问答则是人工和机器以赞同数、专业度、时效性、读者反馈等多种因素共同判定的。"未成年人犯罪"话题精华区前五个热度最高的问题均与校园和学生有关；结合研究的侧重点，本文选择其中的"怎么看永新校园暴力事件？"为文本数据的来源。此事件起源于 2015 年 6 月 23 日，一段名为"网曝江西永新县女初中生打架"的视频在社交媒体广泛传播。选择此事件的原因，一是问题中的回答和评论不断更新，且话题历时时间长，更能完整地呈现知乎平台中用户的网络表达与公共讨论；二是事件代表性强，关注度高，是知乎"未成年人犯罪"话题中的精华问题。

（二）数据采集与预处理

本文所需要的数据是来自知乎"怎么看永新校园暴力事件？"的一级回答和二级评论。运用爬虫技术对原始的回答和评论文本进行初步抓取，使用正则和 xpath 技术循环采集每一页文本的信息。由于本文旨在了解知乎用户对于社会性热点事件的公共讨论和情感表达的互动文本，因此除回答本身外，回答下的评论文本也被纳入分析对象中。本文收集到 2015 年 6 月 23 日—2020 年 7 月 6 日，累计共 1917 条回答、9537 条评论作为文本分析的样本。

在数据处理阶段，使用 python 的 MySQL、Excel 对数据预处理，利用 python 对原始文本去重降噪，包括去除无效信息及重复信息，如空白文本、无效表达文本、重复评论等。对整体的回答和评论数据筛选后，共获得回答有效样本 1885 条、评论有效样本 7543 条。

在获取到回答和评论的纯文本并将文本断句后需要对句子进行中文分词，对词性进行标注；基于多种停用词表整理去重①，最终得出停用词表（1662 词）。将样本导入 ROSTCM6 内容分析系统，对相关文本内容进行分词停用词过滤；然后，根据过滤后的文本内容计算情

---

① 哈尔滨工业大学停用词表（767 词）、四川大学机器智能实验室停用词库（976 词）以及自定义中文词表（746 词）。

感强度值，并根据词频统计（统计结果见表1），得出高频词表。

表1　　　　　　研究样本词频表统计结果（节选）

	词	总词频	词性	词频
12	好/a	1770	a	好
51	大/a	594	a	大
52	小/a	588	a	小
79	混混/a	380	a	混混
80	伤害/a	376	a	伤害
125	长/a	272	a	长
126	高/a	270	a	高
181	不错/a	195	a	不错
192	重要/a	187	a	重要
197	坏/a	184	a	坏
228	差/a	164	a	差
247	少/a	152	a	少
262	傻/a	146	a	傻
265	简单/a	144	a	简单
269	很大/a	144	a	很大
284	新/a	137	a	新
290	不/a	135	a	不
350	老大/a	115	a	老大
351	快/a	114	a	快
397	厉害/a	107	a	厉害
386	沉默/a	105	a	沉默
397	幸运/a	103	a	幸运

（三）确定文本情感分析的维度、编码与分析方法

基于知乎社区某一特定的争议话题，对用户的回答、评论从多种维度进行分析，能够明晰知乎社区中网民的情感倾向。国外学者 Mishne 和 Glance[①] 在一项从博客文本预测电影销量的研究中，提出情感分析的七个维度，分别是评论日期、评论类型、评论长度、议题指向、高频词和情感倾向、评论者身份以及标点符号。本文的分析即

———————————

① Computational Approaches to Analyzing Weblogs, Papers from the 2006 AAAI Spring Symposium, Technical Report SS－06－03, Stanford, California, USA, March 27－29, 2006.

借鉴了上述七个维度，但为抓住主要问题和简要起见，对其做了适当归纳，将日期、标点、文本长度和评论者身份归为一般文本特征，也即分一般文本特征、评论类型、议题指向与高频词四个维度。受抓取技术所限，对一般文本特征剔除非文本实体的日期和身份两项。[①]

在前期数据预处理之后，根据各维度情感分析的具体要求，相应地采用人工编码统计和计算机辅助测量分析结合的方法。基于文本，本文使用的计算机辅助情感测量技术有两种：

一是基于情感词典的文本挖掘（Rost CM of Python）；二是情感归类，即基于情感分类的情感标注（Nvivo 软件）。测量步骤分为两步：

首先，对整理后的文本导入 python 进行情感分析。基于前期数据预处理，依据情感词典计算出每条文本内容的情感强度值。

在现有研究中，尚未有一个适用于知乎社区的文本情感倾向识别词库，因此本文基于各大情感词典，建构了一个适用于知乎社区的情感词库。再将相应的文本内容进行分词、词频统计、情感词分类，并由计算机处理子句的权重，由计算机得到整个回答文本的情感值。交叉检验的结果表明，用户回答的文本情感值计算准确率为82.4%。

通过计算机语言计算和标注情感值，情感值的绝对值等同于后文提出的情感强度值；如输入："把某些罪犯称为孩子，是对真正的孩子的一种侮辱。未成年人保护法保护了未来的罪犯，伤害了真正的孩子。"情感值计算为 - 3，情感强度值即为 3。计算结果如表 2。

表 2 　　　　　研究样本情感强度计算结果（节选）

评论内容	情感值 ▼
虽然知道很难，但是这不是你的错。你不要惩罚自己，你没错，生活还是有好的一面的，起	-1
经历过自己曾经最好的朋友对自己进行的校园暴力，辱骂，孤立，污蔑造谣。那个时候是其	-6.25
心疼啊。我觉得你父母有很大一部分责任，为什么不相信自己的孩子反而相信别人。错的	-2
曾经被欺负 被男生打 也和欺负我的男生滚在雪地里打过架 被老师故意发动全班同学孤立过	-1.75
也曾经遭遇过类似的事情不过并没如此严重，但是就是这样我还是会总能记起来就算记性差	-1
其实答主不要给自己太多压力 痛苦的过去 某些脆弱的点 都是可以跟别人说的 不要总逼自己	-3.25
我也是从初中开始被全班欺负，看你描述你经历的一切，就像在看我自己的青春期。我没有	-14.4
父母好大的错。	-1
楼主我竟然和你差不多。也是初二长身体了明白的。武力是解决冲突的最后手段。也是必要	-5.75

[①] 回答用户的标签是一种确定答者身份的可行方式，但本文在剔除匿名以及没有明显身份标签的用户回答样本后，统计有效样本有 638 条，仅占全部回答样本 1885 个的 33.8%。

其次，为了进一步将情感强度值具象化，本文也引入了心理学领域中情感归类的方法。根据情感值的正负将情感分为正面情感和负面情感，同时参考美国心理学家普拉切克和施洛伯格的情感三维归类模式、艾克曼（Ekman）情感分类等方法①，并结合对"校园暴力"特定的情感反应进行细化分类。首先从回答和评论样本库中各随机抽取100条，邀请两位编码人员对文本情感进行人工分类。如此将文本情感细化为愤怒、厌恶、恐惧、悲哀、惊讶、期望、接受、嘲讽、同情、无明显情感十个情感类别。再随机抽取500条文本内容，由两位编码者独立分类；计算每条文本内容间的相关系数。总评定者间信度值为0.802，高于信度系数标准值0.8，故编码可信。然后，将附有情感值的文本导入到Nvivo软件，对文本按上述情感分类，进行人工标注及归类。如"我一点也不想笑，我感到很悲哀。"情感强度为 -1，标注为悲哀，以此类推，分别将各个文本的情感进行归类。最终某种情感的强度值 = 某种类型的情感样本总和绝对值/样本数量。

三 研究发现

（一）文本的一般特征与情感

文本的长短在一定程度上可以揭示参与者的情感态度。在知乎社区中，回答样本的长度差异较大，少则寥寥数字，多则可达11882个汉字；平均每条回答的长度为540个汉字。字数少于540字的回答样本有1149条，占有效样本的61%，评论样本平均每条评论的篇幅在53个字左右，其中少于53字的评论高达6644条，占比为71%。这说明在知乎社区中，绝大多数用户面对争议性事件的讨论依然倾向于短文本。

知乎的折叠、赞同、点赞的排序机制，使得主流的意见更为突出，不符合主流的意见会随之下沉，因此本文选择对全部回答样本进行深入探讨。经整理发现，虽然少量短文本在一定程度上表达了理性

① Ekman, P., Friesen, W. V., "Constants across Cultures in the Face and Emotion", *Journal of Personality and Social Psychology*, vol. 17, no. 2, 1971, pp. 124 – 129.

意见，但总体而言，短文本缺乏有条不紊思考的逻辑性以及表达的规范性。用户通常倾向于用短短的几个句子表达自己的愤怒，显现出偏激和浮躁，例如"我要打死他""打人者被人肉，活该""《未成年人人渣保护法》"等。这些回答体现出用户对涉事主体的情绪化批评甚或言语暴力，也有对相关主体的质疑和批判。

对于超过 540 字的 736 条回答样本，它们通常会因字数优势获得较为靠前的排序。值得注意的是，这些回答常常是于事件发生后的很长一段时间作出的。相对而言，长文本逻辑清晰、有条有理，显然是经过一番思考，有意识的话语行为。但长文本观点往往中庸，态度不鲜明；缺乏针砭时弊、一针见血的气质。

"每一个标点符号都有独特的作用"①，在一定程度上，标点符号可以辅助性地传递出句子不同层次的情感态度。而"计算不同标点符号使用频率是有效的"②。在知乎社区中用户参与公共讨论时，表情、音频、视频等功能较弱，因此用户常常需要借助标点符号表达意态、语气、情感等多种信息。在 1885 条有效的回答样本中，③ 用户在发表观点、意见时，问号"?"的使用频率最高，共使用 653 次；有些用户甚至使用重复问号（???）。问号的频繁使用，说明知乎用户对事件所涉及的责任主体、事件的结果等事实本身存在疑问。

总之，网民倾向使用短文本与简洁的情感词句表达强烈情感，以致语句缺乏逻辑与规范，语意浮躁、偏激，且更多地表达愤怒。对于问号的频繁使用，表现出网民质疑的强烈情感。相对而言，滞后回答的文本篇幅更长也更理性。

（二）文本类型与情感

本文基于斯图亚特·霍尔的"编码—解码"理论，结合已有研究和实际情况，将网民参与讨论有效样本（回答样本）的文本类型解构

① 吕叔湘、朱德熙：《语法修辞讲话》（第 2 版），中国青年出版社 1979 年版，第 53 页。

② Sahami, M., Dumais, S., Heckerman, D., Horvitz, E., A Bayesian approach to filtering junk e – mail, In AAAI – 98 Workshop on Learning for Text Categorization, AAAI Press, Palo Alto, CA, USA, 1998：55 – 62.

③ 由于评论样本简短，用户较少使用标点符号，因此本文仅分析回答样本中的标点符号使用情况。

为意见倾向和表达方式两个层面，并使用 nvivo 进行人工编码。同时，对回答样本和评论样本的情感类型、相应的情感强度均值进行了统计。

1. 回答文本的意见倾向与表达方式

研究发现，对抗权威、情绪宣泄是网民进行公共参与的情感表达基调（见表3：回答文本的意见倾向与表达方式）。斯图亚特·霍尔将受众对电视文化的解读分为接受式解读、协商式解读和对抗式解读，这三种解码方式正好与知乎问答社区中对传统权威的谨慎质疑态度一致。因此，类似地，本研究将用户对社会争议事件的解读分为接受现状、寻求协商、对抗权威三种意见倾向。而基于文本表达方式的差异，将其分为事件质询、论证说理、相关补充和情感宣泄四类。

表3 回答文本的意见倾向与表达方式

分析层面	分类	原则依据	文本数量（条）/占比
意见倾向	接受现状	对校园暴力司空见惯，表达出无力感，呈现出无奈"接受"	101/5.36%
	寻求协商	认为现有的体制、机制需要改进，并且进一步寻求解决方法，或是提出对未来的希冀	89/4.72%
	对抗权威	对官方话语体系的不信任、反抗甚至是对立，发泄不满	1695/90%
表达方式	事件质询	对永新校园暴力事件以及类似事件的质疑	107/5.68%
	论证说理	逻辑性分析推断且无明显主观态度	19/0.01%
	相互补充	援引与话题相关的类似事件或信息来表达自己的观点和看法	461/24.46%
	情感宣泄	用词激进、极端的谩骂或情感化表达意见	1298/70%

2. 文本表达的情感类型

在回答样本中，"愤怒"和"恐惧"的负面情感居于主导。在评论样本中，"期望""同情"等正面情感居于主导，"愤怒"虽有所下降但仍处较高数值。

1885 条回答样本多以负面情感为主，并伴随着正面情感。占比最高的负面情感是愤怒（占比为32%，情感强度均值为5）和恐惧（占比为25%，情感强度均值为7)，而占比最高的正面情感是期望（占比为13%，情感强度均值为5.1）和同情（占比为10%，情感强度均值为6.7）；以恐惧、愤怒为主导的负面情感在占比上远远高出期望和同情正面情感。（图1）

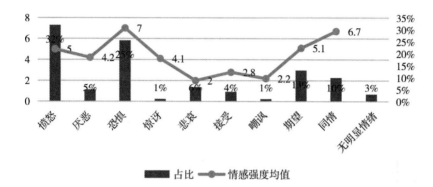

图1 回答样本情感类别及强度分析

评论样本的情感呈现与一级回答样本的情感呈现差异较大。"期望"（占比为32%，情感强度值为7.4）与"同情"（占比为20%，情感强度均值为6.7）的正面情感比例远远高出"愤怒"（占比为17%，情感强度均值为6.2）、"厌恶""恐惧""惊讶""悲哀""嘲讽"等负面情感。可以说，在评论样本中，"期望""同情"的正面情感居于主导，"愤怒"相比回答样本下降近一半，但仍维持较高数量和情感强度。（图2）

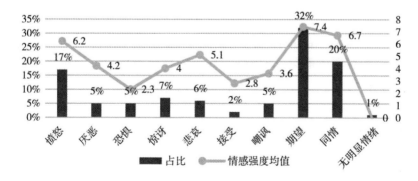

图2 评论样本情感类别及强度分析

（三）聚焦议题的情感差异

在不同的议题指向上，用户情感的呈现也存在差异。本文对议题采用人工编码方法；邀请两位编码人员，从回答的样本库中随机抽取80条，对样本逐一分类编码。如"没有什么特殊的原因，小孩子本来就是这么暴力……学校没有传达出一套完整的、令学生信服的价值体系。"可以看出，这条回答的议题指向"孩子和学校教育体系"。依据样本内容大致将议题分为"暴力事件本身和反思""政府及相关职能部门""传媒与舆论环境""道德与法制""学校和家庭教育""对人性的思考"六个类目。再随机抽取500条文本内容，由两位编码者独立分类；计算每条文本内容间的相关系数。总评定者间信度值为0.807，高于信度系数标准值0.8，故编码可信。

知乎社区中用户参与讨论的议题聚焦于"学校与家庭教育""暴力事件本身和反思"和"道德与法制"。网民对"学校与家庭教育"的讨论最多，共有733条，占比达39%。其次是对暴力事件本身的探讨和反思，共有568条，占比达30%；而对道德和法制的思考占比为18%。

在永新校园暴力事件中，用户聚焦的议题有着不同的情感类别和强度。为进一步探讨公众情感和议题指向间的差异，本文绘制了议题指向和情感类别、强度交叉分析图表（见图3）。

在此事件中，用户的"愤怒"在多个议题上的情感强度都很高。因为事件直接与"学校与家庭教育"的失责有关，因此愤怒强度值高达20.5；往下依次为"道德与法制（14.3）""暴力事件本身和反思（9.43）""传媒与舆论环境（7.52）"，而"对人性的思考（0.37）""政府及相关职能部门（0.01）"愤怒强度值极低，说明用户的愤怒情感表达仍在"就事论事"，迁怒于人性或政府并不激烈。

对"道德与法制"的批判，比较集中在对"法不责众，法不责老，法不责少"的范围界定问题的质疑，以及对《未成年人保护法》制度性缺陷的愤怒。"愤怒"情感的内容用词更为激进且极端，如"呵呵，有趣NMB！"。对"传媒和舆论环境"的愤怒大多由媒介信息过滤机制缺失所引发；诸如《古惑仔》系列电影，疼痛青春系列的书籍和电影等，一些不良信息未经过严格审核，潜移默化中培养了未成年人对校园黑道的崇拜。部分用户对以暴制暴的舆论环境也深感愤怒，可理解为对网络群体极化的反抗；如"校园暴力令人恐惧，网络暴力令人胆寒"。无论是道德法制还是传媒机制，部分用户强烈谴责"校园暴力的衡量标杆被越抬越高"。

"恐惧"的情感则更多表现在对"暴力事件本身的思考（27.35）"上；主要表现为对事件中的残暴手段心惊胆战，以及事件发生后对身心健康影响的恐惧，如"被噩梦缠绕""裹着被子蜷缩成一团瑟瑟发抖"。通常是一种无意识的主观表达，如"寒意""害怕""阴影""可怕"等负面词汇反复出现在回答者的文本中。"悲哀"主要是针对"学校和家庭教育（18.21）"议题；并且在此议题下，"愤怒"和"悲哀"的强度相当。对家庭和学校，网民不满其被动和漠视的态度，寒心其反应和惩罚机制的缺失。

此外，"期望"这个正面情感，在"暴力事件本身""道德与法制""学校和家庭教育"这三个类目下，其情感强度以及占比也相对较高。典型的如对道德与法制的期待话语，"我们需要政府出台更多相关政策甚至是法规！"而我们也需要整个社会参与其中抵制校园暴力，希望所有人都能不被一时的愤怒冲昏了头脑。

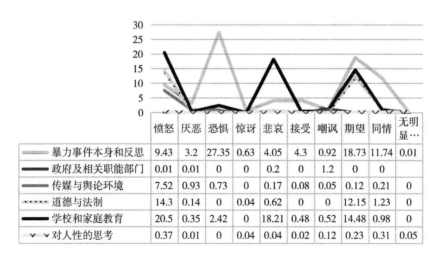

	愤怒	厌恶	恐惧	惊讶	悲哀	接受	嘲讽	期望	同情	无明显…
暴力事件本身和反思	9.43	3.2	27.35	0.63	4.05	4.3	0.92	18.73	11.74	0.01
政府及相关职能部门	0.01	0.01	0	0	0.2	0	1.2	0	0	0
传媒与舆论环境	7.52	0.93	0.73	0	0.17	0.08	0.05	0.12	0.21	0
道德与法制	14.3	0.14	0	0.04	0.62	0	0	12.15	1.23	0
学校和家庭教育	20.5	0.35	2.42	0	18.21	0.48	0.52	14.48	0.98	0
对人性的思考	0.37	0.01	0	0.04	0.04	0.02	0.12	0.23	0.31	0.05

图 3　议题指向与情感强度构成分析

网民的"期待"集中在以下方面：期望用教育的力量传递善意；认为传播技术的发展，正在推动全社会重视一些迫在眉睫的社会问题；呼吁大家不要被愤怒的情感主导；校园暴力事件亟待解决，法律、全体社会成员都应该参与其中；以积极、自信的态度走出阴霾，并且鼓励经历类似的受害者早日摆脱阴影；也有对暴力事件进行反思的，期望道德、法律、学校、家庭形成合力加强对校园暴力事件惩治的力度。

"同情"是对事件的受害者而言，因此"暴力事件本身和反思（11.74）"议题的"同情"情感强度值较高。网民将心比心，如"我看到新闻的感受，就像看到过去的自己。……我也曾经从那样的一段痛苦的日子里走过"；网民纷纷表达"真的很难过，心疼"；也普遍认识到校园暴力不仅伤害了弱小者的肉体，且"在学校里受的欺负与害怕，真的对学生心理影响很大"。

（四）高频词与情感

文本中出现频次高的词汇即为关键词。通过对关键词的词频统计以及情感值的评估，我们能够发掘情感呈现的特征。如经前文所述的分词处理后，发现大部分有情感倾向的词语是由形容词、动词、名词三类词语组成。本文统计回答样本和二级评论样本中的这三类词汇，并选取排名前20的高频词汇进行分析。统计结果从高到低排序，详见表4。

表4　　　　　　　　回答及评论样本高频词统计表

回答样本			评论样本		
形容词	名词	动词	形容词	名词	动词
混混	学校	欺负	心疼	暴力	欺负
伤害	老师	告诉	伤害	校园	加油
坏	暴力	发生	混混	孩子	答主
差	孩子	打架	幸福	老师	希望
傻	校园	欺凌	强大	楼主	抱抱
厉害	同学	记得	美好	学校	保护
沉默	女生	保护	善良	社会	欺凌
幸运	学生	反抗	重要	法律	告诉
残忍	男生	希望	安好	父母	打架
不爽	小学	只能	勇敢	同学	赞
软弱	朋友	哭	不错	小学	反抗
不幸	父母	骂	幸运	学生	理解

续表

回答样本			评论样本		
形容词	名词	动词	形容词	名词	动词
丑	家长	不想	简单	女生	需要
恶	班主任	说话	快乐	问题	记得
恶劣	成绩	害怕	恐怖	男生	支持
恐怖	法律	逼	厉害	受害者	改变
幸福	原因	死	充满	感觉	坚强
嚣张	受害者	怕	温柔	家长	赞同
胆小	视频	需要	很棒	评论	关注
敏感	放学	呵呵	尊重	知呼	感谢

回答、评论中排名前 20 的高频名词，主要是关涉主体、地点或与校园暴力事件相关。动词是各方主体对相关行为的界定和描述；通过动词的使用，主体可以巧妙地实现情感诉求。在回答样本中，"欺负""欺凌""骂""逼"等词汇出现频次高，主要用于描述施暴者行为以及对于施暴者行为的愤怒。而"告诉""保护""反抗""怕"等词汇多用于描述受害者行为，强化了弱者的形象。在评论样本中，对于施暴者行为的描述依然是"欺负""欺凌"等词汇出现频次较高，此外"加油""希望""抱抱""理解"等词汇表现出评论者的情感倾向于支持和鼓励受害者，此时的关注点从谴责校园暴力行为转向同情、鼓励受害者。

与动词、名词不同的是，形容词直接影响文本情感倾向，能够更直观地反映用户意见表达的情感特点。在回答样本中，"伤害""坏""残忍""恶劣""恐怖"等超过半数的高频形容词均为负面词汇且情感表达强烈，有部分词汇存在对施暴者行为描述相对夸饰的成分。而在评论样本中，评论者的情感倾向更为平缓，"心疼"体现了用户对受害者的同情，"幸福""强大""美好""善良"等正面形容词则展示了用户对未来的希冀。无论回答样本或是评论样本，"幸福""幸运"都是高频词。

上述基于不同维度的发现相互呼应，基本可以反映出网民互动表达的核心情感表现、类型和情感强度。对一级回答样本的研究发现，网民公共参与的情感基调总体是负面的。网民以质疑官方、对抗权威的态度，多运用简短句子、情感激烈的词句和标点符号，情绪宣泄式地表达自己的愤怒和恐惧。回答样本也不乏期待和同情这两种正面情感。网民在分享和反思暴力事件时，对受害学生寄予了深切同情；同时，中肯、理性地表达全方位的期待。可能是因评论时间滞后，负面情感得到了舒缓；也可能是负面情感容易促发情感共鸣，总之，二级评论样本的情感基调总体转向正面，以"期待"与"同情"为主导，情感倾向也更为平缓。

四 基于情理交融观的分析与诠释

如何进一步考察和诠释知乎用户的情感表现？如何突破负面情感的"非理性"表象，理解其在理性建构方面的价值？情感具有流动性，即不同情感在互动下会相互影响和转换。本文借助优势情感"愤怒""恐惧"和"期待""同情"等，分析优势负向情感背后的理性要素，追索用户在回答和评论文本互动中情感流动路径和特征，探讨阐释情感间的交融关系，是一种可行的研究路径。

（一）愤怒被质疑激活；彰显公民表达权利

相对于本能的"恐惧"，本研究中"愤怒"可能更需重点解读。一是因为愤怒情感文本数占比（回答文本占比为32%，评论文本仍居高不下）和高频词数量均高，在多个议题上情感强度值也非常高；二是愤怒更易与社会心理相联系。其他学者的公共参与文本情感研究，无论是具体或是普遍性结论，多在证实"愤怒"或"怨恨"是最显著的负面极感。两种情感概念有相互包容性，在基于"怨恨社会"背景的研究中，学者们多用怨恨来加以讨论。如2014年，许可通过对20万名新浪用户的7000万条微博数据进行相关计算后发现，中国社交媒体中愤怒与文本的相关性最高，传播力最强。[①] 再如前述

---

① Fan, R., Zhao, J., Chen, Y., & Xu, K. (2013), "Anger is More Influential than Joy: Sentiment Correlation in Weibo", *Plos One*, 9 (10), e110184.

孙慧英等的研究，在超过 85%（共 246 起）的事件中，民众都出现了怨恨。

愤怒一方面直接针对欺凌事件和施暴的熊孩子，体现出情绪化批评甚或言语暴力。如用户相对控制的愤怒"没想到学校竟然有这么恶劣的事情，还都是小孩子，是熊孩子，我真的很生气"；或者用几个偏激的短句来表达激愤；再如回答样本的高频动词如"欺负""欺凌""骂""逼"，以及超过半数的高频形容词如"伤害""坏""残忍""恶劣""恐怖"等，也主要用于描述施暴者行为以及对于施暴者行为的愤怒。但受愤怒支配，有些文本将诸如"学生会""太妹""未成年人"这类身份标签刻意焦点化，有对特定人群污名化的嫌疑。

另一方面，更多的用户是将愤怒迁移，对准现实世界处于权威地位的人、组织或机构。生活的不公平、安全无保障，对权力、权威的刻板印象等负面感受，不可避免地被带入网络公共讨论。质疑权威则成为"愤怒"情感表达的首要机制；或者说，愤怒主要受对"权力、权威"一方不信任、怀疑的心理支配。诸如权力的不作为、身份的不平等、法律法规及社会机制的滞后、司法的不公正等，都会成为用户质疑的关键要素。如典型的回答文本，"为什么会接二连三出这种事？xx 不作为呀！要严惩不作为的那些 pig！直接先把当地教育部长和涉事校长拿下！看他们做不做提前应对！再不行，当地县官也要问责！！再不行，把省级教育部长和国家监管学校的教育司长拿下！！同样地惩治贩卖儿童和妇女。"层层升级的质疑语气，偏激的语言，体现了用户对社会安全没有得到应有保障的强烈愤怒。

一些用户也采用嘲讽性、戏谑化的语言风格表达自己的质疑，如"未成年保护法应该叫未成年人渣保护法"，"贵国上下的那种稳定第一，一个巴掌拍不响，是极其恶劣的恶心的思想。"诸如此类的话语在本质上是一种"后现代式颠覆权威的大众力量"[①]，这种改造、戏仿的表达方式，戏谑、嘲讽和解构了"法治和德治"的标准故事和以权威为主导的文化。

公民个体分享和交流观点、宣泄情感的欲望，因为平台上特定的

---

① 刘国强、粟晖钦：《解构之欲：从后现代主义看媒介文本解码的多元性》，《新闻界》2020 年第 8 期。

信息、相似的情感经历或是一致的价值取向的催化，极容易被激发。校园暴力等类似热点事件，不仅引发网民本能的愤怒，更成为网民对权威、传统文化和法治强烈质疑的情绪宣泄的突破口。但无论如何，在自我权利意识和表达欲彰显的后现代时代，网络平台为用户提供了议程设置和各抒己见的机会；其表达权利得以彰显，如在知乎平台上，用户可以根据自己的喜好和意愿在社区中提问、回答问题、参与公共编辑等。

（二）偏激但不缺乏理性；极端者是少数

一些学者认为，社交平台技术易推动网民情感的传染、共振和聚合；并担忧情感可被操控。情感传染也是一种情感流动，指"人们在接触他人的情感表达后导致他们自己的情感表达变得与他人更为相似的过程"；[1] 某种情感经传染、群体性趋同和共振等机制，易形成极化性情感聚合和共识。一些研究发现，愤怒情感的传染、共振可能会滋生无力感、弱势感，引起政治冷漠症和怨恨，激化对立、强化偏见，甚至引发群体性事件。

观照我国的社交平台生态环境，与微博、天涯论坛等相比，知乎社区显示出更少的两极分化趋势。在永新校园暴力事件中，虽然用户有明显的情感倾向，但情感呈现出多元化的特点；如愤怒等负面情感传染强度不高；而在对抗性情感表象下，极端者仍是少数。

在多数议题下，用户表达的情感强度值并不高。实际上，由于表情也能达意，在愤怒偏激的话语表象下，含有理性的观点和社会诉求；而一些媒介素养较高的用户，发表基于逻辑判断、分析的观点，仍是常态。这些理性观点和言论为纠偏非理性提供了极大可能。如部分知乎用户对其他网友"人肉搜索"施暴女孩的行为提出了批评，且提出了建设性的意见；如"不妨借鉴@江宁公安在线，通过建立良好的警民关系来更有效地查处由普通人告发的案件，这样才不会让网络暴力有可乘之机。同时公民自身要自律，不要拿某个事件作为自身负面情感的宣泄口"。

---

[1] 杨洸：《社交媒体网络情感传染及线索影响机制的实证分析》，《深圳大学学报》（人文社会科学版）2020 年第 6 期。

倘若我们将辱骂、仇视甚至煽动社会矛盾和宣扬暴力等危险性言论，笼统地归为极端性言论，本文的实证研究表明，极端言论仍然处于边缘空间。如"愤怒"情感文本仅占整体文本的26%，更遑论少量极端言论只是激愤支配下的一时失控，并非恶意主动攻击；再如愤怒在多个议题上情感强度都很高，但迁怒于人性或政府并不激烈。

涉嫌极端情感的文本数量很少，可能是因为知乎的知识性问答设计，构成了一个用户相对自主独立的言论空间。用户并不倾向于与立场相同的其他用户进行互动，而是在特定的页面和问题下各抒己见，并会在必要的时候将议题引向多元。也就是说，偏激的情感传染和共振在这种安排中，似乎不太明显，而大 V 也不容易培育成熟。另外，排序相对靠前的问答言论，其评论比例明显高于其他的样本，并且这些评论通常与回答者的言论持相反的态度。如此看来，知乎社区似乎是一个网民表达愤怒的空间，但不太可能是一个可被操控引致极端的工具。

（三）负面情感激发广泛的同情和社会期待

相关研究似乎已有一项共识，即相对于正面情感而言，愤怒、恐惧等负面情感，以及对抗性言论更易促发强互动和更广泛的分享。Chmiel 等对英国的 BBC 论坛的研究表明，负面情感效价（VALENCE）越高，也即负面情感强度越强的话题其讨论时长越长，也即极化的情感构成了网络讨论的燃料，一旦这种燃料枯竭，网络讨论也就停止。[①] 孙慧英的研究发现，伴随怨恨，同情出现次数也达到60%，这表明"能够激发人们负面情感的事件更容易进入到公共领域，并引发人们的广泛关注和讨论"。[②]

而在本文所实证的评论样本中，"期望""同情"正面情感超过"愤怒""恐惧"等负面情感，居于优势。尤其是在表现出"恐惧"情感的回答下，常常有更多"同情""期望"等正面情感的评论，且在这些评论中倾向正面情感的言论会获得更多的赞。这一现象表明，负面情

---

① Chmiel et al. , "collective Emotions online and Their Influence on Community Life", *PLos one*, vol. 6. no. 7（2011）, pp. 1 – 8.

② 孙慧英、明超琼：《公共领域中热点事件的社会情感价值分析》，《现代传播》（中国传媒大学学报）2020 年第 7 期。

感传染和共振现象不明显，反而产生了情感由负面向正面的流动。

期待是一种殷切、美好的希望，蕴含着对未来生活、社会的热爱和憧憬。用户互动言论的多元议题指向，无论是对校园暴力事件本身的反思，或对校园、家庭、法律、道德、媒体环境等的对抗性话语，都可追溯到马斯洛需求层次理论的基础层——社会安全。而网民期待话语所蕴含的，正是他们所追求的社会安全感的群体理性诉求；各种类型情感的表达背后，无不隐藏着构建"美好生活"的愿景。

无论是回答还是评论样本中出现高频词的"幸福""善良"等，充分展示了用户的美好期待。

库利（Charles Horton Cooley）从情感互动的角度指出，同情是通过与他人交往从而理解他人的交流行为，同情行为是在刺激和引导下有选择的行为。① 当下转型社会，同情弱者、憎恨强者，以及对社会风险的不安和焦虑的共情，是人们产生同情感的主要心理机制。我们通过考察回答样本发现，当用户以弱势群体的身份，且突出自身经历的不公和悲剧时，言论更容易引起广大网民的情感共鸣，进而激活潜在的用户互动，促成社会同情。纵观"恐惧"情感为主的回答样本，用户多以悲情叙事的手法，重新呈现和演绎现实的可怕经历；且加以塑造悲情角色，渲染事件主体的悲惨与恐惧，如"大哥瑟瑟发抖，闭着眼睛"等。

孟子提出"无恻隐之心，非人也"，肯定的即是怜悯和同情心。大卫·休谟的道德哲学理论强调同情对于产生正义和仁慈的独立作用。② 卢梭认为同情是人的一种在文明社会中具有社会性的更高层次的情感，是前反思和前理性的"最有用和最普遍的德性"。③ 社会同情是培育良好公民的重要形成机制，是社会秩序的反映；也是不可缺少的社会力量，在一定程度上有助于防止或消解社会加速分化可能带来的社会排斥、冷漠或非正义。由于悲情叙事更易获得情感支持，也能达到对抗权威的效果，因此个别用户为了博取关注度和流量，不惜

---

① ［美］查尔斯·霍顿·库利：《人类本性和社会秩序》，包一凡等译，华夏出版社1999 年版，第 110 页。

② 吴亚玲：《论休谟的同情理论》，《江西社会科学》2009 年第 8 期。

③ 雷红霞：《试论卢梭对文明发展的反思和批判》，《武汉大学学报》（人文科学版）1989 年第 5 期。

过滤一些关键性的细节，过分渲染痛苦。因此，我们对少量打着"弱势群体"旗号，且极具煽动性的言论需要保持高度警惕。

（四）分享性宣泄，舒缓用户的社会结构性压力

用户乐于分享秘密，不害怕暴露秘密和负面情感。前文议题指向的统计发现，阐述自身或所闻的校园暴力事件的文本占比数仅次于对学校家庭教育议题的讨论。这也说明用户通过知乎平台参与社会安全类公共事件讨论时，乐于和陌生人分享秘密。大多文本甚至表达出对抗式意见，加以调侃戏谑式的质疑语气，体现出用户对官方话语体系的不信任甚或对立；他们也不压抑自己"恐惧""愤怒"的负面情感。总之，社交媒体环境的隐匿性为个体提供了情感宣泄的出口，无论是愤怒恐惧、期待同情的各类情感表现，或是后现代式颠覆权威、调侃戏谑的话语风格，既是宣泄的正常方式，也是公众情感共鸣的最佳催化剂。

社交网络打破了公共场景和私人场景泾渭分明的界限，用户可以通过变换场景，找到适合自己的交往场景和交往对象，而社交网络的公共领域变成了更具可见性的空间。① 如在知乎平台，大量私人叙事、私人话题获得了广泛的可见性。公共场景和私人场景相互渗透，于是一种相当随意轻松的用户互动构成了主要的场景风格。而传统媒体时代难以启齿的私密叙事，通过社交网络的可匿性得以分享。

用户的分享和表达自我，带来存在感与社会情感的联结。人本身具有社会化属性，而知乎社区是个人与社会的链接。知乎平台本身就是一个由问题组织分享的平台，用户可以分享问题和问题回答；通过记录和分享表达自我，可以真切地感知自己的存在，以此与社会进行联结，与"他者"联结，增加互动双方的共同意义空间，满足自身的社交需求以及自我的实现。正如用户在描述自身遭遇表现出"恐惧"情感时，而二级评论区的网友则会给予相应的评论、点赞等。如有答主写道："看到这么多知友评论鼓励我，鼻子好酸。谢谢你们。知乎真是一个令人感到温暖的地方。"获得了积极的反馈、热情的回应和一种源出同脉的认同。

---

① 邓力：《传媒研究中的公共性概念辨析》，《国际新闻界》2011 年第 9 期。

在情感化叙事分享下，情感的广泛聚合成为热点事件解决的推动力。近年来，未成年人犯罪话题的热度居高不下，从永新校园暴力事件到山东弑母案，网民对修订《未成年人保护法》的呼声愈演愈烈，并通过各类社交平台宣泄自己的愤怒和不满。不论是对抗式还是理性协商式的话语，均借助情感增强了表达力度，扩大了事件的影响力，进而推动着整个事件的发展，实现了自己的诉求。2020年《未成年人保护法》的修订，条文较之前的版本新增了60条，如条文增设了"发现未成年人权益受侵害时强制报告制度、学生欺凌防控工作制度"等。种种条文的改进，虽然不能将其完全归功于社交媒体中公民参与的功劳，但在一定程度上表明知乎平台仍然具有参与式民主的潜在可能性。

五　结语

情感对公共领域理性建构的正面或负面作用，均可以找到大量的特例、成果予以支持。这是因为网民参与公共讨论的情感受多元因素的影响；具体至某特定平台或议题，情感表现除与话题属性、意见领袖的影响力、用户参与程度等紧密相关外，更受不同平台特有的互动功能属性所制约。如有人悲观地认为微博讨论的理性、平和已经近乎一种奢望；也有人断言，知乎已不知不觉中成为高素质、高学历网民的聚集地。

本文在知乎语境下，针对校园暴力议题进行的个案情感分析，有特殊性也有典型性。本文研究发现，用户公共参与的情感基调总体是负面的，是一种质疑官方、对抗权威的态度，情绪宣泄式地表达自己的愤怒、恐惧等；在文本互动中存在某种程度上的负面情感传染和共振。但情感具有复杂的发生、发展和流动逻辑，并不仅仅只有"传染—共振—极化—社会危害"一种路径。或者说，"公众的情感表达并不必然会沦为勒庞所揭示的乌合之众，也并不必然导致桑坦所提示的群体极化现象"[1]，就本研究限定的场域和议题而言，愤怒、恐惧等

---

[1] 郭小安：《公共舆论中的情绪、偏见及"聚合的奇迹"——从"后真相"概念说起》，《国际新闻界》2019年第1期。

优势负面情感存在着向正面情感流动的现象，且在互动中情感趋于平缓，理性有所回归。或者说，在情感与理性的交融中，网络公共场域有着某种程度上的自我净化能力。情感表达背后所蕴藏的"理性因素"，或者说其通达理性的路径机理体现在以下方面：

一是对校园暴力的本能反应，延伸至对官方权威的质疑，一并激活了用户的愤怒等负面情感。质疑的内容本身有正当合理的成分，质疑本身也彰显了公民表达权利。二是表情也能达意，在愤怒偏激话语表象下有理性的观点和社会诉求；也并不缺乏逻辑清晰、观点中肯的文本；而极端者是少数。三是负面情感促发强互动；其激发的社会期待是一种美好的展望，更直接蕴含着公民对实现幸福生活的内在诉求和合理建议；其激发的同情更是一种朴素情感的体现。四是用户参与公共讨论的分享性自我和情感表达，具有"情感补偿""情感释放"的宣泄功能。在当下信息公开和政治参与渠道还不够通畅，制度性对话空间较小的转型社会，无论是正面或负面情感宣泄，均有舒缓用户面对的社会结构性压力的功效。而通过情感宣泄与群体的情感聚合，不同的社会阶层尤其是弱势阶层，均可以让社会听到自己的声音；或者说，情感宣泄也有某种程度上推动参与式民主的功效。

起码在本案例中，有证据显示网民的公共讨论仍是处于安全的运行轨道；愤怒与极端化不必然正相关；情感更非理性的对立面。实质上，如纳斯鲍姆所言，"情感可视为一种导向伦理行动与商议的积极因素"①；正面情感或负面情感都可以被认为是一种社会整合的资源；情感在理性官僚制之外可以给民主政治带来活力。英国学者 Mouffe 也认为，社会产生的冲突无法用理性主义进行解决；通过激情动员比理性讨论获得共识更为重要；但她同时指出，只有当激情被当作捍卫普遍价值的理性反应时，才能与理性一致。② 风险社会，安全事件频发，社交媒体放大了这种风险。在网民的社交平台表达中，情感对社会共识的离散或是聚合作用，我们都应该审慎对待。

本文的文本情感分析是对中国传统哲学"情感与理性交融"的一

---

① Chao，Y. E. (2009)，The politics of suffering in the public sphere：the body in pain, empathy, and political spectacles. Doctoral dissertation (Philosophy)，University of Iowa. Iowa. Retrieved from http：//ir. uiowa. edu/etd/936.

② Mouffe C.，*On the Political*，London and New York：Routledge，2005：48.

次实证验证。学者们对网络情感的研究路径方法各有千秋。相对而言，针对不同的平台或议题，情感可以起到不同的作用，或是导向非理性甚或群体极化，或是潜在地捍卫着普遍价值，以通达群体理性。无论如何，我们对公共场域理性状况的判断，均需要摆脱西方哲学情感与理性的二元对立观，避免将情感纳入"非理性"范畴的窠臼。取而代之的是，相关研究应理解情感为人的最基本的心理要素和存在方式，取愤怒等为"人之常情"的情感中性立场，并在情感和理性中寻求动态平衡。

注：本文系国家社会科学基金一般项目"多元理性比较视阈下的网络交往行为与合理引导研究"（18BXW107）阶段性成果。

符码意义传递与身体视觉快感：
消费主义视角下的虚拟偶像营销

杨　嫚　温秀妍*

一　引言

　　虚拟偶像在本质上是一种数据景观，不具备实体形态，指由计算机图像技术、虚拟现实技术、全息投影技术乃至人工智能技术合成的虚体。随着技术的不断迭代升级，虚拟偶像的样态在持续演进，从最早的以初音未来为代表的虚拟歌姬，发展到虚拟主播、虚拟网红。虚拟偶像的粉丝圈层逐渐泛化，从最初局限在二次元圈层到变成一种新兴的大众文化。基于不断扩大的粉丝影响力，虚拟偶像的营销价值也愈发凸显。

　　越来越多的品牌企业愿意与虚拟偶像合作，推出联名产品，邀请其参与广告拍摄、直播带货甚至是成为虚拟代言人。品牌之所以青睐虚拟偶像，主要看中的是虚拟偶像背后庞大粉丝群体的购买力，希望将这些粉丝转化为自身的忠实消费者。更关键的是，品牌与虚拟偶像合作是对"如何拉拢 Z 世代消费者"这个营销大命题的很好回应。出生于 1995—2009 年的 Z 世代对虚拟文化有着天然的适应性和好感度，是虚拟偶像粉丝群体的核心构成部分。2020 年由 CBNData 发布的一份报告显示，中国 Z 时代人群约达 2.6 亿，开支达 4 万亿元人民币，

---

　　* 杨嫚，武汉大学新闻与传播学院教授；温秀妍，武汉大学新闻与传播学院 2019 级硕士研究生。

他们正成为新时代的消费主力军。Z 世代不容小视的消费潜力成为品牌关注的焦点。虚拟偶像不仅能利用自身的流量帮助品牌实现曝光和更多的 Z 世代粉丝触达，拉动相关产品的消费，还能以一种新颖且个性化的方式传递年轻化的品牌价值，培养这些粉丝对品牌利益的积极态度和行为反应。

虚拟偶像营销热潮是后现代社会中新媒介、智能技术与消费主义文化共谋的产物。消费主义文化由法国社会学家鲍德里亚提出。在消费社会中，人们消费的目的不是满足实际需要，而是在不断追求被制造出来的、被刺激出来的欲望的满足。本文基于消费主义视角，首先分析虚拟偶像营销如何促进符码意义消费，以及在未来虚拟消费场景中的作用；随后探析虚拟偶像身体作为一项重要的消费主义文化表征，如何借助智能技术趋近完美，通过提供视觉快感来激发消费欲望，发挥营销效用，同时也反思了其中隐含的"男性凝视"问题。

二 让人迷狂的符码意义消费

虚拟偶像自带后现代特征，是一种拟像（Simulacrum）存在。鲍德里亚在《象征交换与死亡》一书中指出了拟像演进的三个阶段。第一个阶段是从文艺复兴到工业革命的古典时期，仿造是主导模式。原件永远被视作独一无二的存在。手工制造的复制品是原件的类比物或者说是"赝品"，这是一种不会破坏自然规律的模仿[1]，同时也意味着拟像与真实之间永远存在着可以感受到的差异。第二个阶段是工业时代，生产是主导模式。由于机器生产能够实现大规模的无限复制，客体与符号之间是等价关系，不存在差异。这与本雅明的观点类似，由机器无穷复制的技术消解了艺术作品的神韵魅力，谈论原版不再有意义，因为它可以不断地被复制。第三个阶段受代码支配，仿真是主导模式。[2] 在 0 和 1 的二进制系统中，进行无指涉物、无对象化参照

---

① 赵元蔚、鞠惠冰：《鲍德里亚的拟像理论与后现代消费主体》，《社会科学战线》2014 年第 1 期。

② ［法］让·鲍德里亚：《象征交换与死亡》，车槿山译，译林出版社 2012 年版，第 74 页。

的自我繁殖。虚拟偶像正处在第三个阶段。此时，原件已不再重要，更无所谓的对本源形象的描摹。而是通过符号、影像和代码的重新组合，对自身进行摹像和拟态，使拟像的结果拥有比原件更让人满意的极度"真实"。① 虚拟偶像摆脱了现实环境的自然和社会枷锁，它们不是任何真人偶像的镜像反映，也无需任何真人原型，智能技术就能赋予它们真人所无法拥有的完美人设。真人偶像能做的事——唱歌、跳舞、开直播、出席时尚活动、拍广告、与粉丝互动，虚拟偶像同样能实现。更重要的是，虚拟偶像做到了真人偶像做不了的事，它们性格讨喜，永远不会衰老和死亡，不用健身也能维持好身材，还能够在极短的时间内学会多项表演技能，以适应瞬息万变的市场需求。当虚拟偶像融入粉丝的日常生活，两者变得不可分割时，拟像就已经变得比实在的真更加真实，并构建出了一种"超真实"现实。粉丝不由自主地沉溺在虚拟偶像建构的完美拟像世界中，产生真实的文化消费需求。与虚拟偶像营销相关的消费形式多样，包括但不限于购买虚拟偶像的穿搭同款；抢购虚拟偶像与品牌的联名款产品、授权手办或其他周边；用应援解锁品牌定制套装。这种消费本质上是一种对虚拟偶像人设符码意义的消费，并且在未来的"元宇宙"场景拥有更广阔的营销增长前景。

（一）从虚拟偶像到品牌商品的人设符码意义传递

符码意义消费是后现代图像文化和消费主义发展的必然产物。在"超真实"的后现代世界，有些人确实分不出真实和假象、正确和错误、原创和复制；但另一些人即便有分辨能力，还是更愿意选择错误、假象或人工产品，因为这些东西"莫名其妙的更好、更性感、更激动人心"②。粉丝未必不清楚虚拟偶像只是由一堆数据构成的虚体，但还是心甘情愿进行消费，基于虚拟偶像的人设符码为其代言的产品买单，并乐在其中。正如一位虚拟偶像的粉丝表示，"我不在乎她是不是真人。她看起来很漂亮，这就是我从化妆品或珍珠奶茶的广告中

---

① 张涵：《波德里亚关于"消费社会"与"符号社会"的理论》，《山东社会科学》2009 年第 1 期。

② ［美］斯蒂芬·贝斯特、道格拉斯·科尔纳：《后现代转向》，陈刚等译，南京大学出版社 2002 年版，第 130 页。

所需要看到的"。偶像本就以贩卖人设来吸引粉丝"氪金",让粉丝愿意花更多的钱购买与之相关的商品,从而形成粉丝经济的商业运作模式。即便是真人偶像也是经过经纪公司的层层包装,但真人偶像的不可控因素太多,人设崩坍现象时有出现。相反,虚拟偶像可控性更强,更能迎合粉丝经济。虽然虚拟偶像的人设符码是基于一种程序设定的,但这也决定了虚拟偶像永远不会背叛粉丝。粉丝亦对虚拟偶像产生了罗曼蒂克式的纯真情感,并"爱屋及乌"地将这种情感迁移到与虚拟偶像合作的品牌或产品上,用消费行为来展示自己对虚拟偶像的这种真挚情感。

在消费社会,物的消费已经转向符号消费,符号价值超越使用价值成为消费主义文化的核心。符号消费绝不仅仅简单是为了吃饱穿暖而已,它其实是消费者的一种"自我实现",或是为了体现"自我价值"的消费。[①] 虚拟偶像作为一种文化消费符号,能够诱导、促进后续的符号消费活动。艾媒咨询在 2021 年公布的数据显示,有近一半的网民每月为虚拟偶像消费 500 元以上,且 37.6% 的受访者在虚拟偶像上的金钱花费比真人偶像更多。粉丝热衷于购买虚拟偶像代言、联名或同款商品。很多时候粉丝看重的不是商品的实际用途,而是商品被虚拟偶像赋予的符码意义。品牌与虚拟偶像进行推广合作,实际上是品牌从虚拟偶像身上凝练并抽离出能吸引粉丝的人设符码意义,并将这些象征意义传递给品牌商品。此时,品牌商品已然成为代替虚拟偶像的符号,承载着与虚拟偶像相关的意涵。粉丝企图通过大量占有这些符号化的商品在假想中完成对于偶像的占有[②],亦即通过消费与虚拟偶像建立更深入的关系,满足自身的心理情感需求。

虚拟偶像暗含丰富的人设符码价值,在与品牌合作的过程中将这种价值转移到商品上,赋予商品本身所不具有的符码意义,让粉丝认同品牌商品的价值体系,进而参与到各式各样的消费活动中。一个成功的案例是小米与初音未来的合作。初音未来是世界上第一个使用全息投影技术举办演唱会的虚拟偶像。小米从初音未来身上提取出活

---

① 孔明安:《从物的消费到符号消费——鲍德里亚的消费文化理论研究》,《哲学研究》2002 年第 11 期。

② 陈霖、王冶:《体验"周边":2.5 次元文化实践——以〈灌篮高手〉粉丝为例的考察》,《当代传播》2019 年第 6 期。

力、科技感、未来感以及年轻化的符码意义，通过联名促使这些积极的象征意义与限量版的定制款手机产生勾连，强势占领粉丝的心智。这款手机不仅机身颜色采用了标志性的"初音绿"，背面铭刻有"初音未来"四个字和限量编号，还附赠包含初音元素的手机壳、充电宝和海报。同时，小米采用了一种互动营销的模式，在初音未来粉丝聚集地 Bilibili 网站开启预售应援活动，每达成 10 万次应援，即可在原定 2 月 14 日 10：00 首发时间上提前 1 小时。最终应援次数超过百万，零点首发后半个小时就售罄，下一轮预售也迅速卖空，营销效果极佳。虽然此次的定制手机被人诟病是低端机型，但依旧不影响粉丝们的热情，因为他们追逐的是蕴含在商品中的某种"差异性"。[①] 这种"差异性"能展示他们对虚拟偶像人格化形象符码的崇拜心理。购买在本质上是为了获得一种符号消费快感，感觉自己离偶像的距离更近了。在"超真实"的拟像世界中，粉丝通过崇拜虚拟偶像以获得精神寄托，缓解真实生活中的孤独、苦闷、社交挫败，这是粉丝人设符码意义消费的热情和动力。

（二）"元宇宙"中连接人群与虚拟消费场景

关于虚拟偶像营销促进的符码意义消费不只局限在线下实物，未来将会朝着"元宇宙"中的虚拟消费持续发力。虚拟偶像所在"超真实"世界比现实更引人入胜，让人迷狂。人们寄生在拟像所营造的幻觉世界中。在这个世界，没有真正的需要，真正持久的动力只不过是消费的欲望而已。[②] 一些业内人士将按照拟像规则运行的"超真实"世界概括为"元宇宙"，即一个与现实物理世界平行的虚拟世界。维基百科对"元宇宙"的定义是，通过虚拟增强的物理现实，呈现收敛性和物理持久性特征的，基于未来互联网的，具有链接感知和共享特征的 3D 虚拟空间。这个虚拟空间有完整的商业经济系统和社会生态，人们以虚拟化身的形式进行实时互动，可以出售和购买数字虚拟物品。"创造＋娱乐＋展示＋社交＋交易"，获得虚拟身份的人们

[①] 贾中海、李娜：《消费社会的符号价值与后现代的主体性丧失》，《社会科学战线》2021 年第 5 期。

[②] 边千慧：《虚拟偶像：一个文化寓言的解读》，《江苏广播电视大学学报》2010 年第 2 期。

在"元宇宙"中实现沉浸式、逼真且深度的感官体验。尽管距离虚拟消费观念的普及还有很长的路要走,但虚拟商品的消费潜力逐渐凸显。今年 3 月虚拟潮流品牌 RTFKT 推出三款虚拟球鞋,购买者通过定制的 AR 滤镜在 Snapchat、Instagram 和其他社交平台上"穿着"。RTFKT 虚拟球鞋仅上架 7 分钟就卖出 600 多双,销售总额超过 310 万美元。一些大品牌也在探索自营虚拟产品的布局。一款虚拟 Gucci 手袋以超过 4000 美元的价格出售,比实体手袋还要贵。可以预见,未来将至的"元宇宙"将会成为一个巨大的消费场域。年轻一代的消费者也会越来越习惯消费虚拟物品和服务体验。

虚拟偶像作为"元宇宙"场域中的原住民,甚至是具有自主情感和意识的智能行为体,搭建起了未来虚拟品牌与"元宇宙"消费者之间的互动沟通桥梁。最起码,虚拟偶像能为虚拟品牌"带货",是展示品牌虚拟产品尤其是虚拟服饰或配饰的绝佳载体,可以为消费者提供视觉参考,利用人设符码吸引消费者购买同款虚拟产品。这一营销模式在当下已经有虚拟偶像在进行尝试了。例如,虚拟偶像 AYAYI 在一篇小红书的推广帖子中佩戴了品牌 Jolynnwei 设计的虚拟头饰。虚拟偶像在"元宇宙"中的商业营销前景绝不止步于此,发布品牌推广帖子、在广告中作为代言人展示虚拟产品只是其中的基本形式。虚拟偶像与品牌商业合作的可能性将会随着消费场景的迭代进一步增强,成为人群与虚拟消费场景链接的最新通道。偶像名人参与品牌营销传播,无外乎四个基本要素——真人、虚拟数字人、线下场景、虚拟场景之间的排列组合。传统的现实场景,是真人与线下场景的组合;"云上时装周"直播卖货,是真人模特与虚拟场景的结合;虚拟偶像借助全息投影、实时渲染等技术的帮助现身品牌活动现场,与真人明星一同参与广告拍摄,则是虚拟数字人与线下场景的结合。而虚拟偶像与虚拟消费场景的营销组合,或许能帮助我们打开想象力,窥探未来营销信息的传播趋势。消费者需要为自己在"元宇宙"中的虚拟化身购置虚拟产品。他们会因为名人的广告推荐购买同款用于线下场景的商品,类似地,也会因为虚拟偶像的影响力购买用于虚拟世界的数字商品。虚拟偶像在"元宇宙"中的定位是一个数字虚拟产品的 KOL 或者 KOC,以及虚拟生活的引领者。

三 "身体"唤起消费欲望与男性凝视

消费主义文化引领下，所有事物都可以进入消费的系统中，而物品存在的终极意义即是消费。身体和其他物品一样成为被消费的对象，并被鲍德里亚称为"最美的消费品"。"在消费的一整套装备中，有一种比其他所有的都更珍贵、美丽、光彩夺目的物品——它所负载的内涵比汽车还要多。这就是身体。"① 虚拟偶像的身体配置依据市场喜好而设定，本质上不过是一堆可随意更改的 0 和 1 数字符码，意味着身体消费中身体的范畴从真人肉身扩展到虚拟的数字身体。虚拟偶像的技术开发公司、经纪公司与商业品牌共谋，促成了一种以身体消费为逻辑的营销手段：迎合消费主义意识形态，借助计算机图像技术和人工智能技术对虚拟偶像的身体进行视觉塑造、包装和修正，使身体成为符号化偶像消费对象的程度越来越深，力图让外貌、装扮、身姿各方面都趋于完美的虚拟偶像通过激发受众的官能快感，唤起其消费欲望。

舒斯特曼认为，身体是我们身份认同的重要而根本的维度，身体形成了我们感知这个世界的最初视角，或者说，它形成了我们与这个世界融合的模式。② 大众直观感知虚拟偶像时最先关注到的就是其视觉形象，如它的独特长相、魔鬼身材、与真实人类的相似度等。虚拟偶像的视觉观赏性往往是决定它能否被大众喜爱的首要因素，随后才是声音、动作才艺、性格特质和其他信息。换言之，虚拟偶像的身体成为后现代阶段的一种符号资本优势，能够快速获取消费者的注意和认同，为后续与品牌合作开展营销活动打下基础。虚拟偶像的身体受到资本力量的操控，这一点与真人偶像并没什么不同。一个合乎规范或者说容易被消费者喜爱的身体应该是美丽的。这种美丽需要迎合大众审美文化和时尚潮流，包括性感的、可爱的、拥有强壮肌肉等。但

---

① ［法］让·鲍德里亚：《消费社会》，刘成富等译，南京大学出版社 2000 年版，第138 页。

② ［美］理查德·舒斯特曼：《身体意识与身体美学》，程相占译，商务印书馆 2011 年版，第 13 页。

无论如何，美丽依旧是"宗教式的绝对命令"。虚拟偶像往往拥有精致的面容、完美无瑕的皮肤和婀娜多姿的身段，是常人的理想化身。这也决定了虚拟偶像为时尚品牌进行产品代言，拍摄出的广告对消费者的说服效用很高。因为虚拟偶像的身体展演可以给观众带来视觉快感，直击目标消费者隐藏在潜意识中的欲望，促成消费者对品牌的好感和购买动机。

虚拟偶像身体以欲望符号的形式活跃在市场中。消费的实质是通过购买商品或服务，力图满足由虚拟偶像身体勾起的欲望。不同类型的虚拟偶像身体形象反映出各自独特的符码意义，展示着丰富多彩的美好生活、消费方式和文化价值观念，瞄准不同的消费者群体。品牌选定合适的理想虚拟偶像合作者，依据自身特质和宣传推广需要对虚拟偶像的身体进行消费性编码，消费者再进行解码，从它们身上找到特定生活方式、美好情感寄托等一系列的符码意义，然后转向其背后的所指——商品。① 值得注意的是，品牌方在邀请虚拟偶像进行商业营销合作时，需要挑选一些身体形象与自身品牌理念或目标消费者审美趣味相契合的虚拟偶像。如果双方并不契合，很可能使营销效果适得其反。以虚拟偶像翎 Ling 为例，它有一双柳叶眉、丹凤眼，外貌极具东方特色，富有中国传统文化的气韵。但翎 Ling 分别与不同的品牌进行营销合作，取得的效果却相差甚远，症结就在于它的身体形象及其背后蕴含的符码意义与品牌特征的适配度。当翎 Ling 发布了一条推广 GUCCI 口红的帖子后，粉丝并不买账，纷纷在评论区提出质疑。他们认为翎 Ling 极具国风特色的面庞，反映的是与中国传统文化相关的符码意义，这与西方奢侈品牌的特质不相符。而翎 Ling 与本土洗护品牌"100 年润发"的合作却十分成功。在广告中，翎 Ling 一头飘逸长发，古典、优雅的体态与品牌"东方植物养护"理念巧妙契合，从而有效地传递了品牌形象，提升了消费者心智中的品牌地位。

虚拟偶像呈现出身体视觉奇观，将符码意义与合作的品牌及其商品形成衔接，固然能促进消费，实现良好的营销效果。但营销过程中虚拟偶像身体被凝视的现状亦值得我们关注。消费社会中的身体尤其是女性身体常常处于被观看的从属地位，变成被凝视的影像。当前，

---

① 王静：《现代广告的身体叙事与欲望生产》，硕士学位论文，暨南大学，2010 年。

不少女性虚拟偶像在社交媒体上开设独立账号，将品牌广告信息无缝融入叙述日常生活的帖子中。这些女性虚拟偶像往往会通过展示自己性感的身材为品牌打广告，吸引粉丝的注意。如虚拟偶像 Lil Miquela 曾在社交平台 Instagram 上推广某个服饰设计品牌，上传了展示自己穿着该服饰时丰满的臀部的特写视频。目前虚拟偶像还不具备自主意识，因此它们在品牌广告中的外形和行为设定是由经纪公司和品牌方操纵的。经纪公司和品牌方默许了女性虚拟偶像的价值首先是基于诱人身材、精致面容，体现着一种男性的审美价值和观念。男性粉丝将带有情欲的眼光投射至虚拟偶像的完美身体上。在与品牌的跨界营销过程中，女性虚拟偶像性感撩人的身体已经逐渐物化为一种被观赏物，成为商业活动中消费欲望的能指，也成为更深层次的社会权力机制中男性观看欲望的能指。① 换言之，女性虚拟偶像成为承接欲望的载体，被男性粉丝观看和消费。虽然在此情境中，男性的直接凝视对象是拟像世界中的女性虚拟偶像身体符号，但现实生活中的女性也可能由此感知到男性目光的存在，进而主动进行自我规训。"用不着肉体的暴力和物质的禁制，只要一个凝视，一个监督的凝视，每个人都会在这一凝视的重压下变得卑微。"② 凝视是一种无声的心理特权压制，促成对被凝视者的规训。无处不在的虚拟偶像相关营销信息传播，更是在资本的逻辑驱使下使得虚拟偶像暗含的男性中心意识形塑着现实中的女性。按照客体化理论，现实中的女性在关注虚拟偶像以及接触到相关营销信息时，会无意识地接受和内化虚拟偶像身上呈现出的男性对于情欲客体的外形标准，逐渐习得、认可男权中心的价值规范，并采取实际行动去改造自己的身体。这就是伯格的著名观点："男人观看女人，女人观看自己被观看。这不仅决定了绝大多数男人和女人的关系，而且规定了女人和她们自己的关系。"③ 当虚拟偶像与后现代消费主义文化、身体符号、女性主义夹杂在一起时，凝视与反凝视的问题呈现出复杂特征，值得进一步审视。

---

① 杨潇、李宗刚：《电视广告对女性身体的窥视与策略》，《山东社会科学》2011 年第 8 期。

② 李银河：《女性权力的崛起》，中国社会科学出版社 1997 年版，第 127 页。

③ 吴颖：《"看"与"被看"的女性——论影视凝视的性别意识及女性主义表达的困境》，《浙江社会科学》2012 年第 5 期。

四 结语

在消费主义意识形态之下，与虚拟偶像合作成为品牌营销的新趋势。虚拟偶像营销是以偶像与粉丝间的亲密关系为运作基础的，品牌寄望于通过虚拟偶像快速地触达目标消费者，同时目标消费者也因为关系加成而更愿意接受与自己喜爱的虚拟偶像相关的商业性品牌内容。① 虚拟偶像营销能够促进粉丝对虚拟偶像符码意义的消费。虚拟偶像作为鲍德里亚所说的无本源却又极度真实的拟像，能构建出满足粉丝对亲密关系幻想和期待的人设符码：让虚拟偶像与品牌及其产品产生联结，完成符码意义的传递，从而引导粉丝购买一切与虚拟偶像相关的产品来完成对虚拟偶像的想象性占有并实现情感寄托。在这个过程中，虚拟偶像趋近完美的身体是一种符号资本优势，为大众提供了极致丰腴的视觉快感和情感刺激，在与品牌特质相契合的情况下能成功激发消费欲望，让人迷狂。但虚拟偶像营销令人惊艳的视觉奇观背后，"男性凝视"问题同样不可忽视，甚至会影响到现实真人女性的自我认知。

在未来的"元宇宙"虚拟消费场景中，拟像将导致符号无限增多，进一步取代原本的实在世界。彼时，虚拟偶像成为虚拟生活的引领者，其人设符码意义将发挥更大的营销价值，实现品牌及其虚拟产品与消费者之间的心智连接。虽然在"元宇宙"中人们的虚拟化身被虚拟偶像营销激发的消费需求是真实的，但肉身缺席的人与虚拟偶像间的互动却是"幻化"的。人们很容易迷失在超真实的拟像世界中，从而消解自身的主体性。我们需要对虚拟偶像营销所具备的消费主义文化特征保持警醒，警惕其对真实人类主体性的侵蚀。

---

① 喻国明、杨名宜：《虚拟偶像：一种自带关系属性的新型传播媒介》，《新闻与写作》2020 年第 10 期。

广告篇

生态位理论视角下广告业务流程的
人机协作模式探析

郭晓丽[*]

广告业务流程包括广告调查、广告策划、广告创意制作、广告媒体投放、广告效果调查，以及贯穿广告业务流程始终的广告客服服务。现今，能够解决困扰广告行业发展的痛点问题、代替广告人更高效完成简单重复工作的人工智能全面渗透至广告业务流程的各个环节。在最大程度提升广告运作效果和效率的追求下，广告产业积极应用人工智能、扩展广告人的能力，这使广告人生存的竞争压力不仅来自于相互间的资源掠夺和占有，还面临着生存技能可能被机器超越、工作被机器取代的威胁。在此背景下，广告人必须要学会与人工智能共存。而明晰广告业务流程的人机协同模式不仅能够明确智能时代广告业务流程的现实状况，也是探明智能时代广告人才需求、广告人谋求生存和发展的前提。

一 文献综述

回顾既往的智能广告研究，学者们对人工智能在业务流程中的应用和变革已有较多研究，代表性的观点有：陈刚（2017）认为，智能化广告时代已经开始，人工智能能够应用于智能化创意、内容生产、管理分析等方面；廖秉宜（2017）从人工智能对广告运作流程的优化与重构的角度进行了研究，认为智能技术在广告传播领域的应用将重

* 郭晓丽，山东理工大学文学与新闻传播学院广告系副教授，系副主任。

构广告调查、广告策划、广告创意与表现、广告文案制作、广告媒介投放、广告效果评估等领域；Malgorzata Izabela Jablonska（2018）指出，人工智能技术能够应用于广告受众定位、归因和程序化投放；秦雪冰（2019）就人工智能技术对广告公司传统业务流程的冲击与重组进行了研究，指出业务环节重组表现为消费者分析非结构化数据的处理与数据的实时获取、基础设计的替代、结构化短文案的生成、广告程序化投放、终端广告的个性化与秒优化，在业务重组方面表现为人工智能技术部门作为溢出的工具平台与技术人员前置。综上，学术界的相关研究集中于人工智能在广告业务流程中的应用及变革，对广告业务流程人机协作研究较为欠缺。

二 理论视角与研究框架

生态位是生态学中的一个重要概念。生态位是生物物种占据的空间和具有的功能的总称。在生态系统中，每一物种都有自己的生态位，并以此保持系统的正常运行。当占据了相同生态位的物种超出两个了，物种间必将产生激烈的竞争，竞争的结果是可能留下强者，取得更多的生存和发展机会，淘汰弱者。

随着互联网、移动互联网的发展和普及，海量消费者数据累积，广告产业成为人工智能应用较早和较深入的行业之一。人工智能使模拟和替代人脑的机器成为完成广告业务的新主体，广告产业催生了新的物种。从生态位理论视角出发，从事相同广告工作的广告人和机器会产生激烈的竞争，更高效完成广告业务的强者得以存留，而弱者将被广告产业淘汰，从而形成广告业务流程的人机协同合作、竞争共生模式。生态位理论不仅为本文提供了理论视角，还为本文提供了研究框架，即在比较机器与广告人完成广告业务优劣势的基础上，明晰人机优胜劣汰、发挥各自优势和强项、互补协作的广告业务流程模式。

三 人机完成广告业务的优势比较分析

（一）机器完成广告业务的优势

1. 强大的数据存储、处理能力

目前为止，人工智能是通过采集数据、存储数据、处理数据，即通过数据模型或算法计算数据结果来解决问题的。人工智能擅长处理的是能够获得有效数据、正确理解并拆解出程式化解决步骤的问题。对于这些问题，相较于人类，人工智能可以提供的方案更多、效率更高。这是因为，人工智能具有强大的数据存储和处理能力。

人类问题解决能力与其知识、经验的积累密切相关。通常，人的知识和经验积累越丰富，解决问题的能力也就越强。与人类相似，机器解决问题也依靠对于大量知识、经验的存储。随着互联网、移动互联网的发展，包括社交信息、广告作品等在内的海量数据信息不断积累积淀，机器形成了超越人类脑容量的知识和经验存储，为其学习人类智慧提供了庞大依据和样本，为其解决问题的能力超越个人奠定了基础。而且，随着深度学习算法的突破和计算能力的突破，机器对海量数据的处理、计算效率大幅提升，人工智能解决问题的效率要高于人类。相应地，人工智能应用于广告业务领域，其进行市场调查、结构化文案、基础设计、广告效果评估的效率要高于广告人。

2. 工作时间长、强度高

人的体力和精力有限，不能持续不断地进行工作，每天都需要休息、睡眠恢复体力和精力。而且，人类具有一些基本的情感和情绪，包括气愤、恐惧、惊讶、厌恶、悲伤等负面情感和情绪。它们会与人的身体、智力产生交互，影响人的工作效率。而机器不知疲倦、没有病痛和情感、情绪稳定，具备充沛的体力、旺盛的精力、不眠不休，能够一年365天、每天24小时不停转地学习和解决问题，完成广告业务的工作时长、强度远胜于广告人。

（二）广告人完成广告业务的优势

1. 自主制定目标和探求因果能力

目前，人工智能还不具备自我意识和世界观、人生观、价值观等，因此也就无法拥有真正的自主、目的意识，所以只能像背剧本一样执行既定程序，问不出"为什么"这样的问题，这是人工智能的一大硬伤。相较于机器听命于人类发出的指令、完成既定的任务，广告人具有自主意识，能够自主依据营销目标设定广告目标，探求广告调查结果和评估效果，这是人工智能难以企及的。

2. 策划和优质作品创作能力

目前，人工智能有明显擅长的领域和不擅长的领域，它并不能解决所有的问题，这是因为它是通过数据模型或算法计算出数据结果来人工解决问题的。有数据是计算的前提，没有数据，人工智能就无法学习。尽管随着互联网乃至物联网的发展积累了大量数据，但是对于无法数据化、不存在数据、缺乏数据，进而无法产生数据模型领域的问题，人工智能难以解决。秦曾昌指出，对于我们面临的难题，不是有大量数据就一定会解决问题。通过对数据的认知，甚至通过复杂的深度模型来自动提取和发现数据中的特征，我们也许能够在以前的研究基础上更进一步，但是不代表数据就是一切。因为很多解决问题的钥匙不见得就在这些大量的数据中，如何获得有效的数据，如何对问题进行理解，这些都是问题的关键。况且不是所有复杂的难题都是机器学习的问题。①

具体在广告业务领域，机器不具备广告策划能力，这是因为广告策划需要系统规划能力，系统规划是对未发生事件的前期计划，由于事件尚未发生、缺乏数据，人工智能无法完成此类工作。另外，机器难以具备优质作品创作能力，尽管机器能够利用过去广告作品的数据，组合出类似的创意、文案，但它难以创作出具有开创性、迎合消费者潜在需求、打动人心、引发共鸣的广告创意与文案。这是因为机器的广告作品创作是建立在已有作品数据的基础上的，而且包含人的

---

① 刘赞、林仁翔、张风：《商业狂潮：人工智能的未来》，机械工业出版社 2017 年版，推荐序。

"心"谜团重重、人的情感复杂混合，都是难以解析的，难以通过数据模型或算法计算创作出来。

3. 理解、沟通和社交能力

尽管在过去的几年里，语音识别技术取得了巨大的进步，并且现在语音交互界面也变得更加成熟了，然而即便话语能被识别出来，理解它们的含义以及计算机如何响应仍然是个问题。理解是交流双方互相明白对方的意思。计算机理解人类语言时面临的一个重要挑战是同样的词语被用于表示不同的事物时会产生极大的歧义。① 除此之外，理解对方除了要识别文字或对话的字面意义外，更要理解对方的深层意图，这对人来说都是难以确定的事情。因此，人工智能在无法准确理解交流对象的前提下，是难以与人顺畅沟通、回应人的需求，继而建立人际关系的。而理解、沟通、社交能力是作为广告主和广告公司之间桥梁、争取并维护好客户的优秀广告客服所拥有的能力。

四　广告业务流程中的人机协作模式

（一）广告调查的人机协作

传统广告调查的一般流程是制定调研方案与计划、采集资料、分析报告。

随着互联网、移动互联网、物联网的发展和普及，消费者、企业产生了大量网络使用痕迹，生成了各类海量数据，隶属于人工智能的大数据技术能够收集、加工、分析、可视化这些海量数据，比人力更快速地提供市场状况、竞争对手情况、消费者洞察等信息。尽管大数据擅长寻找和分析事物之间的相关关系，探讨两个变量甚至多个变量之间相关关系的描述性研究是广告调研中最普遍的调研种类，然而对于缺乏数据的领域，例如消费者没有通过言行在网络使用过程中表露出的潜在需求，大数据是无法完成调研任务的，还需要广告调研人员

---

① ［美］詹姆斯·亨德勒、爱丽丝·M. 穆维西尔：《社会机器：即将到来的人工智能、社会网络与人类碰撞》，王晓、王帅、王佼译，机械工业出版社 2017 年版，第 100—101 页。

设计调查方案、实施完成。

引入人工智能的广告调查人机协作模式是：计划阶段，由市场研究人员明晰现实需要、明确问题、设计人机发挥各自优势的调研方案，并使调研方案通过审批；资料采集阶段，对于能够获取数据的描述性研究展开数据挖掘和分析，对于不能获取数据的调查问题，由访员在督导的指导下采集数据；分析报告阶段，对于借助数据挖掘和分析的广告调研，市场研究人员依据数据分析结果、撰写报告，对于由访员采集信息的广告调研，由电脑录入员对搜集到的资料进行整理，由市场研究人员做分析处理、撰写报告。

（二）广告策划的人机协作

目前，由于人工智能不具备系统规划能力、缺乏自主意识，广告策划工作中的确定广告目标、制定广告定位、创意及媒体策略、确定广告预算仍主要由广告人完成。但是广告策划依据的行业分析、消费者洞察等信息来自于隶属于人工智能的大数据挖掘和分析。正如前文所述，随着互联网用户规模的扩大，他们的网络使用行为产生了大量的数据，这些数据中蕴含着广告策划需要的价值信息。例如，宝洁公司联合百度营销部门，科学制订了化妆品的推广策略。在百度词条搜索中，将宝洁玉兰油词条进行分类，大概占有25%的搜索对本产品的适用年龄再次搜查，由此得出，宝洁玉兰油使用人群中有较大部分人对使用年龄这一问题较为介意。宝洁公司在此基础上，推出了根据年龄设计的玉兰油产品，产品主推人群定为25周岁的使用人群，广告策划也具有针对性地进行设计，最终取得了超出预期的效果。

（三）广告创意制作的人机协作

广告创意制作工作主要包括发想广告创意、写作广告文案、完成广告设计。

1. 广告创意的人机协作

传统广告创意的流程是广告人设定广告创意目标、搜集原始资料、分析资料、酝酿广告创意、产生创意、评价广告创意。传统广告创意的产生主要依赖人脑的发想。在海量广告作品数据化积累之下，机器拥有比人类更强大的存储系统和更优秀的分类、组合系统，他们依照创意要求，通过对已有广告作品元素的分解、组合能够高效提出大量广告创意构想。李奥·贝纳指出，所谓创意，真正的关键是如何用有关的、可信的、格调高的方式，与以前无关的事物建立一种新的、有意义的关系之艺术，而这种新的关系可以把商品用某种清新的见解表现出来。而判断、评价广告创意是否是高质量的创意，即李奥·贝纳所言的有关的、可信的、格调高的方式，与以前无关的事物建立一种新的、有意义的关系将商品以用某种清新的见解表现出来，依靠的是从消费者的角度出发，洞察什么样的创意能打动、说服消费者。这是广告创意人员在掌握心理学、社会学、艺术学、传播学、美学等专业知识后，观察生活、深度思考、丰富实践才能做到的，无法感知情感、冰冷的机器依靠深度学习是难以做到的。所以，机器所生成的广告创意为广告人提供了丰富的思路和建议的方向，这些广告创意还需要广告创意人的评价和完善。正如日本广告公司 McCann. japan 研发了一款名为 AI－CD β 的人工智能机器人，承担起创意总监的职责。AI－CD β 数据库里有全日本 CM 放送联盟（日本的一个广告节）近 10 年的所有广告。对于 AI－CD β 人工智能机器人来说，广告创意分为以下几个步骤：分析客户需求、根据需求提取配对的视频元素、最后组合元素。AI－CD β 能发掘一些之前人类很难发现的方向，确定广告创意的大致方向，在此基础上由广告人进一步生成创意。

引入人工智能的人机协作广告创意流程为：一是广告人设定广告创意目标，二是广告人搜集原始资料，三是广告人分析资料，四是机器生成广告创意，五是广告人评价、选择、完善人工智能发广告创意、确定广告创意。

2. 广告文案的人机协作

传统广告文案的写作过程包括：收集、整理、分析广告相关材料的准备阶段，提炼广告主题，确定广告风格，检查、测评、完善广告文案。目前，人工智能能够高效生成结构化短文案，像是阿里妈妈利用自然语言算法推出的 AI 智能文案，能一键生成适用于商品图、banner 场景、淘宝信息流场景、资讯类信息流场景等多种应用场景的电商营销文案。但是，人工智能能够生成的是结构化、卖点式广告的短文案，带思想、传递品牌精神内涵的长文案还无法完成，仍需广告人完成。引入人工智能的人机协作的结构化短文案生产流程是：一是广告人收集、整理、分析相关材料进入准备阶段，二是广告人提炼广告主题，三是广告人确定广告风格，四是机器生成广告文案，五是广告人选择、检查、完善广告文案。

3. 广告设计的人机协作

传统广告设计的一般流程包括以下环节：阅读广告相关材料、领会广告创意、研究消费者审美心理、确定设计视觉风格、图形的创意表达、图文处理和版面编排。[①] 目前，人工智能应用于广告设计的方式有四种：一是基础风格设计，通过对风格的机器学习，人工智能完成包装设计或平面设计初稿，仅需几秒钟可以输出上千张效果，设计人员在此基础上再进行进一步深度处理；二是简单商业平面设计，人工智能应用于简单商业平面设计如海报、logo、VI 等已有较为成熟的产品，如阿里的鹿班系统、360 画布等；三是设计处理，主要是平面或视频素材填充、素材合成、素材替代、扣图、背景消除等；四是人机互动应用，人工智能技术能使人机互动手段更丰富、自然、人性化，实现广告和消费者更轻松的互动。例如，美国媒体公司 Weather Co. 利用 IBM 沃森的人工智能技术使观众可以通过新的显示广告向沃森提问，了解产品。像是关于过敏药物，观众可以通过提问了解这种产品是否适合儿童使用，或是否有什么副作用。[②] 引入人工智能的人机协作基础广告设计流程是：设计师收集、阅读广告相关材料、理解广告创意，设计师研究消费者审美心理、确定视觉风格，机器生成广告设计，设计师选择、检查、完善广告设计。人机协作的高级广告设计流程是设计师阅读创意简报、理解广告创意、研究消费者审美心理、确定视觉风格、图形表达与互动创意、图文处理和版面编排，其中设计师利用机器完成抠图、素材合成等基础设计处理，并应用人工智能技术于广告互动设计环节。

（四）广告媒体投放的人机协作

传统广告媒体投放的工作流程是：媒体策划人员依据营销目标和

---

① 徐阳、刘瑛：《平面广告设计》，上海人民美术出版社 2010 年版，第 49—50 页。

② 王智星：《利用 IBM 沃森人工智能、广告将与观众对话》，https：// creative. adquan. com/show/34090，2021 年 7 月 30 日。

广告目标制定媒介计划、媒介购买人员实施媒介购买、监测广告媒介的刊播情况。随着网民媒体消费行为的碎片化，依靠传统的媒体排期广告投放模式已经难以适应当前的媒体环境与用户习惯，程序化购买模式应运而生。相较于过去传统广告媒介的人工购买和投放，程序化购买实现了广告投放的精准化、个性化，把适当的广告在适当的情境提供给适当的消费者。这种方式对广告主而言可以只对那些他们想获取的目标消费者付费，从而提高了广告预算的回报；对媒体而言，可以获得更大的收益；对消费者而言，可以只看那些与他们的特定需求和利益相关的广告，逐渐受到广告主的认可。尽管程序化购买意味着很少或者没有人工介入，通过计算机的自动算法实现广告的投放，但如果要真正释放程序化购买的营销价值，同样需要有善于分析的交易员对广告投放进行优化，从而显著提升程序化购买的效果。

引入人工智能的人机协作广告媒体投放运作流程是：一是媒介计划阶段，由媒体策划人员选择媒体、制定媒介计划和排期；二是媒介执行阶段，由媒介购买人员实施媒介购买，对于不能程序化购买的媒体，由媒介购买人员依照媒介计划和排期购买，对于能够程序化购买的媒体，由机器自动化、程序化购买广告媒体，并生成广告效果的各项数据；三是监测广告媒介的刊播情况，对于不能程序化购买的媒体，由媒介购买人员监控投放执行进度、执行效果，确保客户的投放效果，为下一次广告活动提供依据，对于能够程序化购买的媒体，由广告优化师进行广告投放账户的管理及运营，进行数据跟踪和分析，优化成本、提高成交。

（五）广告效果评估的人机协作

传统广告效果评估分为：事前评估、事中评估、事后评估。通常，事前评估是由广告调查人员利用实验法、访问法对广告创意和广告作品进行测定，根据媒体自身特点和媒体受众群的各类统计数字，计算、分析这种媒体组合能否以比较适宜的成本达到预期的目标；事中评估是由广告调查人员利用市场测定法测算销售效果，利用回函测定法评估广告作品和广告媒介组合效果；事后测定是由广告调查人员利用边际测量法测定销售效果，利用认知测定法、回忆测定法、态度测定法测定消费者对广告的认知度、理解度、偏爱好感度。

人工智能技术为广告效果评估提供了新的精准、全样本、高效评估手段，借助隶属于人工智能的大数据技术能够实时统计网络广告的消费者反应数据，例如点击率、转化率、销售量，借助安装在数字户外媒体上的受众实时测量技术（包括面部识别、眼动测量等），实时采集消费者反应数据，例如受众观看人数、关注时长等，而且在此基础上，实现智能化广告自我迭代。虽然大数据统计能够进行事中、事后的广告效果评估，直观反映广告的销售效果，却不能直接说明广告的认知、理解和偏爱态度效果，不能分析出广告传播效果理想或不理想的成因，这些工作还需要广告人来承担。

引入人工智能的人机协作广告效果评估模式是：一是计划阶段，由市场研究人员依据媒体种类、是否能够利用大数据统计广告效果、设计人机发挥各自优势的评估方案；二是评估实施阶段，对于能够由大数据统计效果的网络、智能户外广告，由大数据统计广告的事中、事后效果，对于不能由大数据统计效果的传统媒体广告，由调研员通过实验法、访问法等方法统计广告事前、事中、事后效果数据；三是分析报告阶段，对于借助大数据统计的广告效果，市场研究人员依据消费者反应数据，分析各项广告效果，对于由调研员实施的广告评估，由电脑录入员将搜集到的数据资料输入电脑，由市场研究人员做统计分析处理、分析数据、明确广告的各项具体效果。

（六）广告客服的人机协作

广告客服与广告客户保持日常的沟通和联系，赢得客户对工作进展认可，并将客户需求传达给广告公司各部门、与广告公司各部门保持良好的沟通。传统广告客服的工作流程包括：与客户接触洽谈项目并告之报价标准，将联络报告通知各部门，提案，提案通过后报价，客户确认报价后付头款，执行项目并向客户汇报进展，提交客户，收尾款。广告客服需要具有高超的理解、沟通交流、社交能力，此外，高级客服人才还需要具备将广告公司的创意和建议推销给客户、将广告公司部门凝聚在一起创造卓越的感召力，精准抓住问题的本质、精确地预见事件发生的结果、不动声色应付周围发生突发事件的洞察力，中和广告客户和广告公司不同意见的协调能力，对由广告客户和广告公司之间的关系而产生的所有行为负责的责任感，对广告的各项运作都了如指掌、娴熟讨论的专业能力，代表广告公司和客户利益的企业家风范，追求广告高效的管理者意识。[①] 上述理解、沟通交流、社交能力，以及各种高级广告客服所需具备的能力是人工智能难以具备的，但是，人工智能客服能够全天候工作，7×24 小时在线，回答广告客户所咨询的定义好答案的共性问题。因此，广告客服工作流程的人机协作主要发生在初期接洽阶段，由 AI 客服先回答广告客户的共性问题，而人工广告客服与 AI 客服相配合，随时介入回答 AI 客服回答不了的问题。

五 结语

人工智能代替人类的过程并非是一蹴而就的，机器智能的发展分为功能、智力和智慧三个阶段。目前，人工智能处在机器既承载功能，又向通过有效的算法设定和海量数据基础可以产生判断和决策能力，根据经验积累和已有的边界设定，完成相应的动态反馈的智力方向发展，具备并超越人类的智慧基本还是一种想象。机器和广告人都有各自擅长的领域和不擅长的领域，两者共存、完成广告业务的模式是相互取长补短、竞争共生。人工智能技术正处在快速发展中，机器与广告人完成相同广告业务的优劣势处在持续变化中，对于广告业务流程的人机协同模式也需要人们持续地进行关注和跟进研究。

注：本文系教育部人文社科规划基金项目"产业生态学视角下人工智能驱动的广告产业演化研究"（19YJC860012）阶段性研究成果。

---

① 朱海松：《移动互联网时代国际 4A 广告公司基本操作流程》，人民邮电出版社 2015 年版，第 32—34 页。

移动互联网广告信任的影响因素研究

陈美汐　廖秉宜[*]

一　引言

社会学家詹姆斯·科尔曼（James Coleman）曾提出"社会资本"概念，即群体或组织内部的人们为了某些共同目标而合作的能力。[①] 这类能力取决于在共同体内规范和价值共享的程度，在个人利益服从全体利益的基础上，进而共享价值而缔造信任，信任则具有巨大的、可衡量的经济价值。不同于传统社会更依赖于人际信任的表现形式，现代社会更加倚重于系统信任。因此，在行业内对各参与主体进行有效的信任调查研究，并以此为参照设立系统化的信任机制是十分必要的。

广告作为一种能够引起人们关注与情绪变化的信息传播工具，又或者是作为一种系统化的制度，其性质——无论是对社会负责还是富有争议性的，都为其传递信息、产生沟通定下了基调，同时影响着信息的接受性（Katarzyna Bachnik，2018）。[②] 传统研究对广告效果研究的重视，使得信任研究在很大程度上受到轻视，从而导致研究的不足和缺失。在对广告社会效果的研究层面，信任研究体现了消费者对广

* 陈美汐，信阳师范学院传媒学院讲师；廖秉宜（通讯作者），武汉大学媒体发展研究中心研究员，武汉大学新闻与传播学院教授、博士生导师。

① Coleman James, *Foundations of Social Theory*, Cambridge, MA：Harvard University Press，1990，p. 57.

② Katarzyna B.，Robert N.，"How to Build Consumer Trust：Socially Responsible or Controversial Advertising"，*Sustainability*，2018，10（7）：2173.

告信息的信赖程度，是对信用量化的评价尺度，因此理应成为社会效果评价的核心指标。[①]

实际上，只有建立在公众信任的基础之上，广告才能真正做好社会经济的信息桥梁，助力市场的快速发展。据相关数据显示，中国消费者对大众广告的信任程度较低和非常低的占比超过了39%（张金隆等，2007）。[②] 在单向度的信息传播模式的长期影响下，传统广告通常以传播效果为导向，注重广告的最终成效和影响力，在一定程度上忽略了与用户建立信任关系的重要性，往往难以实现商业效益与社会效益的平衡。广告的信任危机、消费者的怀疑态度以及负面印象给整个广告行业的良性运转带来了一定的阻碍，对建立稳定的"消费者—品牌"关系产生了负面影响。

本研究的理论意义与实践意义在于：

第一，就研究内容来说，从用户维度对移动互联网环境下的广告信任进行影响因素调研，根据移动互联网的媒介特性与消费者特征提出相关变量，同时进一步探究移动互联网广告信任与用户行为反应间的关系与影响，分析相关因素的具体表现与影响程度，具有一定的研究价值。

第二，对于广告行业而言，通过引入社会信任产生机制对移动互联网广告信任的影响因素进行维度划分，为移动互联网广告制作、策略以及投放等多个实践环节、用户隐私保护和广告行业的具体规制等多个场景提供相应的优化建议。

二　理论依据与研究假设

（一）理论依据

1. 社会信任产生机制

Zuker L. G. 提出了社会信任产生的三种方式：以属性为基础的信

---

① 舒咏平、饶立安：《基于受众评价的广告社会效果研究》，《新闻大学》2009 年第 1 期。

② 张金隆等：《中国广告业的发展建议》，《现代广告》2007 年第 7 期。

任（Characteristic – based Trust）、以过程为基础的信任（Process – based Trust）、以制度为基础的信任（Institutional – based Trust）①，这三种方式在移动互联网广告信任中也同样存在。移动互联网广告信任也是社会信任的缩影，其产生机制与社会信任有很大程度的相似，同样包含着个体与组织本体属性的属性信任，也包含着个体与个体、组织与组织、信息传递中的过程信任，以及行业自律和法律系统规制下的制度信任。

2. 信任倾向理论

信任倾向（The Propensity to Trust）指的是信任他人的普遍意愿，即一个人愿意在不同情况下始终依赖他人的倾向（McKnight et al.，1998）。② 当一个人选择信任另一方时，将较为容易受到另一方伤害。Mayer et al.（1995）认为，在判断别人可信度的基础上，一个人的信任倾向对其对他人的信任有很大影响。③

3. 说服知识模型

Kirmani et al.（2009）最早提出了说服性知识模型（Persuasion Knowledge Mode），使用"目标"（Target）和"说服者"（Agent）分别指代具有说服力的人（如消费者）和负责策划与构建说服尝试的人（如营销人员、广告活动承办者）；使用说服"尝试"（Attempt）来描述目标对代理人战略行为的感知，并呈现目标即影响信念、态度或决定的信息。④ 在消费者与营销人员的互动过程中，说服知识是作为需要识别与管理、交付说服尝试的交互过程，也属于在交互中能够立即获得的知识资源。

4. 计划行为理论

计划行为理论（Theory of planned behavior，TPB）指出，态度、主

---

① Zuker L. G., "Productionoftrust: Institutionalsourcesofeconomicstructure, 1840 – 1920", *Research in Organizational Behavior*, Vol8, 1985, pp. 53 – 111.

② McKnight, D. H., Cummings, L. L., and Chervany, N. L., "Initial trust formation in new organizational relationships", *The Academy of Management Review*, Vol3, 1998, pp. 473 – 490.

③ Mayer, R. C., Davis, J. H., and Schoorman, F. D., "An integrative model of organizational trust", *Academy of Management Review*, Vol3, 1995, pp. 709 – 734.

④ Kirmani A., Campbell M., *Taking the Target´s Perspective: The Persuasion Knowledge Model*, Philadelphia, PA: Psychology Press, 2009, p. 105.

观规范与感知的行为控制会影响意图。行为意向除了由态度和主观规范决定之外，还会受到感知行为控制的影响。无论有无感知的行为控制，意图都会导致实际行为（Ajzen，1991）。[1] 在移动端接收广告内容的过程中，对广告的认知与情感态度占主导地位（Priya et al.，2010）[2]，这些态度会影响用户对寻找更多信息的感觉与兴趣。

（二）研究假设与模型建构

（1）信任倾向与移动互联网广告信任

Mayer et al.（1995）认为，个人根据对他人信仰的能力（知识、技能和能力）、仁慈（委托人相信受托人将以委托人的最大利益行事）和正直（委托人对受托人代理根据可接受原则）的信念判断来确立对他人的信任度。[3] 因此，选择信任他人的人很可能相信受托人的能力、仁慈和正直，而信任度高的一方会更愿意承担对另一方更高信任度的风险。信任的立场是指人们与他人打交道而不论其是否值得信任的成功假设（McKnight，D. H. and Chervany，2002）[4]，同时，信任是当事人的一种人格特征。当用户具有较高的信任倾向时，他们可能会有更强的欲望去了解更多的产品或服务。Lee 和 Turban（2001）的研究表明，信任倾向会影响顾客对网上购物的信任程度。[5]

在消费者与营销公司的早期关系阶段，消费者的信任倾向通常更为重要，因为早期阶段要求消费者在没有任何交互经验的情况下信任卖方（McKnight et al.，1998）。[6] 回顾对计划行为理论的研究（De

① Ajzen, I., "The theory of planned behavior", *Organizational Behavior and Human Decision Processes*, Vol. 50, No. 2, 1991, pp. 179 – 211.

② Priya, P., Baisya, R. K., & Sharma, S., "Television advertisements and children's buying behavior", *Marketing Intelligence & Planning*, Vol. 28, No. 2, 2010, pp. 151 – 169.

③ Mayer R. C., Davis J. H., Schoorman F. D., "An Intergrative Model of Organizational Trust", *Academy of Management Review*, Vol. 20, No. 3, 1995, pp. 709 – 734.

④ McKnight D. H., Choudhury V., Kacmar C., "Developing and Validating Trust Measures for e – Commerce: An Integrative Typology", *Information FostersResearch*, Vol. 13, No. 3, 2002, pp. 334 – 359.

⑤ McKnight D. H., Choudhury V., Kacmar C., "Developing and Validating Trust Measures for e – Commerce: An Integrative Typology", *Information Fosters Research*, Vol. 13, No. 3, 2002, pp. 334 – 359.

⑥ McKnight, D. H., Cummings, L. L., and Chervany, N. L., "Initial trust formation in new organizational relationships", *The Academy of Management Review*, Vol. 23, No. 3, 1998, pp. 473 – 490.

Canniere et al.，2009；Su and Xu，2011）[1]，该理论证明了信任倾向是信任的关键决定因素，并且可以直接通过诱导对广告信息的良好态度并鼓励观看广告的意图来说明用户的行为响应，或间接创建此类响应。因此，用户为了获得更多关于产品或服务的知识而跟随自我信任倾向，提升对于移动互联网广告的信任程度，进而减少了观看移动端广告的阻力，更容易采取进一步的购买行为。因此提出假设 H1。

H1：信任倾向与移动互联网广告信任呈正相关。

（2）说服知识水平与移动互联网广告信任

消费者在日常接触各类移动端广告信息的过程中，不断吸收关于广告商为刺激消费行为所运用的说服性尝试策略的相关知识，通常会运用这些积累的说服性知识来应对营销人员对其实施的说服性策略和理解所需要的广告信息，以实现自身目标。Heider（1958）提出，成人的说服知识类似于说服的"常识心理学"模型或理论。[2] 同时，由于消费者对于说服知识的积累是伴随时间而不断增加的，在移动互联网时代，消费者实际持有的说服知识水平足以帮助其应对基础的说服营销策略和适应被说服的环境及状态，且不同消费者根据其个体所具有的不同特质，具有不同水准的说服知识水平。

说服知识实际是指消费者对说服策略的认知与信念评价，代表了识别、理解与评估广告商的说服意图和策略的能力，同时能够使消费者感知说服策略的有效性。Reid 和 Soley（1982）在为研究"公众广告信念评价"进行的调查中发现，广告信念领域也同样存在着"第三人效应"，其调查的受访者在对广告抱有消极态度的同时认为，"他人会比自己更容易受到来自广告信息的误导"。[3] 从这一层面上来说，移动互联网用户越了解移动互联网广告的工作原理和营销规则，越倾向于低估广告对自身的影响而高估广告对他人的影响，同时容易低估移动互联网广告带给自身的隐私风险和安全风险，从而更容易相信广告

---

① Canniere M.，Pelsmacker P. D.，Geuens M.，"Relationship Quality and the Theory of Planned Behavior models of behavioral intentions and purchase behavior"，*Journal of Business Research*，2009，Vol. 62，No. 1，pp. 82 – 92.

② Handke L.，Barthauer L. Heider，*The Psychology of Interpersonal Relations*，*Lawrence Erlbaum*，1958，pp. 212.

③ Vanden Bergh B. G.，Soley L. C.，Reid L. N.，"Factor Study of Dimensions of Advertiser Credibility"，*Journalism & Mass Communication Quarterly*，1981，Vol. 58，No. 4，pp. 629 – 632.

内容，选择接受与观看甚至采取进一步行为，这种思维模式也可能会导致受过相关知识培训或慎重的个人采取错误决策。因此提出假设：

H2：说服知识水平与移动互联网广告信任呈正比。

（3）感知隐私风险、感知信息质量与移动互联网广告信任

在大多数在线和移动环境中，用户意识到他们的行为数据已被收集并随后用于个性化广告消息的定位（Purcell et al.，2012），[①] 而当用户意识到自己的信息被秘密收集时，他就失去了对于在线个性化广告的信任（Aguirreet al.，2015）。[②] 当用户通过暴露于高度个性化的移动互联网广告而认识到蒙蔽的信息收集做法时，他们更有可能感知到对其信息隐私的威胁，而当他们与广告商之间没有建立信任关系时，这种威胁将会更加严重；当用户意识到无法控制他人对自己的个人数据或信息的访问时，他们就会对隐私感到担忧（Sieber，1998）。[③] Brinson 和 Eastin（2016）在研究中发现，建立信任（避免对个性化广告产生负面看法）的关键是为用户提供相关内容，并在个人数据收集和使用过程中保持透明。[④] 当用户认为广告的主题是相关时（即以他们个人为目标），而代理商则是值得信赖的，他们更有可能接受推送的个性化消息。因此提出假设：

H3a：感知隐私风险与移动互联网广告信任呈反比。

H3b：透明性数据处理方式对移动互联网广告信任产生积极影响。

Bilginhan（2016）指出，信任是发展在线购物环境中忠诚度的最重要因素。[⑤] Zhou 和 Tian（2010）指出，感知到的公司形象、感知到

① Purcell K. , Rainie L. , Brenner J. , "Photos and Videos as Social Currency Online", *Pew Research Centers Internet & American Life Project*, 2012, p. 19.

② Aguirre, E. , Mahr, D. G. , De Ruyter, J. D. , & Wetzels. , "Unraveling the personalization paradox: The effect of information collection and trust building strategies on online advertisement effectiveness", *Journal of Retailing*, Vol. 91, No. 1, 2015, pp. 34 –49.

③ Sieber J. E. , "Planning ethically responsible research: A guide for students and internal review boards. Applied social research methods series", *Library quarterly information community policy*, Vol. 31, 1992, p. 39.

④ Brinson, Nancy H, and Matthew S. Eastin, "Juxtaposing the Persuasion Knowledge Model and Privacy Paradox: An Experimental Look at Advertising Personalization, Public Policy and Public Understanding", *Cyberpsychology: Journal of Psychosocial Research on Cyberspace*, Vol. 10, No. 1, 2016, p. 7.

⑤ Bilgihan, A. Gen Y. , "Customer loyalty in online shopping: An integrated model of trust, user experience and branding", *Computers in Human Behavior*, Vol. 61, 2016, pp. 103 – 113.

的参考力以及感知到的安全性是形成信任信念的关键前提。① 用户感知到的参考力可以理解为感知到的广告价值，即广告的信息质量。信息质量是指相关信息的最新性、充分性和可访问性（Park and Oung - Gul，2003），② 广告的信息质量能够代替过去的经验。在移动设备的有限可观看尺寸和信息量上满足客户的信息需求，可被用户感知到的广告信息质量极其重要。因此提出假设：

H3c：感知信息质量与移动互联网广告信任呈正比。

（4）熟知度、品牌声誉、平台声誉与移动互联网广告信任

移动互联网用户与消息发送者之间的现有关系是建立信任和提高个性化广告接受度的关键。信任的意图取决于用户对公司完整的信任，而非仅仅是对公司的仁慈或能力的信任。熟知度、品牌声誉和平台声誉是过程信任维度影响移动互联网广告信任的重要因素。

熟知度是基于以前经验或使用移动设备与广告商进行交互的理解，熟悉能够降低与发布者之间移动交易过程的复杂性，并建立用户信任（Gefen，2000）。③ 品牌声誉主要是指发布广告的广告主或营销活动发起者的社会声誉（社会信任度），其规模往往与其声誉密切相关。良好的声誉需要花费大量的时间与金钱来建立和维护，并且在信息化时代极易丢失损坏（Doney and Cannon，1997）。④ 因此，声誉高的公司可能会损失的比以不信任方式获利的更多。平台作为与广告商合作、发布广告、审核广告者，其信誉则会影响用户判断，能够向用户确认特定零售商符合保证人制定的标准，且数字向用户表明其广大用户群体，印证其他用户对其信任的程度，进而获取新用户的信任。根据以上推论，提出以下假设。

H4a：熟知度与移动互联网广告信任呈正比。

---

① Zhou，M.，& Tian，D.，"An integrated model of influential antecedents of online shopping initial trust：Empirical evidence in a low - trust environment"，*Journal of International Consumer Marketing*，Vol. 22，No. 2，2010，pp. 147 - 167.

② Park，C. H.，and Oung - Gul，K. Y.，"Identifying key factors affecting consumer purchase behaviour in an online shopping context"，*International Journal of Retail & Distribution Management*，Vol. 31，No. 1，2003，pp. 16 - 29.

③ Gefen，D.，"E - commerce：the role of familiarity and trust"，*Omega*，Vol. 28，No. 6，2000. pp. 725 - 737.

④ Doney，P. M. and Cannon，J. P.，"An examination of the nature of trust in buyer - seller relationships"，*Journal of Marketing*，Vol. 61，No. 2，1997，pp. 35 - 51.

H4b：品牌声誉与移动互联网广告信任呈正比。

H4c：平台声誉与移动互联网广告信任呈正比。

（5）结构保证、机制保证与移动互联网广告信任

现代广告以制度信任为生存基石，即参与广告活动的各方主体的责任界定应该存在于监管、立法部门的行政规章制度中。移动互联网时代，针对数字化急速发展下的数字隐私及保护问题，移动互联网用户也急于从相关针对性的保障法规中获取安全感。结构保证是对基础技术、基础架构以及控制机制根据组织能力促进组织间交易的期望（Ratnasingham and Pavlou，2003），① 即社会制度、保障性法规条文带来的信任支撑。机制保证源于消费者对服务渠道技术的信任，通常包括结构性的加密、认证、验证等安全措施，尤其在移动服务渠道，更让用户感到保证程度较弱，从而影响其对广告的信任。因此提出假设：

H5a：结构保证与移动互联网广告信任呈正比。

H5b：机制保证与移动互联网广告信任呈正比。

（6）移动互联网广告信任与用户行为反应

信任在确定消费者的态度和行为相关方面起着关键作用。态度、主观规范与感知的行为控制会影响意图，行为意向除了由态度和主观规范决定之外，还会受到感知行为控制的影响。无论有无感知的行为控制，意图都会导致实际行为（Ajzen，1991）。② Raines（2013）提出，一个人会对自己的信念产生积极的评价，然后发展出实现自己信念的意图。③ 而在移动互联网交易存在不确定性时，例如在电子商务中，信任是大多数经济互动的定义特征，信任度较高的用户则更有可能进行在线购买（Pavlou et al.，2003）。④ 因此在移动互联网环境中，

---

① Ratnasingham, P. and Pavlou, P. A. , "Technology trust in internet – based interorganizational electroniccommerce", *Journal of Electronic Commerce in Organizations*, Vol. 1, No. 1, 2003. pp. 17 – 41.

② Ajzen, I. , "The theory of planned behavior", *Organizational Behavior and Human Decision Processes*, Vol. 50, No. 2, 1991, pp. 179 – 211.

③ Raines, C. , "In – app mobile advertising：Investigating consumer attitudes towards pull – based mobile advertising amongst young adults in the UK", *Journal of Promotional Communications*, Vol. 1, No. 1, 2013. pp. 125 – 148.

④ Pavlou, Paul A. , "Consumer Acceptance of Electronic Commerce：Integrating Trust and Risk with the Technology Acceptance Model", *International Journal of Electronic Commerce*, Vol. 7, No. 3, 2003, p. 34.

当用户相信公司的诚实时，他们会选择相信产品或服务的感知利益，即会尝试获取进一步的产品或服务信息；当用户相信公司的仁慈时，他们会认为公司不会伤害其利益，因此可能与身边朋友、亲人分享广告产品或信息；当用户产生高度信任时，则会选择进一步的行为反应，即购买行为。因此提出假设：

H6：移动互联网广告信任与用户行为反应呈正相关。

基于以上假设，本研究在运用社会心理学理论的基础上，结合当下移动互联网特性以及用户特征加入一些新的变量，同时以社会信任产生机制为维度划分基础，将移动互联网消费者广告信任的影响因素分别划分至属性信任、过程信任和制度信任三个维度中。在属性信任维度中，结合原有理论基础从移动互联网用户个人属性出发，即从其个体认知、情感及行动三个层面，提出了移动互联网环境中的信任倾向、说服知识水平、感知隐私风险以及感知信息质量四个变量，探究上述变量对于移动互联网广告信任的影响。在过程信任维度中，结合移动互联网环境中参与广告活动的各主体的信任关系，从熟知度、品牌声誉、平台保证三方面探究其对移动互联网广告信任的影响。在制度信任维度中，结合移动互联网环境中对于参与广告活动的各方主体的责任界定，从结构保证和机制保证方面进行调研与分析。

此外，除了对移动互联网广告信任的前因进行多维度分析，本研究进一步提出了移动互联网广告信任对用户行为反应后续状态的推进假设，结合影响移动互联网广告信任的因素共同分析对用户最终行为反应的导向。将所有关键变量按照社会信任产生机制划分，依据作用环节与基础理论，构建出以下理论模型（见图1）。

（三）变量测量

本研究中，对于关键变量的调研均参考过往研究内容，为了更适应移动互联网广告信任的具体情况，做了相应的调整与修改。对于11个关键变量的测量均采用七级李克特量表从1（非常不同意）到7（非常同意）进行测量。

针对移动互联网广告总体信任度的测量改编自 Greyser et al. 1966年的研究（Greyser et al.，1966）。对于对移动互联网用户广告信任倾向的测量改编自学者 Lee 和 Turban 在 2001 年的调查（Lee and Tur-

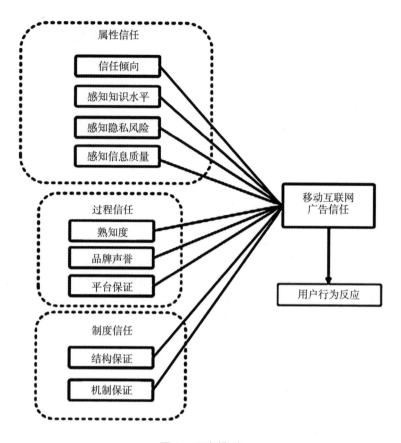

图 1　研究模型

ban，2001）。有关移动互联网用户说服知识水平情况的测量改编自
Bearden et al. 2001 年的研究（Bearden et al.，2001）。有关移动互联
网用户感知隐私风险和信息质量的测量分别改编自 Dolnicar et al. 2007
年的研究（Dolnicar et al.，2007）和 Brinson et al. 2016 年的研究
（Brinson et al.，2016）。关于移动互联网广告熟识度、品牌声誉和平
台声誉的测量分别改编自 Gefen et al. 2000 年的研究（Gefen et al.，
2000）和 Doney 和 Cannon 1997 年的研究（Doney and Cannon，
1997），并结合以往购物经验与熟识度的关联性，增加了题项"我会
更信任我熟悉的代言人发布的广告内容"。对于移动互联网广告结构
保证和机制保证的测量，改编自 McKnight et al. 1998 年的研究（McK-
night et al.，1998）。关于移动互联网用户广告信任对行为反应的测量
改编自 Pavlou et al. 2006 年的研究（Pavlou et al.，2006）以及 Ajzen et

al. 1991 年的研究（Ajzen et al.，1991）。以上题项具体内容见表1。

表1 测量题项及量表来源

变量	测量题项	量表来源
移动互联网广告总体信任度	对于日常在移动设备（手机、平板电脑）上出现的广告，我通常非常信任	（改编自：Greyser et al.，1966）
	我认为大多数移动互联网广告承诺是夸大其词的	
	我认为大量移动互联网广告是对广告产品的真实展现	
信任倾向	我认为外界事物普遍是可信的	（改编自：Lee & Turban，2001）
	我通常会选择信任其他人	
	我一般倾向于信任移动互联网广告	
	即便对于我不太了解的移动互联网广告信息，我还是倾向于选择信任	
说服知识水平	我知道移动互联网广告是如何推送给我的	（改编自：Bearden et al.，2001）
	我了解营销人员会追踪我的网上行为并依据此为我提供量身定制的广告内容	
	我能够洞察移动互联网广告中尝试说服我购买的策略和套路	
	我认为我能将移动互联网广告内带给我的收益（信息/娱乐等）和风险（隐私风险/信息安全）区分开	
感知隐私风险	当意识到我的个人信息被秘密收集时，我会对该广告失去信任	（改编自：Dolnicar et al.，2007）
	当在手机应用中接收到高度个性化广告时（与最近聊天内容/搜索内容相关的广告推送），我会感到对我个人隐私的威胁	
	当我的电脑弹出与我个人信息有关的消息时，我会感到对我个人隐私的威胁	
	我更能够接受广告商或平台在收集我的个人数据时保持透明化和清楚告知	
	当广告商或平台在收集数据时明确标识或者通过我的许可（如提供隐私同意书）时，我会更有信任感	
	我希望广告商或平台能够详细说明提取数据的方式和用途	
感知信息质量	我认为移动互联网广告内容能提供给我最新的资讯	（改编自：Brinson et al.，2016）
	我认为移动互联网广告提供的信息对于我是有用的、充分的	
	移动互联网广告能够提供给我易于理解的信息	

续表

变量	测量题项	量表来源
熟识度	我会更信任我熟悉的品牌发布的广告内容	（改编自：Gefen et al.，2000）
	我会更信任我熟悉的平台发布的广告内容	
	我会更信任我熟悉的代言人发布的广告内容	
品牌声誉	我认为社会声誉较高的品牌发布的广告信息更具可信度	（改编自：Doney and Cannon，1997）
	广告品牌的声誉对于我对该广告的信任度评价很重要	
	我相信声誉好的品牌不会发布虚假的广告内容	
平台声誉	声誉较好的平台会给我一种观看广告时的安全感	
	广告发布平台的声誉会影响我对该广告的信任评价	
	我相信声誉好的平台会剔除虚假广告内容	
结构保证	我认为足够的信息安全保护措施可以让我更信任移动互联网广告	（改编自：McKnight et al.，1998）
	我确信有足够的法律保障可以充分保护我免受来自移动设备中广告问题的困扰	
	我认为完善的保障性法规制度可以让我更信任互联网广告	
机制保证	我认为处于安全的信息环境是我对广告信任的基础	
	我相信在移动端交易期间我的个人隐私不会受到损害	
	我认为通过一系列的加密、验证、认证等措施能增强我对互联网广告的信任	
行为反应	通常，对于我信任的广告内容，我会计划进一步了解产品/服务	（改编自：Pavlou et al.，2006；Ajzen et al.，1991）
	通常，对于我信任的广告内容，我会与朋友们更频繁地讨论产品/服务	
	通常，对于我信任的广告内容，我有更大的意愿购买产品/服务	

三　数据分析

（一）数据收集及描述性统计

2021年3月1日至2021年3月8日，笔者采用问卷调查的形式对所提出假设进行调研与验证。问卷调查采用便利抽样的方式，在在线网站"问卷星"上进行问卷设计和编辑后，通过微信、QQ、微博等社交媒体渠道进行问卷的线上发放。

在调研期间，总计 390 人参与了本次问卷调查，有效问卷有 378 份，正式调研的有效问卷回收率为 96.9%。对回收的有效问卷进行整理，有关被调查者人口统计学特征如表 2 所示。本次研究的样本中，72.49% 被调查者的年龄在 18—25 岁之间，35.19% 为男性，64.81% 为女性，被调查对象中有 84.39% 的人具有大学本科及以上学历。

表 2　　　　　　　　样本人口统计学特征（N = 378）

变量	测量指标	频次（人）	频率（%）
性别	男	133	35.19
	女	245	64.81
年龄	18 岁以下	2	0.53
	18—25 岁	274	72.49
	26—35 岁	49	12.96
	36—45 岁	22	5.82
	46—55 岁	29	7.67
	55 岁以上	2	0.53
受教育程度	初中及以下	12	3.18
	高中/中专/技校	16	4.23
	大学专科	31	8.20
	大学本科	136	35.98
	硕士研究生	178	47.09
	博士及以上	5	1.32
职业	学生	221	58.47
	事业单位人员	37	9.79
	公司企业员工	83	21.96
	自由职业者	27	7.14
	其他	10	2.65

变量	测量指标	频次（人）	频率（%）
个人月均收入水平	1000 元及以下	46	12. 17
	1001—3000 元	144	38. 10
	3001—5000 元	72	19. 05
	5001—7000 元	50	13. 23
	7001—10000 元	38	10. 05
	10000 元以上	28	7. 41

（二）数据信度与效度

本研究为了提高样本数据质量，首先采用小样本数据进行预调研，通过对变量量表的信度与效度分析对测量项目进行验证，在微信、QQ、微博等社交媒体渠道发放问卷 90 份，有效问卷有 82 份，有效问卷回收率为 91%。

笔者首先使用 SPSS22.0 的"可靠性分析"功能对数据的内部一致性进行检验，根据量表及各维度的 Cronbach's Alpha 结果，发现该量表及各维度的 Cronbach's Alpha 所对应的 Cronbach's Alpha 值均大于0.7，表明问卷的内部一致性较好，通过信度检验。题总相关为了鉴别每一题项与总体的相关性，题项得分与总体得分的相关系数低于0.3 的题项要删除。经过可靠度检验分析，此问卷中题项与总体得分的相关性均高于 0.3，结果表明各题项均与总体相关，具有鉴别度。

对于效度分析使用因子分析进行研究，分别通过 KMO 值、共同度、方差解释率值、因子载荷系数值等指标进行综合分析，以验证数据的效度水平情况。KMO 值为 0.920，大于 0.6，意味着数据具有良好的效度（见表 3）。从表 4 可知，所有研究项对应的共同度值均高于0.4，说明研究项信息可以被有效提取。另外，12 个因子的方差解释率值分别是 7.643%、7.418%、6.176%、6.141%、6.008%、5.979%、5.957%、5.950%、5.891%、5.886%、5.879%、5.777%，旋转后累积方差解释率为 74.705%，大于 50%。意味着研究项的信息量可以被有效提取出来。

如表 4 结果所示，各维度每一项的荷载值均大于 0.5，同时旋转成分矩阵得到的结果和研究设计划分的量表和维度相符合。因此，该问卷的效度较高，通过效度检验。

表3   KMO 和 Bartlett 球体检验结果

	Kaiser – Meyer – Olkin 度量	0.92
Bartlett 的球形度检验	巴特球形值	7688.864
	df	703
	p 值	0

表4   因子分析检验结果

名称	因子载荷系数											
	TP	PK	PR	TD	BR	UR	MG	AT	PQ	PP	SG	FD
AT1								0.78				
AT2								0.77				
AT3								0.76				
TP1	0.74											
TP2	0.71											
TP3	0.85											
TP4	0.71											
PK1		0.74										
PK2		0.85										
PK3		0.71										
PK4		0.67										
PP1										− 0.85		
PP2										− 0.77		
PP3										− 0.68		
TD1				0.75								
TD2				0.87								
TD3				0.75								
PQ1									0.69			
PQ2									0.85			

名称	因子载荷系数											
	TP	PK	PR	TD	BR	UR	MG	AT	PQ	PP	SG	FD
PQ3									0.77			
FD1												0.68
FD2												0.84
FD3												0.77
BR1					0.75							
BR2					0.86							
BR3					0.74							
PR1			0.86									
PR2			0.76									
PR3			0.77									
SG1											0.82	
SG2											0.75	
SG3											0.73	
MG1							0.75					
MG2							0.85					
MG3							0.75					
UR1						0.69						
UR2						0.84						
UR3						0.76						

注：AT = Advertising trust（广告信任）；TP = Trust Propensity（信任倾向）；PK = Persuade Knowledge Level（说服知识水平）；PP = Perceived Privacy Risks（感知隐私风险）；TD = Transparent Data Processing method（透明性数据处理方式）；PQ = Perceived Information Quality（感知信息质量）；FD = Familiarity Degree（熟知度）；BR = Brand Reputation（品牌声誉）；PR = Platform Reputation（平台声誉）；SG = Structural Guarantee（结构保证）；MG = Mechanism Guarantee（机制保证）；UR = User Behavior Response（用户行为反应）

（三）验证研究假设

首先，利用偏相关分析去研究移动互联网广告信任和信任倾向、说服知识水平、感知隐私风险、透明性数据处理方式、感知信息质量、熟知度、品牌声誉、平台声誉、结构保证、机制保证、消费者行为反应共 12 项之间的相关关系，使用 Pearson 相关系数表示相关关系的强弱情况。其中性别、年龄段、受教育程度、职业、个人月均收入水平为控制变量。

数据分析结果发现，移动互联网广告信任、信任倾向、说服知识水平、透明性数据处理方式、感知信息质量、熟知度、品牌声誉、平台声誉、结构保证、机制保证、用户行为反应任意两两间存在显著的正相关关系；而移动互联网广告信任与感知隐私风险存在显著的负相关关系。（见表 5）

笔者继续采用简单线性回归分析方法，对本研究中的 11 个假设进行验证，即继续探究移动互联网广告信任倾向、说服知识水平、感知隐私风险、透明性数据处理方式、感知信息质量、熟知度、品牌声誉、平台声誉、结构保证、机制保证如何影响移动互联网广告信任，以及验证移动互联网广告信任对用户行为反应的影响。（见表 6）

表 5　　　　移动互联网广告信任影响因素的回归分析 （N = 378）

影响因素	非标准化系数		标准化系数	t	p	VIF
	B	标准误	Beta			
信任倾向	0.285	0.057	0.236	4.985	0.000 ***	1.451
说服知识水平	0.189	0.061	0.144	3.079	0.002 **	1.409
感知隐私风险	− 0.18	0.055	− 0.158	− 3.287	0.001 **	1.498
透明性数据处理方式	0.16	0.05	0.148	3.189	0.002 **	1.394
感知信息质量	0.241	0.052	0.213	4.652	0.000 ***	1.347
$R^2 = 0.423$　　调整 $R^2 = 0.415$　　F (5, 372) = 54.526　　p = 0.000						
熟知度	0.357	0.054	0.3	6.599	0.000 ***	1.211
品牌声誉	0.298	0.052	0.259	5.707	0.000 ***	1.207
平台声誉	0.266	0.051	0.239	5.211	0.000 ***	1.227
$R^2 = 0.36$　　调整 $R^2 = 0.355$　　F (3, 374) = 70.154, p = 0.000						
结构保证	0.41	0.058	0.341	7.063	0.000 ***	1.152
机制保证	0.298	0.058	0.25	5.169	0.000 ***	1.152
$R^2 = 0.24$　　调整 $R^2 = 0.236$　　F (2, 375) = 59.354, p = 0.000						
因变量：移动互联网广告信任						
* p < 0.05 ** p < 0.01 *** p < 0.001						

表6　　　移动互联网广告信任对用户行为反应的回归分析（N = 378）

	非标准化系数		标准化系数	t	p	VIF
	B	标准误	Beta			
常数	2.578	0.197	–	13.102	0.000 ***	–
移动互联网广告信任	0.405	0.039	0.469	10.309	0.000 ***	1
因变量：用户行为反应						
* p < 0.05 ** p < 0.01 *** p < 0.001						

　　除了最终假设的验证外，笔者在对移动互联网广告信任影响因素回归模型中的标准化回归系数值（Beta）进行比较时，得出了以下补充结论：在显著回归系数的自变量中，制度信任维度中移动互联网广告结构保证的 Beta 系数绝对值（Beta = 0.341）最大，过程信任中的移动互联网广告熟识度（Beta = 0.300）次之，表示这两个变量对移动互联网广告信任的影响最大、影响程度最深；再次则是过程信任中的移动互联网广告品牌声誉（Beta = 0.259）和制度信任中的移动互联网广告机制保证（Beta = 0.250）；过程信任中的移动互联网广告平台信誉（Beta = 0.239）与属性信任中的移动互联网广告信任倾向（Beta = 0.236）再次之。（见表7）

表7　　　移动互联网广告信任影响因素标准化系数（Beta）

影响因素	标准化系数
	Beta
结构保证	0.341
熟知度	0.300
品牌声誉	0.259
机制保证	0.250
平台声誉	0.239
信任倾向	0.236
感知信息质量	0.213
透明性数据处理方式	0.148
说服知识水平	0.144
感知隐私风险	− 0.158

由此可见，用户个体属性的影响对移动互联网广告信任的影响并不是绝对性的，制度信任和过程信任维度的因素能够更大程度地影响用户对移动互联网广告的信任。因此，移动互联网环境下的广告信任关系建立的实质还是在于对结构保证的把握，即对用户隐私保护等机制的建立、对社会信任体系的完善，以及对整个移动互联网环境下信任结构与社会信任机制的重建。同时，在移动互联网用户参与的广告流程中，广告主和平台实际上拥有较大的主动权，可以通过自身的策略优化与改进来提升用户信任和好感，其重点在于对用户关系熟悉度的常态化培养、对社会信任与声誉的常态化维护等。

根据上文数据分析，本文得出假设验证结论：属性信任维度的信任倾向、说服知识水平、感知信息质量均对移动互联网广告信任产生显著的正向影响，其中，感知隐私风险对移动互联网广告信任产生负向作用，而透明性信息处理对移动互联网广告信任产生显著的正向影响；过程信任的熟识度、品牌声誉、平台声誉均对移动互联网广告信任产生积极影响；制度信任的结构保证和机制保证则都对移动互联网广告信任起到显著的正向影响。此外，移动互联网广告信任则与用户行为反应存在显著的正向影响关系。

最终得到假设验证的最终结果，见表8所示。

表8 研究假设验证成果

研究假设	假设内容	验证结果
H1	信任倾向与移动互联网广告信任呈正相关	支持
H2	说服知识水平与移动互联网广告信任呈正相关	支持
H3a	感知隐私风险与移动互联网广告信任呈反比	支持
H3b	透明性数据处理方式与移动互联网广告信任呈正相关	支持
H3c	感知信息质量与移动互联网广告信任呈正相关	支持
H4a	熟知度与移动互联网广告信任呈正相关	支持
H4b	品牌声誉与移动互联网广告信任呈正相关	支持
H4c	平台声誉与移动互联网广告信任呈正相关	支持
H5a	结构保证与移动互联网广告信任呈正相关	支持
H5b	机制保证与移动互联网广告信任呈正相关	
H6	移动互联网广告信任与用户行为反应呈正相关	支持

四　结论与讨论

（一）结论

1. 属性信任维度因素对移动互联网广告信任的影响

属性信任维度的信任倾向、说服知识水平、感知信息质量均对移动互联网广告信任产生显著的正向影响，其中，感知隐私风险对移动互联网广告信任产生负向影响，而透明性信息处理对移动互联网广告信任产生显著的正向影响。

2. 过程信任维度因素对移动互联网广告信任的影响

熟识度、品牌声誉和平台声誉均对移动互联网广告信任产生积极影响。同时，在自变量数据的整体比对下，结构保证、熟识度和品牌声誉对移动互联网广告信任的影响最大，其次是机制保证以及平台信誉。过程信任维度中的熟识度、品牌声誉与平台声誉均对移动互联网广告信任产生较大的影响。因此表明，对过程信任阶段的把控是影响移动互联网广告信任变化的关键环节。

3. 制度信任维度因素对移动互联网广告信任的影响

结构保证和机制保证都对移动互联网广告信任起到显著的正向影响。同时，在自变量数据的整体比对下，结构保证对移动互联网广告信任的影响最大，机制保证对移动互联网广告信任也有着较大程度的影响。用户将结构保证视为最重要的信任影响因素这一事实表明，在移动互联网环境中的用户急需从信息安全等相关保障法规中获取安全感。因此，制度信任应该成为优化提升移动互联网广告信任的重点关注阶段。

4. 移动互联网广告信任对用户行为反应的影响

移动互联网广告信任对用户行为反应起到正向影响。信任与移动端应用内广告的态度呈正相关，可以提高消费者观看广告的意愿。信任在观看意愿、行为反应中作为一种基础性条件促发二者发展，同时，信任与观看广告的意图间的关系也受到用户广告态度的调节

(*Millissa F. Y.* Cheung and W. M. To.，2017)。[1] 同时也意味着，在用户有着信任态度的前提下，需要对广告内容保持更加有力的感受，如醒目的标题、直击痛点的内容等，才能够激发他们在感官上的强烈观看意愿。根据本研究结论，感知信息质量对移动互联网广告信任有积极影响，因此，在移动互联网广告信任、感知态度的积极并行下才能够激发消费者进一步的行动。另一方面，在计划行为理论下，鉴于感知到的行为控制与用户的行为反应存在着显著关联，感知到的行为控制会影响观看广告的意愿，反过来对用户的行为响应产生积极影响。因此，用户信任能够通过诱导对移动互联网广告的良好态度并鼓励观看广告的意图，而广告观看意图则作为合理的媒介，可以部分地调节感知的行为控制与用户的反应间的关联。

（二）讨论

基于数据分析结果和本研究调研结果，笔者结合实践，从广告制作与策略、信任主体关系维护、宏观信任机制构建三个维度提出进一步提升移动互联网广告信任的具体思路。

1. 满足个性化信息需求，提升隐私信息获取透明度

在广告制作和策略阶段，应提供给移动互联网广告用户充分满足个性化信息需求、信息密度合适、主体性强（即以他们个人为目标）的广告内容，从而激发其信任感、积极的观看意向和态度并采取进一步的行为反应。要从广告制作的各阶段弱化用户在广告感知过程中的风险顾虑，降低其对个人隐私受到侵犯的担忧。在广告内容的具体规制中，对安全性、可见性的强调会使得用户群体逐渐提升对该方面的聚焦，弱化风险性的内容因素会让敏感群体模糊掉原有的关注焦点，而将注意力转移至可感知的利益上。在需要获取用户个人信息时，要直截了当地明确询问用户意愿、以醒目的"是否同意"提醒选项等方式呈现，详尽告知用户并尊重其隐私意愿，消除用户内心对个人信息的不可控感。

---

① Millissa F. Y. and Cheung W. M.，"The influence of the propensity to trust on mobile users' attitudes toward in－app advertisements：An extension of the theory of planned behavior"，*Computers in Human Behavior*，2017，Vol. 76，pp. 102－111.

2. 重建参与主体信任关系，提升投放场景契合度

数字时代的广告信任来源于各方参与主体间的信任关系，是一种直接性、去中介化的关系建构，依附于个人体验与人际传播基础上的新型信任关系。在移动互联网用户参与的广告流程中，广告主、平台等实际上拥有较大的主动权，通过自身的策略优化与改进来提升用户信任度和好感，重点在于对用户关系熟悉度的常态化培养、对社会信任与声誉的常态化维护等。

3. 多方助力完善信任机制，减少信息安全风险顾虑

制度信任的因素之所以能够更大程度地影响用户对广告的信任，是因为移动互联网环境下的广告信任关系建立的根源还是在于对结构保证的把握，即对用户隐私保护等机制的建立、对社会信任体系的完善，以及对整个移动互联网环境的信任结构与社会信任机制的重建。在制度信任阶段，治理部门需要基于不同移动服务渠道而促进基础架构、控制机制对于广告行业内部的规约和管控，将参与广告活动的各方主体的相关信用责任，明确界定在相关的行政规章制度中。当公众回归用户身份时，需要媒介平台和移动设备端提供足够的服务渠道技术保障，如在使用媒介观看广告过程中的结构性加密、认证、验证等安全措施，在移动互联网环境下承担起在技术、结构层面上对用户安全性保证和自身声誉的建设。

五　研究局限与未来研究展望

本研究采用实证研究方法，通过问卷调查法探究了移动互联网广告信任的影响因素以及移动互联网广告信任对用户行为反应的影响，根据问卷调研结果对研究假设进行了进一步的验证与深入探讨，并结合实践提出移动互联网广告信任的具体优化提升路径，以期促进移动互联网广告的长足健康发展。

本研究试图为未来研究建立广告信任影响因素模型。但由于主客观因素的限制，本研究样本均来自线上调研，因此，样本结构在一定程度上具有局限性，无法包含我国移动互联网广告受众的整体情况。本研究结合社会信任产生机制、信任倾向理论、说服知识模型以及计

划行为理论提出本文的研究模型,即移动互联网广告信任的影响因素模型,但同时依旧可能存在着一些潜在因素的影响,因此,在未来的相关研究中,该模型还存在进一步优化的空间。

注:本文系 2023 年度河南省高校人文社会科学研究一般项目"文化强省视域下河南文化品牌融合传播策略研究"阶段性研究成果。

智能手机用户 App 开屏广告态度的影响因素研究

廖秉宜　胡　杰　温有为[*]

一　引言

从传统媒体到互联网媒体，广告形态在不断演进。随着移动互联网的快速发展，手机、穿戴设备等移动终端快速迭代，移动设备更小、更个性化及无处不在的可访问性，互动广告形式也将随着从个人电脑向移动设备的迁移而演变（Laszlo, J., 2009），[①] 移动广告成为现今网络广告的"蓝海"（童斌，2011）[②]。

中国互联网络信息中心（CNNIC）发布的《第 45 次中国互联网络发展状况统计报告》显示，截至 2020 年 3 月，我国网民规模已达9.04 亿，手机网民规模已达 8.97 亿，网购人数规模达 7.10 亿（CNNIC, 2020）。[③] 由此可见，目前智能手机群体规模巨大，众多广告主也已将目光从 PC 端转向移动端投放广告。中关村互动营销实验

　　* 廖秉宜，武汉大学媒体发展研究中心研究员，武汉大学新闻与传播学院教授、博士生导师；胡杰，湖北省武汉市武昌区珞珈山街道办事处四级主任科员；温有为，武汉大学新闻与传播学院硕士研究生。

　　① Laszlo J., "The New Unwired World: An IAB Status Report on Mobile Advertising" *Journal of Advertising Research*, Vol. 49, No. 1, 2009, pp. 27 – 43.

　　② 童斌：《平台化的移动应用广告新蓝海》，《广告大观》（综合版）2011 年第 8 期。

　　③ 中国互联网络信息中心（CNNIC）：第 45 次《中国互联网络发展状况统计报告》，http://www.cnnic.net.cn/hlwfzyj/hlwxzbg/hlwtjbg/202004/P020210205505603631479.pdf，2020 年 4 月 28 日。

室 2020 年 2 月发布的《2019 中国互联网广告发展报告》显示，2019
年，中国互联网广告总收入达到 4367 亿元人民币，较 2017 年增长了
18.2%（中关村互动营销实验室，2020）①；在移动广告发展情况方
面，艾媒咨询发布的数据显示，移动广告市场规模从 2015 至今一直
呈增长趋势，2019 年达到 3770.7 亿元，预测 2020 年将达到 4110.3
亿元（艾媒咨询，2020）。②

开屏广告作为移动广告的一种新形式，在广告市场大受欢迎。其在
App 开启时展示 3—5 秒，展示完毕后自动关闭并进入应用主页面。由
于展现在应用刚刚开启时，用户的注意力非常集中，成了广告主进行品
牌宣传和产品推广的渠道。目前在中国社交 App、搜索引擎 App、电商
App 等平台已广泛出现开屏广告，阿里妈妈、巨量引擎等头部互联网广告
平台已承接开屏广告程序化购买业务。目前，国内外学界关于智能手机
App 开屏广告的研究成果很少，开展智能手机用户对 App 开屏广告态度
的研究，可以为广告主投放智能手机 App 开屏广告提供理论和实践指导。

二 文献综述

态度是营销研究中的一个重要概念。菲利普·科特勒（2009）认
为，态度为某个人对一事物长期惯有的有利或不利的评价、情感和行
为意向。③ Ajzen（1991）在计划行为理论中提到，"态度"是指个人
对某种行为所抱持的正面或负面评价。④ Engel（1968）认为，消费者
态度可分为认知性、情感性以及意动性三部分。广告态度即消费者对
广告的有利或不利的评价、情感感受和行动倾向。⑤ 关于广告态度的

---

① 中关村互动营销实验室：《2019 中国互联网广告发展报告》，https：//www. imz -
lab. com/article. html? id = 65，2020 年 2 月 8 日。

② 艾媒咨询：《2015—2020 年中国移动广告市场规模及预测》，https：//www. iime-
dia. cn/c1061/69136. html，2020 年 2 月 19 日。

③ ［美］菲利普·科特勒、凯文·莱恩·凯勒：《营销管理》，王永贵等译，上海人民
出版社 2009 年第 13 版，第 198 页。

④ Ajzen I.，"The theory of planned behavior"，*Organization behavior and human deision
processes*，Vol. 50，No. 2，1991，pp. 179 – 211.

⑤ James F. Engel，David T. Kollat，and Roger D. Blackwell，"Consumer Behavior"，*Jour-
nal of Marketing*，Vol. 32，No. 2，1968，pp. 1121 – 1139.

实证研究成果非常丰富，其中最为典型的研究有 Ducoffe（1996）的
网络广告态度研究①、Bracket 和 Carr（2001）的互联网广告态度研
究②、Melody M. Tsang（2004）的移动广告态度研究③、Carlos Flavian
Blanco 等人（2010）的移动广告态度研究④等。

（一）广告属性与广告态度

1. 娱乐性与广告态度

McQuail（1987）将娱乐定义为满足受众逃避现实、娱乐消遣、
审美享受或情感享受需求的能力，包括让人快乐、有趣味性等情况。⑤
Shavitt、Lowrey 和 Haefner（1998）认为，消费者与广告相关的愉悦感
对形成整体积极态度起着积极的作用。App 开屏广告作为一种媒体广
告形态，也应具有其娱乐性。⑥ Ducoffe（1995）建构的广告态度模
型⑦和 Bracket、Carr（2001）建构的网络广告态度模型均提出广告价
值为娱乐性影响广告态度的中介因素，因此 App 开屏广告既可能直接
对广告态度产生相应影响，也可能通过广告价值中介因素对广告态度
产生影响。

在 App 开屏广告中，娱乐性因素显得更为重要，在广告画面创意
设计、色彩搭配方面均比一般广告更加看重，更加重视对用户视觉的
刺激性，希望能在短时间内吸引消费者关注与共鸣，提高本身价值，

① Robert H. Ducoffe, "Avertising value and advertising on the web", *Journal of advertising research*, Vol. 36, No. 5, 1996, pp. 21 – 35.

② Lana K. Brackett, Benjamin N. Carr, "Cyberspace Advertising vs. Other Media: Consumer vs. Mature Student Attitudes", *Journal of advertising research*, Vol. 42, No. 5, 2001, pp. 23 – 32.

③ Melody M. Tsang, Shu – Chun Ho, and Ting – Peng Lian, "Consumer Attitudes Toward Mobile Advertising: An Empirical Study", *International Journal of Electronic Commerce*, No. 4, 2004, pp. 65 – 78.

④ Carlos Flavián Blanco, Miguel Guinalíu Blasco, and Isabel Iguacel Azorín, "Entertainment and Informativeness as Precursory Factors of Successful Mobile Advertising Messages", 2010, http://www.ibimapublishing.com/journals/CIBIMA/cibima.html.

⑤ McQuail D., *Mass Communication Theory*, London: Sage Publications, 1987, p. 495.

⑥ Shavitt S., Lowrey P., and Haefner J., "Public Attitudes Towards Advertising: More Favourable Than You Might Think", *Journal of Advertising Research*, Vol. 38, No. 4, 1998, pp. 7 – 22.

⑦ Robert H. Ducoffe, "How Consumer Assess the Value of Advertising", *Journal of Current Issues & Research in Advertising*, Vol. 17, No. 1, 1995, pp. 1 – 18.

获得消费者好感。因此提出以下假设：

H1：App 开屏广告娱乐性与广告态度呈正向显著相关

H2：App 开屏广告价值在娱乐性与广告态度之间存在中介作用

2. 信息性与广告态度

Ducoffe（1996）将信息性定义为一种能够在广告中告知消费者可供选择的产品，从而使购买行为获得最大可能的满足感的能力。Richard（2013）证实信息的完整与清晰程度对消费者广告态度有重要影响。[①] 新时代的消费者更喜欢快速获取信息，以满足他们的需求和快速获取第一手信息（Kaasinen E.，2003）。[②] 而在智能手机 App 开屏广告中，由于广告页面有限，广告停留时间极短，如何在极短时间内提供高效的广告信息显得尤为重要，直接关系着 App 开屏广告价值的提升，从而影响用户对广告的态度。

Ducoffe（1995）广告态度模型和 Bracket 和 Carr（2001）已在互联网广告态度模型构建中证实了信息性会影响广告态度，同时证实广告价值在信息性与广告态度之间存在中介作用。因此，在 App 开屏广告中信息性既可能直接对广告态度产生正向影响，也可能通过广告价值的中介效应产生影响。

目前 App 开屏广告信息更为简洁凝练，不会像其他广告那样出现太多广告语、广告内容、广告时效、广告产品、活动说明等内容，往往一个广告主题、一句广告卖点、一个广告产品构成广告画面，目的就是提升广告本身的价值，最快抓住用户心智，引起用户关注，影响用户态度。因此提出以下假设：

H3：App 开屏广告信息性与广告态度呈正向显著相关

H4：App 开屏广告价值在信息性与广告态度之间存在中介作用

3. 刺激性与广告态度

广告刺激性同广告干扰性概念类似。开屏广告对用户使用 App 干扰性强，一定程度上降低了开屏广告的价值。广告刺激性也增加了对广告风险性的担忧，即消费者对购买产品可能造成不愉快后果的评

---

① ［美］Richard Y. Wang 等：《信息质量》，曹建军等译，国防工业出版社 2013 年版，第 3 页。

② Kaasinen E.，"User Needs for Location – Aware of Mobile Services"，*Personal and Ubiquitous Computing*，Vol. 7，No. 1，2003，pp. 70 – 79.

估。在线购物由于人机距离、支付环境安全性、物流是否能及时送达等刺激因素，将涉及五种可能损失：经济损失、身体损失、时间损失、绩效损失、心理社会损失（简予繁，2016）[①]。

Dickinger（2005）认为，难以理解或不想要的移动广告信息所引起的愤怒可能会对移动营销的感知广告价值产生负面影响。在 Bracket 和 Carr（2001）建构的互联网广告态度模型表明，广告刺激性影响广告价值中介因素，继而影响广告态度。在 Melody M. Tsang（2004）建构的移动广告态度模型中，广告刺激性直接对广告态度起显著性影响。

在 App 开屏广告中，广告刺激性也是难以避免的，同时也呈现出一些新的特点。包括开屏广告的强制进入，延长了进入 App 主界面时间；用户误触开屏广告导致界面跳转；开屏广告信息与用户兴趣点不匹配；开屏广告出现导致手机卡顿等。以上这些新情况均会影响用户的广告态度，开屏广告态度研究也必须将其纳入考量之中。因此提出以下假设：

H5：App 开屏广告刺激性与广告态度呈负向显著相关

H6：App 开屏广告价值在刺激性与广告态度之间存在中介作用

4. 可信度与广告态度

可信度是用户对信息传播或者传播主体可信程度的认知与判断。MacKenzie 和 Lutz（1989）将广告可信度定义成用户对广告真实的总体认知程度。[②] 在广告可信度调查方面，Bracket 和 Carr 建构的网络广告态度模型及 Melody M. Tsang 建构的移动端广告态度模型都证实广告可信度对广告态度有影响，学者 Bracket 和 Carr、Haghirian，P. 和 Madlberger，M.[③] 建构的研究模型证实了广告价值在可信度与广告态度之间的中介效应。

---

① 简予繁：《消费者在线生成广告行为阻碍因素及作用路径研究》，《新闻界》2016 年第 11 期。

② MacKenzie, S. B., R. L. Lutz, "An Empirical Examination of the Structural Antecedents of Attitude Toward the Ad in an Advertising Pretesting Context", *Journal of Marketing*, Vol. 53, No. 4, 1989, pp. 48 – 65.

③ Haghirian P., Madlberger M., *Consumer attitude toward advertising via mobile devices – An empirical investigation among Austrian users*, Regensburg, Germany：the Proceedings of the 13th European Conference on Information Systems，2005.

App 开屏广告关注量大,是每一位用户进入 App 必触达的广告,对其可信度关注较高,尤其对于广告中的利益点、活动通知等信息特别关注,若广告出现欺骗行为,会直接影响用户的开屏广告态度。App 开屏广告投放量大,曝光度大,引流强,深受广告主喜欢,吸引了众多广告主投放各类广告内容,也导致广告信息良莠不齐,尤其是本地个性化开屏广告投放,审核门槛不高,经常出现广告不实现象,降低了开屏广告的可信度,从而影响消费者的开屏广告态度。因此提出以下假设:

H7:App 开屏广告可信度与广告态度呈正向显著相关

H8:App 开屏广告价值在刺激性与广告态度之间存在中介作用

5. 广告价值与广告态度

本研究将广告价值作为广告内容的中介变量,讨论广告内容对广告态度的影响程度。林红焱(2014)认为,广告价值是广告效果的测量标准,用于衡量消费者对广告价值的满意程度,简而言之,即对广告有用性的主观看法。[①] 在广告内容与广告价值的关系上,M. Leppäniemi 等(2004)建立了移动广告价值链关键成功因素的 5C 模型,其中第一个因素即广告内容[②]。因此广告内容的娱乐性、信息性、刺激性、可信度可能对广告价值有显著影响,对此前文已有详细论述,并分别作出了相关假设。

在广告价值与广告态度的关系上,Ducoffe(1996)认为广告态度受广告价值的影响,Bracket 和 Carr 建构的互联网广告态度模型、Haghirian, P. 和 Madlberger, M. 建构的移动广告态度模型都已证实广告价值会对广告态度产生影响。因此,智能手机用户对 App 开屏广告的态度可能受到用户从 App 开屏广告信息中获得价值的显著影响。

在 App 开屏广告中,对广告价值本身关注度更高,开屏广告价值成为衡量广告各类因素总的标准。用户对转瞬即逝的开屏广告价值的评判,会直接影响后续行为,一旦开屏广告价值高,往往能够突破时间限制让消费者产生认同,产生情感共鸣,产生消费意向,即影响消

---

① 林红焱、周星:《感知视角的消费者移动广告态度分析——以大学生为例》,《管理世界》2014 年第 2 期。

② M. Leppäniemi, H. Karjaluoto, J. Salo, "The Success Factors of Mobile Advertising Value Chain", *Ebusiness Review*, No. 4, 2004, pp. 93–97.

费者态度。因此提出以下假设：

　　H9：App 开屏广告价值与广告态度呈正向显著相关

（二）既有态度与广告态度

1. 代言人态度与广告态度

代言人被认为是公司的"信使"，其主要职责是将公司的核心信息传递给目标消费者。代言人一般被很多人认可，如明星、专家、意见领袖等。在一个相应的社会群体中，名人通常享有高度的公众意识，因此更适合做代言人（Schlecht，2003）。[①] 目前 App 开屏广告中有大量广告代言人，以手机品牌广告为例，易烊千玺代言了华为 Nova 系列手机，刘雯代言了 Vivo 系列手机，鹿晗代言了 OPPO 系列手机等，公众可能将对代言人的喜欢迁移到对广告产品的好感上。

　　Bielli（2003）进行的一项研究表明，名人在创造公众意识、建立公众兴趣和增加品牌形象价值方面具有强大力量。[②] Grant McCracken（1989）就代言人开发了一种意义转移和代言过程模型，共包括三个层次：在第一层次，开始于名人角色的意义，发生在名人本身。在第二层次，当名人进入一个产品的广告时，作为代言人将意义转移到消费产品上，代言人的一些含义即是产品的含义。在最后一个层次，代言人效果从产品迁移到消费者。[③]

　　App 开屏广告因停留时间极短，消费者没有充分的时间熟悉广告内容，广告主也没有充分的时间快速让消费者了解广告内容，因此抓住用户 3—5 秒的有限注意力尤为重要。而广告代言人无疑是一个很好的中介，广告代言人在开屏广告中的效果被放大了，用户虽然不熟悉开屏广告内容，但是对代言人是熟悉的甚至喜欢的，消费者可以快速地将这种熟悉度喜爱度迁移至广告内容上，引导消费者了解 App 开屏广告。由此可见，用户的代言人态度可能与广告态度是一致的。因

---

　　① Shavitt S., Lowrey P., and Haefner J., "Public Attitudes Towards Advertising: More Favourable Than You Might Think", *Journal of Advertising Research*, Vol. 38, No. 4, 1998, pp. 7 – 22.

　　② Bielli, A., "The Research Power Behind Great Brands", 2003, www. millwardbrown. com.

　　③ Grant McCracken, "Who is the celebrity endorser? Cultural foundation of theendorsement process", *Journal of Consumer Research*, No. 16, 1989, pp. 310 – 322.

此提出以下假设：

H10：用户代言人态度与广告态度呈正向显著相关

2. 品牌态度与广告态度

消费者会因经常接触某一品牌从而形成稳定的品牌态度。品牌态度与广告态度往往是相伴相生的。Mitchell 和 Olson（1981）研究指出，广告态度是影响品牌态度的重要因素。[①] 后来，学者们逐渐发现广告态度与品牌态度是相互影响的，Lee，D.（2011）根据前人研究成果总结出了关于广告态度与品牌态度的四种假设模型：情感转移假说、独立影响假说、双重中介假说与交互中介假说[②]。

四种假设中阐述品牌态度影响广告态度关系的假说为 Messmer（1979）提出的交互中介假说，品牌态度在受广告态度影响时，也会反过来影响广告态度。品牌态度情感可迁移至广告态度。[③] 因此当用户对 App 开屏广告中品牌外部因素有好感时，会连带影响对广告本身的态度。

由于 App 开屏广告时间非常短，消费者一般无法对具体广告内容进行详细捕捉，但可能由于认识或喜欢某个产品品牌，从而影响 App 开屏广告态度。品牌产品一般都有一套身份识别系统，如 LOGO、常用广告语等，在极短的开屏广告中，品牌标识显得尤为重要，用户基于对品牌的快速识别可迁移至开屏广告本身，品牌背书搭建起了用户与新的广告之间的桥梁。用户的品牌态度直接影响着用户对开屏广告的态度。因此提出以下假设：

H11：用户品牌态度与广告态度呈正向显著相关

（三）用户许可与广告态度

Melody M. Tsang 构建的移动端广告态度模型提出广告态度还受消

---

① Andrew A. Mitchell, and Jerry C. Olson, "are product attribute beliefs the only mediator of advertising effects on brand attitude", *Journal of marketing research*, Vol. 18, No. 3, 1981, pp. 318 – 332.

② Lee D., Kim H. S., and Kim J. K., "The Impact of Online Brand Community Type on Consumer's Community Engagement Behaviors: Consumer – Created vs. Marketer – Created Online Brand Community in Online Social – Networking Web Sites", *Cyberpsychology, Behavior, and Social Networking*, Vol. 14, No. 1 – 2, 2011, pp. 59 – 63.

③ Messmer D. J., "Repetion and Attituditional Discrepancy Effects on the Affective Response to Television Advertising", *Journal of Business Research*, Vol. 7, No. 3, 1979, pp. 75 – 93.

费者许可影响，经许可的广告更能带来积极态度，基于许可的广告与传统的刺激性广告不同，特定产品、服务或内容的广告信息只发送给明确表示愿意接收信息的个人。Vatanparast（2007）认为，广告内容第一步需要得到用户的许可才能使消费者产生后续行为。[1] 在移动互联网中，用户逐步从被动状态转变为以用户为中心，用户主动性提高，可决定广告的去留。由于智能手机 App 是一种非常个人化的媒介，特定产品、服务或内容的信息只发送给明确表示愿意接收信息的个人，当广告不符合用户许可范围时，人们往往会不耐烦地忽略它或投诉它。

在 App 开屏广告中，已经开始更加尊重用户的选择。"点击跳过"按钮是目前开屏广告的一大特色，用户一旦不喜欢此类广告，可直接点击跳过，拒绝此类广告，直观展现用户许可程度，也利于广告平台与广告主进行数据收集与分析。用户许可是开屏广告与用户态度之间的一道门槛，经过用户许可的开屏广告，才能真正触达用户，影响用户对开屏广告的态度。因此提出以下假设：

H12：用户对 App 开屏广告的许可与广告态度呈正向显著相关

（四）相关人口变量与广告态度

Bracket 和 Carr 在 2001 年构建的互联网广告态度模型中增加了人群的性别、收入水平、受教育程度等人群特征，作为对广告态度的调节变量。Haghirian，P. 和 Madlberger，M.（2005）构建的用户移动广告态度模型中也增加了相关人口变量。在智能手机 App 开屏广告中，涉及用户类型丰富，性别、年龄、收入、受教育程度不同，App 开屏广告态度是否会发生变化，是此项研究不可忽视的问题。此相关人口统计特征参照中国互联网络发展状况统计报告的统计标准，区分男女用户，划分不同年龄段、不同区间收入、不同受教育程度，结束调查后验证相关人口统计特征是否对广告态度产生影响。

综上，构建本研究模型如图 1 所示。

本研究模型的研究假设的创新之处和理论贡献：

其一，在娱乐性、信息性、刺激性、可信度对广告态度的影响

---

① Vatanparast R.，Asil M.，"Factors Affecting the Use of Mobile Advertising"，*International Journal of Mobile Marketing*，Vol. 2，No. 2，2007，pp. 21 – 34.

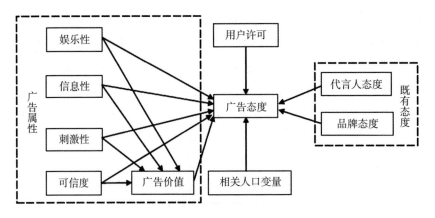

图 1　研究模型

上，将"广告价值"作为中介变量。

之前众多研究都省去了广告价值的中介效应，直接研究对广告态度的影响。但结合 Ducoffe 构建的广告研究模型及开屏广告本身特点，众多广告属性变量可能并不会直接影响广告态度，而可能通过广告价值对广告态度产生影响。因此，本研究将广告价值作为研究模型的中介变量加以验证。

其二，在既有态度变量维度，结合开屏广告的特点，设计了品牌态度和代言人态度对广告态度的影响。

其他广告态度模型会考虑到具体广告态度和一般性广告态度，具体广告态度指对研究对象的广告态度，在测量中很好控制，能够得出详实数据；而一般性广告态度涵盖范围太过广泛，每个被测对象一般性广告态度千差万别，不易控制。在本研究中，笔者发现开屏广告态度并不局限于具体广告态度，还可能受既有广告态度影响，根据开屏广告内容与特点主要分为代言人与品牌两方面，因此本研究将既有态度分为消费者既有的品牌态度与代言人态度两方面，让一般性广告态度测量更易于实施。

其三，开屏广告由于时间很短，且设置了"跳过"按钮，针对开屏广告特点，将"用户许可"作为一个重要变量维度。

现有广告态度研究中，鲜有将用户许可作为测量维度，主要基于前期广告环境并没有给消费者选择空间，众多广告内容向消费者的投放都是强制性的，不能实时收集消费者的反馈，最多只能在投放后做效果调查。但开屏广告为最大程度保证用户体验，不影响用户正常使用 App，从一开始就设置了"跳过"按钮，保证了用户对开屏广告的许可程度。一旦用户选择跳过，这条广告即投放失败，其他广告维度均不能产生较大影响。因此，将用户许可作为本研究的重要变量，属创新之处。本研究通过对以上几方面变量的修改与创新，搭建起了针对 App 开屏广告态度研究的测量模型。

三　研究设计

（一）测量题项

本研究采用问卷调查法探究智能手机用户对 App 开屏广告态度的影响因素，基于 Ducoffe 构建的网络广告态度模型及后来学者修订后得出的新的影响维度，笔者认为 App 开屏广告的娱乐性、信息性、刺激性、可信度对广告价值和广告态度有显著影响，同时代言人态度、品牌态度、用户许可也对用户广告态度有显著影响。基于此，提出了12 个研究假设，以下为每个潜在自变量设计题项：

1. 娱乐性

Shavitt、Lowrey 和 Haefner（1998）提出，消费者与广告相关的愉悦感对形成整体积极态度起着积极的作用。使用与满足理论也认为大众媒体的价值在于满足受众消遣、审美享受、情感释放的需求。Ducoffe（1995）的广告态度模型提供了 4 个测量维度：广告具有享受性；广告具有愉悦性；广告具有有趣性；广告具有激动性。结合以往学者的研究和 App 开屏广告特点，设计以下四个测量题项：

ENT1：我觉得 App 开屏广告是有趣的
ENT2：我觉得 App 开屏广告令人愉悦
ENT3：我觉得 App 开屏广告令人享受
ENT4：我觉得 App 开屏广告令人激动

2. 信息性

Ducoffe（1995）构建的广告态度模型提供了信息性的 7 个测量维度：提供很好的产品信息；提供相关产品信息；提供及时产品信息；提供完整产品信息；是最新产品信息来源；产品信息可立即访问；产

品信息来源方便。目前开屏广告的信息非常丰富，涉及各个品类、各个领域、各种形式。数字化 App 平台上的开屏广告信息可实现实时更新，实时提供最新广告内容，同时消费者也可点击页面链接或按钮立即访问广告背后的产品、活动及其他入口。因此结合以往学者的研究和 App 开屏广告特点，设计以下三个测量题项：

IMF1：App 开屏广告能提供丰富的产品信息

IMF2：App 开屏广告能提供最新的产品信息

IMF3：App 开屏广告产品信息可立即访问

3. 刺激性

Ducoffe（1995）的广告态度模型提供了刺激性的 4 个测量维度：广告是烦人的；广告是刺激的；广告是具有欺骗性的；广告是困惑的。Dickinger（2005）认为，难以理解或不想要的移动广告信息所引起的愤怒可能会对移动营销的感知广告价值产生负面影响①，因此可增加"愤怒性"维度。结合以往学者的研究和 App 开屏广告特点，设计以下四个测量题项：

IRR1：我认为 App 开屏广告令人厌烦

IRR2：我认为 App 开屏广告令人发怒

IRR3：我认为 App 开屏广告令人困惑

IRR4：我认为 App 开屏广告是骗人的

4. 可信度

关于广告可信度的测量维度，Bracket 和 Carr（2001）提出了 3 个维度：is credible、is trustworthy、is believable。在 MacKenzie 和 Lutz（1989）对广告可信度的定义中，提到了消费者对广告真实性的感知，因此"真实性"可作为一个测量维度。在移动互联网时代，移动广告的快速发展也催生了众多虚假广告，因此测量维度可增加"可靠的"。结合以往学者的研究和 App 开屏广告特点，设计以下三个测量题项：

CRE1：我认为 App 开屏广告是值得相信的

CRE2：我认为 App 开屏广告是真实的

CRE3：我认为 App 开屏广告是可靠的

---

① Dickinger A. S. ，" Diffusion and Success Factors of Mobile Marketing"，*Electronic Commerce Research and Applications*，Vol. 4，No. 2，2005，pp. 159 – 173.

5. 广告价值

Ducoffe（1995）在构建的广告态度模型中提出了广告价值测量题项的 3 个维度：有用的、有价值的、重要的。结合以往学者的研究和 App 开屏广告特点，设计以下三个测量题项：

VAL1：我觉得 App 开屏广告是有实用性的

VAL2：我觉得 App 开屏广告是有价值的

VAL3：我觉得 App 开屏广告是重要的

6. 代言人态度

Ohanian（1990）认为，代言人主要包含吸引力、可信度和专业性三方面，其中专业知识包括行业专家、有经验的、博学的、有质量保证的、有熟练技艺；可信度包括可依赖的、真诚的、可信任的、可靠的；吸引力包括相似性、熟悉度、亲和力。[①]

App 开屏广告作为移动广告的新形式，在广告态度方面也可基于对代言人的吸引力、专业性、可信度三个方面的态度进行测量。其中专业性、可信度是基于态度认同层面；吸引力基于情感层面，还应加上用户对代言人的主观态度测量程度，如：对代言人的熟悉程度/好感程度等。结合以往学者的研究和 App 开屏广告特点，设计以下四个测量题项：

END1：App 开屏广告代言人是我认识的/熟悉的/见过的

END2：App 开屏广告代言人是我喜欢/爱慕的

END3：我觉得 App 开屏广告代言人是有吸引力的（迷人的/有魅力的/有亲和力）

END4：我觉得 App 开屏广告代言人是可信任的（真诚的/可靠的/可相信的）

7. 品牌态度

Rosenberg M. J. 和 Hanland J. C.（1960）提出 ABC 态度模型，强调了认知、情感和行为之间的相互关系，认知通过影响情感来影响行为。[②]

---

① Ohanian, R., "Construction and validation of a scale to measure celebrity endorsers' perceived expertise, trustworthiness, and attractiveness", *Journal of Advertising*, No. 19, 1990, pp. 39 – 52.

② Rosenberg M. J., Hanland J. C., "Low – commitment consumer behavior", *J Abnorm Soc Psychol*, Vol. 2, No. 11, 1960, pp. 367 – 372.

Engel（1968）将消费者态度分为认知性、情感性、意动性三方面。Messmer（1979）交互中介假说认为，品牌态度可使情感迁移至广告态度，因此品牌态度维度也与广告态度测量维度保持一致。结合以往学者的研究和 App 开屏广告特点，设计以下三个测量题项：

BTT1：我认识/熟悉 App 开屏广告中产品品牌

BTT2：我对 App 开屏广告中产品品牌感兴趣/喜欢

BTT3：我对 App 开屏广告中产品品牌有购买意向

8. 用户许可

Vatanparast（2007）认为，广告内容第一步需要得到用户的许可才能使消费者产生后续行为。基于许可的广告与传统的刺激性广告不同，关于特定产品、服务或内容的广告信息只发送给明确表示愿意接收信息的个人。因此"允许出现广告""接受广告"可作为测量题项。目前在 App 开屏广告中有一个明显的"跳过广告"按钮，是否点击跳过按钮可以作为衡量用户许可程度的一个标准，因此可将"不会跳过"作为测量题项。结合以往学者的研究和 App 开屏广告特点，设计以下三个测量题项：

PER1：我接受开屏广告出现在 App 内

PER2：我允许开屏广告出现在 App 内

PER3：我不会跳过 App 开屏广告

9. 广告态度

基于前文分析的态度理论模型，消费者态度包含认知、情感、意动三方面。因此题项从认知、情感、行为层面设计。基于 Rosenberg M. J. 和 Hanland J. C.（1960）提出的 ABC 态度模型可知，态度是从认知、情感、行为意向逐层变化的。因此在认知层面，用户首先接触广告的认知水平可定为：认同广告、认可广告、接受广告；在情感层面，用户会对广告产生一定情感，出现喜欢广告、对广告感兴趣情况；在行为意向层面，用户可能产生一定行为，如点击链接、了解产品、有购买想法等。结合以往学者的研究和 App 开屏广告特点，设计以下三个测量题项：

ATT－1：我认同/认可/愿意接受 App 开屏广告

ATT－2：我对 App 开屏广告喜欢/感兴趣

ATT－3：我会点击 App 开屏广告了解产品信息/有购买意向

（二）预调研

此次预调研从 2020 年 1 月 5 日开始，截止到 2020 年 1 月 20 日，主要在线上进行问卷发放和收集，收到前测问卷共计 100 份，去除其中无效问卷 29 份，收集有效问卷共计 71 份。运用 SPSS 软件进行统计分析，前测问卷中 8 个潜在变量的 KMO 值为 0.802，大于 0.6，说明前测问卷效度较高；总量表 Cronbach'sAlpha 值为 0.940，大于 0.9，说明前测问卷信度达标。综上问卷题项设置合理，可进行正式调研。

（三）正式调研

笔者按照前测问卷发放方式及收集原则，于 2020 年 1 月 21 日至 2 月 10 日继续采用问卷调查方式正式对上述假设进行验证。本研究的调查对象主要为我国大陆地区的智能手机用户。使用网络问卷调查方式对研究对象进行便利抽样。笔者通过在线网站"问卷星"进行了问卷编辑，而后分别通过微信、QQ 等渠道进行了问卷的线上发放。问卷向多领域多类型消费者进行发布：一是以学生身份，向学生消费者进行发布；二是以工作者身份，向电商类、地产类、传媒类、广告类、航空类等工作者进行发布；三是向普通消费者进行发布，不局限于任何行业及身份。为提高数据可信度与有效性，判断问卷有效性依照的原则为：（1）凡是选择未曾看见过开屏广告的问卷结果，视为不曾接触过开屏广告的调查对象，调查问卷无效，予以删除；（2）凡是选择尚不清楚或完全不注意开屏广告内容的问卷结果，视为对开屏广告不了解，影响后续调研结果可靠性，将予以删除。

最后，共收到问卷 801 份，满足以上两个条件的有效问卷为 542 份。本次问卷调查除我国台湾、香港、澳门、西藏、青海没有调查样本外，其他省份（直辖市、民族自治区）都有调查样本。

四　数据分析

（一）描述性统计分析

表 1 数据显示，在性别方面，男性样本数为 263 人（48.5%），

女性样本数 279 人（51.5%）；在年龄方面，将年龄层划分为 6 个层次，可以看出每个年龄段基本都有样本分布，主要以经常使用智能手机的 20—29 岁的年轻人为主；在受教育程度方面，被调查样本主要分布在本科及以上学历，共 495 人，占比达 91.3%；在月均收入方面，问卷将收入分为 8 大类，每个收入层次的被调查者均有分布。

表1　　　　　　　　　调查样本的人口统计特征

变量名	变量值	频数	百分比
性别	男	263	48.5
	女	279	51.5
年龄	20 岁以下	57	10.5
	20—29 岁	459	84.7
	30—39 岁	13	2.4
	40—49 岁	7	1.3
	50—59 岁	5	0.9
	60 岁以上	1	0.2
受教育程度	初中及以下	6	1.1
	高中、中专、技校	29	5.4
	大学专科	12	2.2
	大学本科	216	39.8
	硕士及以上	279	51.5
月均收入水平	500 元及以下	29	5.4
	501—1000 元	48	8.8
	1001—1500 元	60	11.1
	1501—2000 元	99	18.2
	2001—3000 元	79	14.6
	3001—5000 元	69	12.7
	5001—8000 元	73	13.5
	8000 元以上	85	15.7

（二）信效度分析

效度检验显示，总量表 KMO 值在 0.9 以上，因素分析合适度是极好的。广告属性量表、既有态度量表、用户许可量表、态度量表的 KMO 值均在 0.7 以上，因素分析合适度是适中的。以上量表 Bartlett 的球形度检验达显著水平，表示可进行下一步因素分析。

一般认为，总量表克隆巴哈系数需在 0.8 以上，分量表克隆巴哈系数需在 0.7 以上。从表 2 可以看出，问卷总量表的克隆巴哈系数高于 0.9，说明信度系数非常理想，问卷分量表克隆巴哈系数均高于 0.7，说明信度系数可以接受，表明此次研究问卷信度较佳。

表2　　　　　　　　　　　　　　KMO 和 Bartlett 的检验

	KMO 取样适切性量数	Bartlett 的球形度检验			克隆巴哈系数
		上次读取的卡方	自由度	显著性	
总量表	.933	13664.523	435	.000	.919
广告属性量表	.890	7464.127	136	.000	.882
既有态度量表	.862	2277.613	21	.000	.856
用户许可量表	.834	1777.593	3	.000	.815
广告态度量表	.728	1113.379	3	.000	.906

（三）人口统计特征影响分析

根据研究模型设计，人口统计变量可能成为用户广告态度的调节变量，因此我们基于被调查者的性别、年龄、受教育程度、收入，检验其对用户广告态度的影响。

分析性别对广告态度是否有影响采用独立样本 T 检验，如表 3 经 Levene 检验，F 值为 10.420，P = 0.001 < 0.05，说明拒绝虚无假设，此时查看表第二行"未假设方差相等"数据，其中 t 为 -2.698，自由度为 518.231，p = 0.007 < 0.05，达到显著水平，说明性别对广告态度有显著影响。

表3 性别对 App 开屏广告态度的独立样本检验结果

		方差相等性检验		平均值相等性的 t 检验		
		F	显著性	t	自由度	显著性（双尾）
广告态度	已假设方差相等	10.420	.001	−2.710	540	.007
	未假设方差相等			−2.698	518.231	.007

　　将年龄层划分为 6 个层次，分析不同年龄层是否对广告态度有显著影响。在表 4 方差分析结果中，$F = 1.194$，$P = 0.311 > 0.05$，未达显著水平，表示年龄对广告态度没有显著性影响。

　　将受教育程度分为 6 个层次，分析不同受教育程度的人群是否对广告态度有显著性影响。在表 4 方差分析结果中，$F = 1.878$，$P = 0.096 > 0.05$，表示受教育程度对广告态度没有显著影响。

　　将月收入水平分为 8 个层次，分析每个层次月收入水平是否对广告态度有显著影响。在表 4 方差分析结果中，$F = 2.101$，$P = 0.042 < 0.05$，达到显著水平，表示收入对广告态度有显著性影响。

表4 人口统计变量的方差分析结果

		平方和	df	均方	F	显著性
年龄	组之间	81.759	5	16.352	1.194	.311
	组内	7338.294	536	13.691		
	总计	7420.053	541			
受教育程度	组之间	127.782	5	25.556	1.878	.096
	组内	7292.272	536	13.605		
	总计	7420.053	541			
收入	组之间	198.879	7	28.411	2.101	.042
	组内	7221.174	534	13.523		
	总计	7420.053	541			

（四）相关性分析

　　根据研究模型假设，笔者进行了各自变量与广告价值的相关性分析、各自变量与广告态度的相关性分析，本研究采用 SPSS 软件进行相关性统计分析，并采用 Pearson 相关系数进行检验。

从表 5 可见，娱乐性、信息性、刺激性、可信度、广告价值、代言人态度、品牌态度、用户许可 8 个变量均对广告态度的显著性为 0.000，说明其对广告态度都有相关关系。刺激性变量的相关系数为负值，说明刺激性与广告态度呈负相关关系，其他 7 个变量的相关系数为正值，说明与广告态度呈正相关。

表 5　　　　　　　各潜在变量与 App 开屏广告态度的相关性分析

		广告态度	相关程度
娱乐性	Pearson 相关性	.654 **	中度正相关
	显著性（双尾）	.000	
信息性	Pearson 相关性	.349 **	低度正相关
	显著性（双尾）	.000	
刺激性	Pearson 相关性	-.413 **	中度负相关
	显著性（双尾）	.000	
可信度	Pearson 相关性	.388 **	低度正相关
	显著性（双尾）	.000	
广告价值	Pearson 相关性	.595 **	中度正相关
	显著性（双尾）	.000	
代言人态度	Pearson 相关性	.473 **	中度正相关
	显著性（双尾）	.000	
品牌态度	Pearson 相关性	.584 **	中度正相关
	显著性（双尾）	.000	
用户许可	Pearson 相关性	.798 **	高度正相关
	显著性（双尾）	.000	

（五）回归分析

本研究回归分析根据研究模型分为两个方面，一方面以娱乐性、信息性、刺激性、可信度、代言人态度、品牌态度、用户许可为自变量，广告态度为因变量，探究其因果关系；另一方面以娱乐性、信息性、刺激性、可信度为自变量，广告价值为中介变量，探究其中介效应。

1. App 开屏广告态度的多元回归分析

广告态度的多元回归分析结果见表 6。此 8 个自变量与因变量广告态度的多元相关系数 R 为 0.839，多元相关系平方 R^2 为 0.703，表明模型拟合度很好。F 检验值为 157.826，显著性 P 小于 0.05，说明总体回归效果显著，可进行下一步分析。

每一项变量分析结果具体如下：

娱乐性显著性水平为 0.000 < 0.05，同时非标准化系数 B 值为正值，标准系数 β 为正值，因此假设 H1"App 开屏广告娱乐性与广告态度呈正向显著相关"成立；

信息性显著性水平为 0.621 > 0.05，因此假设 H3"App 开屏广告信息性与广告态度呈正向显著相关"不成立；

刺激性显著性水平为 0.077 > 0.05，因此假设 H5"App 开屏广告刺激性与广告态度呈负向显著相关"不成立；

可信度显著性水平为 0.107 > 0.05，因此假设 H7"App 开屏广告可信度与广告态度呈正向显著相关"不成立；

广告价值显著性水平为 0.000 < 0.05，同时非标准化系数 B 值为正值，标准系数 β 为正值，因此假设 H9"App 开屏广告价值与广告态度呈正向显著相关"成立；

代言人态度显著性水平为 0.300 > 0.05，因此假设 H10"消费者代言人态度与广告态度呈正向显著相关"不成立；

品牌态度显著性水平为 0.003 < 0.05，同时非标准化系数 B 值为正值，标准系数 β 为正值，因此假设 H11"消费者品牌态度与广告态度呈正向显著相关"成立；

用户许可显著性水平为 0.000 < 0.05，同时非标准化系数 B 值为正值，标准系数 β 为正值，因此假设 H12"消费者对开屏广告的许可与广告态度呈正向显著相关"成立。

表6　　　　　App 开屏广告态度的多元回归分析结果

模型	非标准化系数		标准系数	t	Sig.
	B	标准误差	β		
娱乐性	.118	.025	.159	4.772	.000

续表

模型	非标准化系数		标准系数	t	Sig.
	B	标准误差	β		
信息性	-.016	.033	-.015	-.495	.621
刺激性	-.040	.022	-.047	-1.770	.077
可信度	-.059	.037	-.052	-1.614	.107
广告价值	.146	.040	.135	3.653	.000
代言人态度	.031	.030	.035	1.038	.300
品牌态度	.134	.045	.110	2.944	.003
用户许可	.559	.033	.555	16.765	.000

R = .839，R^2 = 0.703，调整后 R^2 = 0.699，F = 157.826，P = .000

2. 广告价值的中介效应检验

中介效应检验采用 SPSS 软件的逐步回归法、乘积系数 Sobel 检验。下面将依次检验广告价值是否对潜在自变量有中介效应。

（1）广告价值在对娱乐性与 App 开屏广告态度间的中介效应检验

如表 7 所示，娱乐性对开屏广告态度有显著的正向预测作用（β = 0.654，P < 0.01），对广告价值有显著的正向预测作用（β = 0.573，P < 0.01）；当娱乐性与广告价值同时进行回归方程后，娱乐性与广告价值对开屏广告态度均具有显著的正向预测作用（β = 0.466，P < 0.01；β = 0.328，P < 0.01）。因此，以上结果表明广告价值在娱乐性与开屏广告态度之间存在部分中介作用。

表 7　**广告价值在娱乐性与 App 开屏广告态度之间的中介效应**

步骤	预测变量	因变量	R^2	B	SE	β	t	Sig.
路径 c	娱乐性	广告态度	.428	.487	.024	.654	20.098	.000
路径 a	娱乐性	广告价值	.328	.393	.024	.573	16.243	.000
路径 b、c'	广告价值	广告态度	.500	.356	.040	.328	8.820	.000
	娱乐性			.347	.028	.466	12.552	.000

（2）广告价值在信息性与 App 开屏广告态度间的中介效应检验

如表 8 所示，信息性对开屏广告态度有显著的正向预测作用

（β=0.349，P<0.01），对广告价值有显著的正向预测作用（β=0.521，P<0.01）；当信息性与广告价值同时进行回归方程后，广告价值对开屏广告态度具有显著的正向预测作用（β=0.567，P<0.01），但信息性对 App 开屏广告态度不具有显著的预测作用（β=0.054，P>0.05）。因此，以上结果表明广告价值在娱乐性与开屏广告态度之间存在完全中介作用。

表8　　　广告价值在信息性与 App 开屏广告态度之间的中介效应

步骤	预测变量	因变量	R^2	B	SE	β	t	Sig.
路径 c	信息性	广告态度	.122	.376	.043	.349	8.664	.000
路径 a	信息性	广告价值	.271	.517	.036	.521	14.166	.000
路径 b、c'	广告价值	广告态度	.356	.615	.044	.567	13.998	.000
	信息性			.059	.044	.054	1.344	.180

（3）广告价值在刺激性与 App 开屏广告态度间的中介效应检验

如表9所示，刺激性对开屏广告态度有显著的负向预测作用（β=-0.413，P<0.01），对广告价值有显著的负向预测作用（β=-0.369，P<0.01）；当刺激性与广告价值同时进行回归方程后，广告价值对开屏广告态度具有显著的正向预测作用（β=0.512，P<0.01），刺激性对开屏广告态度具有显著的负向预测作用（β=-0.224，P<0.01）。因此，以上结果表明广告价值在刺激性与开屏广告态度之间存在部分中介作用。

表9　　　广告价值在刺激性与 App 开屏广告态度之间的中介效应

步骤	预测变量	因变量	R^2	B	SE	β	t	Sig.
路径 c	刺激性	广告态度	.170	-.345	.033	-.413	-10.533	.000
路径 a	刺激性	广告价值	.136	-.284	.031	-.369	-9.222	.000
路径 b、c'	广告价值	广告态度	.397	.556	.039	.512	14.241	.000
	刺激性			-.187	.030	-.224	-6.221	.000

（4）广告价值在可信度与 App 开屏广告态度间的中介效应检验

如表10所示，可信度对开屏广告态度有显著的正向预测作用（β=0.388，P<0.01），对广告价值有显著的正向预测作用（β=

0.620，P＜0.01）；当可信度与广告价值同时进行回归方程后，广告价值对开屏广告态度具有显著的正向预测作用（β＝0.576，P＜0.01），但可信度对开屏广告态度不具有显著的预测作用（β＝0.031，P＞0.05）。因此，以上结果表明广告价值在刺激性与开屏广告态度之间存在完全中介作用。

表 10　　广告价值在可信度与 App 开屏广告态度之间的中介效应

步骤	预测变量	因变量	R²	B	SE	β	t	Sig.
路径 c	可信度	广告态度	.150	.445	.046	.388	9.773	.000
路径 a	可信度	广告价值	.384	.656	.036	.620	18.349	.000
路径 b、c'	广告价值	广告态度	.355	.625	.048	.576	13.060	.000
	可信度			.035	.051	.031	.699	.485

（六）验证结果与模型修正

根据以上数据分析，笔者对本文提出的假设验证结果见表11。

表 11　　　　　　　　　假设验证

编号	研究假设	结果
H1	App 开屏广告娱乐性与广告态度呈正向显著相关	成立
H2	App 开屏广告价值在娱乐性与广告态度之间存在中介作用	成立
H3	App 开屏广告信息性与广告态度呈正向显著相关	不成立
H4	App 开屏广告价值在信息性与广告态度之间存在中介作用	成立
H5	App 开屏广告刺激性与广告态度呈负向显著相关	不成立
H6	App 开屏广告价值在刺激性与广告态度之间存在中介作用	成立
H7	App 开屏广告可信度与广告态度呈正向显著相关	不成立
H8	App 开屏广告价值在可信度与广告态度之间存在中介作用	成立
H9	App 开屏广告价值与广告态度呈正向显著相关	成立
H10	用户代言人态度与广告态度呈正向显著相关	不成立
H11	用户品牌态度与广告态度呈正向显著相关	成立
H12	用户对 App 开屏广告的许可与广告态度呈正向显著相关	成立

笔者根据以上假设验证结果修正了本文的研究模型，修正后的研

究模型见图2，图中实线代表本研究证实成立的研究假设，虚线代表没有证实的研究假设。

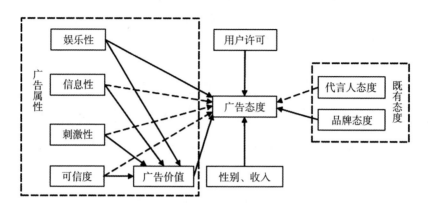

图 2　修正后的研究模型

开屏广告态度研究模型相较于以前广告态度模型涉及更多变量，内容更加丰富，与目前移动互联网发展情况相适应。可以看出，对移动互联网广告态度的考察已不局限于广告属性讨论，即不仅仅关注广告本身的娱乐性、信息性、刺激性、可信度等方面内容，外部因素同样应该加以考虑；同时移动互联网广告影响因素与广告态度也并非简单的因果关系，受其他中介因素影响的趋势越来越明显。本研究模型基于移动互联网广告行业情况，以当下最热门的开屏广告 App 为切入点，进行了如下创新。

其一，对媒介平台的考虑。开屏广告不同于其他互联网广告形式的地方为广告投放位置具有特殊性，开屏即广告，第一入口流量大。因此，应首先将广告媒介平台的不同之处纳入广告模型，可以看出开屏广告作为消费者进入 App 的第一道门，为不影响用户体验，媒介平台满足了消费者对开屏广告的选择需要（是否跳过），这改变了以往广告态度的固有模式，因此在模型中将用户许可变量纳入其中，研究结果验证用户许可对广告态度有显著影响。

其二，对既有因素的考虑。开屏广告时间短，消费者不可能在短短几秒钟内认识广告、熟悉广告并爱上广告，并且现今互联网广告纷繁复杂，更加分散了消费者的注意力。因此，需要借助既有态度让消费者快速迁移到现有态度上，产生正向效应。因此在模型中将既有态度变量纳入其中，研究结果验证既有品牌态度对广告态度有显著影响，而既有代言人态度影响不显著。

其三，对中介因素的考虑。开屏广告的画面设计、文案内容、动画效果都渐趋丰富，但实证发现它们并不直接对广告态度产生影响，而是通过广告价值来间接影响广告态度，说明消费者对移动互联网广告的态度已回归于广告价值本身，是一种回归理性的表现，对广告本身价值提出了更高的要求。因此，广告价值中介因素将是以后移动互联网广告态度模型构建的重要变量，倒逼广告主投放更多高价值的广告。

五　结论与讨论

（一）结论

消费者对开屏广告的娱乐性、信息性、刺激性、可信度感知被验证能显著影响消费者广告态度，但本研究也发现除娱乐性维度，信息性、刺激性、可信度三个维度通过广告价值中介变量影响广告态度。这与 Ducoffe（1996）的网络广告态度研究、Bracket 和 Carr（2001）的互联网广告态度研究、Melody M. Tsang（2004）的移动广告态度研究、Carlos Flavian Blanco 等人（2010）研究结果一致。消费者广告态度如何首先来自于对广告本身属性的感知，这是直观进入消费者视野的元素。此四项变量在广告态度研究中应用广泛，陈振华（2018）证实游戏式广告态度受娱乐性、信息性显著影响[1]，林升栋（2019）证实在社交媒体中广告态度受娱乐性、信息性、侵入性显著影响[2]，顾远萍（2017）证实广告可信度对网络视频广告态度有正向影响[3]。而在开屏广告中，对娱乐性的感知在于开屏广告如果能使消费者感到愉

---

[1]　陈振华、曾秀芹:《游戏式广告分享机制研究：假定影响模式视角》,《新闻与传播评论》2018 年第 6 期。

[2]　宣长春、林升栋:《社交媒体使用对广告态度影响的倒 U 形模式研究》,《现代传播（中国传媒大学学报）》2019 年第 9 期。

[3]　顾远萍、丁俊杰:《基于电视和网络视频的广告态度及其影响因素研究》,《广告大观》（理论版）2017 年第 6 期。

悦、有趣、激动、享受等，则会提升开屏广告价值，并正向影响消费者对开屏广告的态度；对信息性的感知在于开屏广告如果能提供给消费者翔实信息、能够快速访问广告产品，则会提升广告价值，从而正向影响消费者对开屏广告的态度；对刺激性的感知目前比较普遍，一旦开屏广告影响了用户使用 App 的体验，必定会降低广告价值，从而负向影响广告态度；对可信度的感知在于消费者对开屏广告的信任程度，一个没有虚假信息、能保护用户隐私的开屏广告必定会提升广告价值，从而正向影响消费者的广告态度。因此，消费者对开屏广告娱乐性、信息性、刺激性、可信度感知能显著影响消费者的广告态度，其中广告价值作为信息性、刺激性、可信度与广告态度的中介变量。

在用户既有态度中，品牌态度能显著影响消费者广告态度，这与 Messmer（1979）交互中介假说研究结果一致。开屏广告展现时间短，传递信息有限，如果仅依靠开屏广告本身去吸引受众往往收效甚微，如遇新产品、新活动更难以引起注意。而开屏广告有相关品牌背书，消费者可将对品牌的好感度、熟悉度转移至具体广告层面，帮助消费者快速捕捉开屏广告内容并形成一定好感，从而影响整体广告态度。但代言人态度未被验证可以影响广告态度，这与 Grant McCracken（1989）的研究结果不一致。目前部分开屏广告在投放时选择以明星作为代言人，期望借助明星代言人的影响力提升开屏广告好感度与熟悉度。但是开屏广告代言人可能与其广告产品未形成良好的黏性，部分广告代言人也因代言产品过多使消费者产生认知错乱，使用户对代言人态度无法转移到具体开屏广告态度上。综上，用户品牌态度正向影响广告态度，用户代言人态度并不能影响广告态度。

用户对开屏广告的许可被验证能显著影响广告态度。这与 Melody M. Tsang（2004）的移动广告态度研究结果一致。现如今用户的自主性越来越强，媒体平台在设计广告投放时，会增加用户许可这一环节，如跳过、不感兴趣、投诉等，保证用户有拒绝看广告的权利。于是，用户许可成为判断广告态度的重要标准，经过用户许可的开屏广告，自然会产生正向的广告态度。因此用户对开屏广告的许可正向显著影响广告态度。

（二）讨论

本研究发现，要提高智能手机 App 开屏广告的效果，可以从以下方面优化策略。

丰富开屏广告娱乐性元素，吸引消费者注意力。商家应继续丰富开屏广告的娱乐性元素，从呈现形式、表现手法、画面设计等各方面吸引消费者对开屏广告的注意，激发对开屏广告的关注度。在总时长只有 5 秒左右的超短广告中，开屏初始的 1—2 秒黄金时间尤为重要，在此阶段若没有引起消费者注意，消费者基本会选择忽视或点击跳过。同时娱乐性元素也应根据目标受众特性进行设计，充分提高开屏广告投放效力，并非迎合所有受众。

以投放告知类开屏广告为主，快速精准传递信息。商家投放开屏广告应选择告知类广告信息，简洁明了、直截了当，快速触达目标受众。开屏广告不同于其他短广告，可传递消息有限，消费者注意力有限，只有一次完成传达，才能真正影响消费者态度。目前以精准、互动为特征的数字传播方式，提高了营销传播的精度和深度，极大提升了广告效果。[①] 开屏广告要进一步提高信息传递精准性，在投放广告前充分掌握目标人群信息，利用 LBS 技术定点定时投放，这些都有助于提升广告有效性。

降低开屏广告刺激性，尊重用户使用习惯。广告刺激性无论是开屏广告还是其他形式广告，都是长期存在不可避免的，商家首先要尽可能通过细微设计降低广告干扰性，提升广告价值；其次要尽量站在用户角度，尊重用户 App 使用习惯，设计用户喜欢、熟悉、习惯的广告出现、展示及退出一系列内容与动作。在开屏广告出现阶段，可在色彩设计、静动态形式等方面吸引消费者注意。在展示阶段，内容要贴近 App 本身特色，以原生内容为佳，并精准投放目标受众，进一步吸引消费者了解产品内容。在退出阶段，不过分占用开启时间，不耽误用户正常使用 App，展示内容可一键嵌入 App 内容中。

[①] 姚曦、李斐飞：《精准·互动——数字传播时代广告公司业务模式的重构》，《新闻大学》2017 年第 1 期。

做好投放前中后监测，提升开屏广告可信度。提升开屏广告可信度的关键在于降低虚假广告、诈骗广告等出现频次，搭建开屏广告良好生态，因此应做好对于广告投放的全程监测与修正。在投放前，广告主自身要进行一定审核，确保投放素材无误，投放信息准确、投放福利可兑现等；App 平台应提升审核把关标准，与广告主进行充分沟通，确认广告权益，确保广告信息不会引起消费者举报投诉等行为。在投放中，App 平台及广告投放系统要加强实时监测。另外，公众监督也成为重要一环，彭兰（2013）提出了移动互联网中的公众媒介素养概念，认为目前公众媒介素养不仅包括信息生产素养、社会参与素养，还包括对虚假信息的鉴别和举报素养①。随着移动互联网公众媒介素养的提高，公众对部分开屏广告的举报或投诉会逐步增多，商家要借此及时补齐开屏广告不足之处，提升开屏广告可信度。

注重品牌背书效应，提升广告识别度与好感度。鉴于消费者对品牌的好感度与熟悉度可迁移到广告本身，因此商家在投放开屏广告时可加入品牌标识，一来帮助受众快速识别广告内容，二来提高受众对开屏广告的印象与好感。在设计上，展示产品时可于广告画面醒目位置贴上品牌 LOGO、文字等，如画面中间偏上位置、左上角位置；在内容甄选上，品牌可以是母公司品牌标识也可以是子品牌标识，还可以为合作平台标识（如京东平台）等，让品牌效应传递到广告本身。

注重用户许可程度，保证广告顺利投放。商家要注重用户对开屏广告许可程度，保证用户接受开屏广告出现在 App 内，并顺畅展示完成。在进行广告设计中，可从开屏广告出现、展示、推出三个环节全面提升开屏广告投放效果，契合用户使用习惯。同时也应充分收集调查用户点击跳过的广告内容与形式，逐渐了解用户容易点击跳过开屏广告的原因，避开用户雷区，不断完善开屏广告投放方式，让有效广告信息顺利触达目标消费者。

本研究试图为未来的研究建立智能手机用户 App 开屏广告态度模型。这项研究仍存在一些不足，为未来的相关研究留下了空间。由于

---

① 彭兰：《社会化媒体时代的三种媒介素养及其关系》，《上海师范大学学报》（哲学社会科学版）2013 年第 3 期。

本研究所依据的调查受访者仅限于中国大陆地区智能手机用户，其他国家的智能手机用户情况会有所不同，不同国家和文化环境中的智能手机用户 App 开屏广告态度可能会存在差异。未来，学者们可以将这项研究的结果与其他背景研究进行比较。